本书是“文明密码”三部曲的最后一部。前两部论证，要构建一个文明国家，必须建构“尊严契约”并建立一个强大的“契约共同体”，其中每个人都承诺信守政治自然法，并对他人的尊严赋予对等尊重。然而，不论是社会契约还是政治自然法都是不成文的。文明国家还需要一部宪法，将社会契约所体现的政治自然法成文化，并通过一个超多数程序保护起来。

立宪者该如何制宪？这是本书所要探讨的问题。作为立国者，立宪者首先面临一系列基本问题：“我们人民”是谁？国界如何确定？制宪应该选用什么样的模式和程序？另外，除了任何一部合格的宪法都必须包括的信仰自由、言论自由、新闻自由、消极平等（反歧视）、选举民主、行政中立、司法独立等政治自然法原则之外，立宪者还面临诸多具体的制度选择：选区怎么划？一个选区几个代表？代表由各选区独立选举产生，还是按政党的全国得票比例划分？选举委员会怎么设定？全民选举只选议员，还是也选总统？凡此种种，各个选项有利有弊，只能权衡利弊、扬长避短。

本书是立宪者必备的宪法手册——注意，是复数的立宪者Framers，包括每一位合格公民。单数的“国父”从来是大独裁者，而确实也有一本正话反说的《独裁者手册》。如果《独裁者手册》的写作目的是为了防范独裁者，那么《立宪者手册》则是为了公民理性设计并行使宪法权力而作。

立宪者手册

The Framers' Handbook

张千帆

Qianfan Zhang

書院 文明 Civic Academy

Published by Civic Academy,   New Jersy

立宪者手册

The Framers' Handbook

作者：张千帆 (Qianfan Zhang)

出版：文明书院 (Civic Academy)

邮箱：editor@civic-academy.org

版次：2025年12月第一版

字数：212 千字

定价：$38.00 欧元

ISBN: 978-1-7355763-5-0

国会图书馆编码：LCCN 2025923175

装帧设计：Alex Chang

发行：谷歌图书（电子版）、亚马逊（纸质版）

印刷：Printed in the United States of America

目录

序言：从契约到宪法

本书是“文明密码”三部曲的最后一部。第一部《政治自然法》最后将全部政治自然法则归结于对人的内在尊严之对等尊重，第二部《尊严契约论》则论证了建立在尊严基础上的社会契约之于正当国家的不可替代性。如果一个国家并未形成社会契约，那么宪法怎么规定甚至有没有都无关紧要，因为反正不会得到有效实施。本质上，国家是一个政治共同体，共同体的纽带是社会契约；如果没有契约，“共同体”本不存在，所谓的“国家”就是一个阶级剥削其它阶级、一个种族压迫其它种族、一种信仰迫害其它信仰的统治工具，谈论“宪法”只能是一个笑话。然而，如果一个国家的多数国民确实形成了以尊严为基础的社会契约，那么他们需要一部宪法——当然，也可以像英国那样满足于 1998 年《人权法》那样的宪法性文件，但那样毕竟是不便利的。一般国家都需要一部宪法将社会契约所体现的政治自然法成文化，并通过一个超多数程序保护起来。

这就是本书的使命——告诉立宪者，如何制定以及制定一部什么样的宪法？作为“元宪法”的摹本和展开，一部合格的宪法必须包括信仰自由、言论自由、新闻自由、消极平等（反歧视）、选举民主、行政中立、司法独立等政治自然法原则。这些原则毋庸置疑也无需赘述。但一部宪法除了规定原则之外，还需要将其付诸实施，因而需要规定实施的具体细节。譬如选举是一项基本权利，必须符合“一人一票”等基本原则才能称得上名副其实的“选举”，但选举还是一种制度。选区怎么划？一个选区几个代表？代表由各选区独立选举产生，还是按政党的全国得票比例划分？选举委员会怎么设定？全民选举只选议员，还是也选总统？如何协调总统和议会的权力关系？凡此种种，这类问题并不涉及政治自然法，譬如即便议会制总体上优于总统制，也不能说总统制一无是处；即便单元选区制更适合中国当下，也未见得将来不可以考虑比例代表制；甚至中国这样的大国必须实行联邦制，但充分尊重地方自治的单一制也可以是一个次优选项……宪法设计涉及多个维度的多个选项，各个选项有利有弊，只能权衡利弊、扬长避短，而不能像政治自然法那样简单支持或排斥，但这也是参与治国的立宪者所必须明了并考察的知识。

本书就是立宪者必备的宪法手册。谁是立宪者？他既可以是“立宪时刻”起草宪法的专家，也可以是亲历制宪或修宪的政治人，抑或只是参与日常政治的普罗大众。宪法知识越普及越好，因为每个人都是潜在的立宪者。

一、立约与制宪

虽然传统契约论预设社会契约先于国家与宪法，现实中的社会契约几乎总是和宪法相伴而行，有的契约要素甚至在制宪之后很久才形成。一方面，社会契约无疑是国家宪法的正当性基础；没有契约，宪法规定得再好也得不到落实。另一方面，宪法是社会契约的摹本和展开，制宪是唤醒人民契约意识的大好时机。宪法文本不仅要求国家服从自然法义务，而且也不断提醒公民自己的契约责任。事实上，制宪过程本身虽有被民粹独裁者操纵的危险，但也完全可以成为凝聚与形成契约共识的机会。之所以制定成文宪法并在此基础上建立国家，正是为了更有效地守护政治自然法，宪法的施行则是社会契约在人民心中的生命力之见证。宪政之首务便是要将社会契约的生命力维持下去，其余一切都是其次。

制宪建国的前提是立约，社会契约的规模决定了国家的人口规模和地理边界。理论上，族群、语言、文化、信仰不同都不是建立政治共同体的障碍——只要他们懂得如何相互尊重与宽容，因而自由共同体是可以无限的；在“天下大同”的理想状态，世界可以不分国界，只有一个“联合国”。在现实中，不同地区的经济与社会发展差异巨大，“民族国家”还是有必要存在的，而在工业革命最终造成的全球化之前，区域性生态导致国家确实以“民族”为分界。除了促进地方自治和反抗外来殖民统治之外，“民族国家”没有什么内在的合法性或合理性，“民族”也是一个说不清的大概念。事实上，几乎所有国家都有多个族群，追求某个民族的“纯种”统治本身即已违背政治自然法，甚至让人产生纳粹种族主义的联想，而以“民族自决”为名义的独立运动很容易为种族压迫提供便利。这样的国家建立起来，本身已是内乱的源头，恰和建立正当国家的初衷——和平——背道而驰。因此，有意义的制宪建国首先要确立社会契约的边界，国家的不同组成部分都得自愿在同一个主权下生活。如果违背这一基本原则，社会契约并不存在，建国注定不是闹剧就是悲剧。反之，如果国家为尊重尊严和人权提供了可信保证，那么其组成部分即无必要独立；如果执意独立，则很可能反映特定群体有违反政治自然法的动机。

确定了国界之后，下一步就是决定制宪主体与程序。制宪相当于是一个国家的“基因工程”，对于国家未来具有决定性意义。既然宪法是社会契约的摹本，制宪也应该模拟立约过程，尽可能获得不同族群、信仰、阶级等群体的同意。如果某个群体强烈反对却被强迫成为国家的一部分，那么社会契约首先即不存在，强加的政治归属往往意味着自由与权利的剥夺，必然为日后冲突埋下导火线。事实上，只要能获得其应有的政治自然权利，没有哪个理性自利的群体会拒绝加入政治共同体。因此，虽然制宪程序有不同模式，制宪主体也有议会、制宪大会或地方批准之分，但最关键的要素在于包容不同主体的平等参与；否则，制宪很容易沦为一党、一族或一教独大的工具，注定与契约精神背道而驰。契约制宪是国家走向成功的一半，制宪为立约提供了绝佳契机；多数国家走向内乱与失败，端倪早在制宪阶段即已显现。

二、宪法设计方案

宪法设计遇到的第一个问题是主权结构——如何在不同层级

的政府之间分配国家权力？那种认为“国家”是一个整体、“主权”只能由中央垄断的陈腐观念还停留在秦朝，实际上犯了方法论整体主义的偷换概念错误，把国家等同于政府。原理上，“国家”当然是指全体人民；后者是一切权力的终极归属，有权以几乎任何方式分配国家权力。如果国家规模小，可以把全部国家权力置于中央政府；地方政府相当于中央的派出机构，行使中央下放的权力。像新加坡那样的“城市国家”，甚至可以仅设立一个政府，既是“中央”又是“地方”。然而，如果国家规模大，则不仅需要设置多级政府，而且有必要从宪法上确定各级政府的权限。换言之，不同层级的政府在宪法上是平等的，中央并不因为管辖区域大即无条件高于地方；如果央地发生权力冲突，须由司法机构依据宪法分权规定作出中立裁决。如果要修改宪法分权方式，一般需要按宪法规定的方式征求地方同意。这就是联邦制，对于保证大国的地方多元化、防止中央过度集权和全国立法“一刀切”至关重要。事实上，不少规模不大的多族群国家也采取联邦制，因为地方自治的宪法保障让少数族群聚集地的居民吃了“定心丸”，不必总是担心自己的自治权和文化多元性受到中央蚕食鲸吞。在族群、信仰或地方利益多元的国家，联邦制已然成为其社会契约的组成部分，对于国家和平统一至关重要。如果中央权力过大，那么中央对地方肆无忌惮的压迫很容易招致地方离心离德，反而为分离主义势力提供了滋生土壤。

设计了纵向分权之后，下一个制宪问题是同一级政府的横向分权，在此限于考察中央政府内部立法权与行政权的分配；一般来说，地方政府会借鉴中央政府的宪法结构。在经典的民主+法治图景下，立法权与行政权的关系本来很简单——行政服从立法。选民选举产生代表自己利益的议会，多数议员制定立法；主管执法的行政很简单，就是依法行政。这是典型的英国“西敏寺模式”，基本特征是“议会至上”或“立法至上”。但需要注意的是，英国之所以“立法至上”，是因为它没有成文宪法；美国独立后制定了世界上第一部成文宪法，立宪模式也从“议会至上”变成“三权分立”。按照孟德斯鸠的逻辑，建立国家的目的是为了保护自由，而政府集权是自由的最大威胁。因此，美国宪法设计了多重分权机制，不仅在联邦和各州之间分配事权，并设置参众两院分享立法权，而且设立了独自选举产生的总统，三者在宪法上构成平行并相互制衡的最高政治权力。虽然分权制衡有助于保护自由，但也产生了总统权力过于集中、总统选举成为最大的“胜者通吃”、加剧政治掣肘并损害立法效率等问题。在拉美和非洲等国，总统制更是和个人独裁、人治文化乃至军事政变联系在一起。1990 年代以来，“总统制的危机”引发了西方政治学和宪法学界广泛争论。虽然总统制与议会制各有千秋，多数共识似乎又回到逻辑相对简单的西敏寺模式。从多元融合的角度，议会制所代表的共治模式也总体上优于“胜者通吃”的实权总统制。

不论选择议会制还是总统制，政治权力都必须经由自由与公平的周期性选举产生，因为来自人民的权力必须最终对人民负责。为此目的，选举必须是普遍、直接、自由、秘密、平等的。这些选举原则是政治自然法的一部分，不符合其中任何一条的选举只能是打引号的“选举”。选举不只是一项权利，也是一种制度。选举是需要组织和程序的，选举制度大致分为两类：以英美为代表，将全国选民分为若干人数大致均等的选区并在每个选区选举一名议员的“单成员选区制”；以及以德国为代表，在全国范围内按选票比例分配议席的“比例代表制”。“杜瓦杰定律”预言，两类选举制度对政党数量产生截然不同的影响：单选区制倾向于产生两党制，比例代表则倾向于产生多党制。后者更加公平，但容易造成政党结构过于碎片化，或助长极端民粹小党产生并绑架民主政治；前者更有助于政治稳定，但“胜者通吃”体制容易造成议席与选民比例失调，两大党长期“轮流坐庄”也会导致政治体制僵化和选民失望。“鱼与熊掌不可兼得”，选举与政党制度设计须在政治稳定与代表公平之间有所取舍。当然，在纯粹的比例代表和单选区制之间存在诸多混合变种，其意正在于兼顾公平与稳定。1990 年代开始，选举制度设计也触发了共治兼容和多数整合模式之争。对于刚走出内战的“深度分裂社会”，敌对族群之间缺乏互信与合作基础，前者主张以分配议席乃至内阁职位实现共治，后者则主张以多数主义选举模式制造族群整合的压力。

选举不是万能的，因为民主是有边界的。既然人格平等，选举民主是决定国家价值选择的必备机制。选举过后，议会产生，立法出台，国家大政方针的价值选择即基本完成。下一步是法治，也就是通过行政和司法如实依法治国。政治结束，法治开始，二者不能相互混淆；法治必须依政治既已确定并体现于法之中的价值而治，而不能有自己独立的价值。因此，法治过程本身必须尽量保持价值中立，行政官与法官都不能把自己的个人价值观投射进执法与司法过程。尽管总统作为“首席执行官”参与立法过程，譬如美国总统可否决国会两院通过的法案，但是普通公务员必须保持政治中立。无论是法官、公务员还是警察、军队，其最高忠诚都是法律而非政党或领袖。对于“深度分裂社会”，不同族群之间缺乏互信，因而维持法官、公务员、警察、军队的公平构成至关重要。但即便这些职位按族群比例分配，如果不能信守行政中立和司法独立等政治自然法则，冲突乃至内战仍难以避免。

司法和普通行政在本质上一样，都属于价值中立的法治过程，但在组织上是政府当中最独立的机构。某种意义上，司法机构处于“无处摆放”的尴尬，因为法官经常要处理政府和人民之间的纠纷，而“任何人不得做自己案件的法官”，因而既不能隶属于政府、也不能隶属于人民。司法独立是司法公正的必要条件。尽管存在普通法系与大陆法系之分野，这一条件使司法结构的设计最为简单，几无争议。既然法院的基本职能是解释和适用法律，但凡有成文宪法的国家都应该设置司法审查制度，由一般或专门法院依据宪法审查立法的合宪性。

以上是制宪所须考虑的基本问题。宪法颁布之后，即应依托宪法制度依宪治国，以宪法规范国家权力之运行。如果在运行过程中发现宪法本身有不尽人意之处，则应依据宪法程序修宪。既然宪法是社会契约的摹本和政治自然法的成文化，修宪不得改动体现政治自然法的宪法条款。在这个意义上，政治自然法构成不得修改的“永久条款”。如果修宪不适当地改动了这些条款，宪法审查机构可宣布修宪“违宪”无效。

第一章："我们人民"

美国联邦宪法开篇自称"我们人民"——"我们"是谁？"人民"中有哪些人？这是任何成功立宪所要解决的第一个问题，因为成功的第一前提是决定立国主体及其边界。和成家一样，立国也要首先解决谁愿意在"同一个屋檐"下生活这个基本问题？这个问题不解决，宪法制定得再好也没用，因为就和无效婚姻一样，被锁链强拴在一起的家庭不会太平，被强捏在一个"国家"的人民根本就不认可彼此，合在一起迟早也要闹分裂。因此，制宪立国之前就要想好"我们人民"是谁、边界在哪里。

但这件事情又不是画地为牢那么简单。尤其在人员高度流动的现代社会，几乎没有哪个有点规模的地区是单一种族构成的，不可避免都是多族群杂居；不论如何煞费苦心划定国界，都会把彼此看不顺眼或有历史积怨的族群划在一起。没办法，客观决定主观，"存在决定意识"；除非像南非种族隔离那样强行把别的族群赶出去，多族群共同生存是几乎任何国家无法避免的事实。与其成天在不和、不安、互害、随时可能为分裂而内战且分裂也不解决问题的恶劣环境下生存，不如调整各自的情绪，放下没完没了的冤冤相报，给对方一点尊重和信任，心平气和坐下来，把共同生活的条件谈妥；实在不行，和平分手也不失为一个次优选项。

换言之，就和成家需要自由婚约一样，立国首先需要社会契约，立约之后才有立宪。宪法好比那张结婚证。没有相互尊重和信任作为婚姻的基础，婚姻证明就是随时可被废弃的一张纸而已。要维持长久，国家的"婚约"上需要有什么？显然，它必须有族群平等；如果一个族群认为自己是"优秀族群"、其他族群都是"劣等种族"，不同族群怎么可能相互承认、和平共处呢？它必须有宗教自由和政教分离——如果某个教派或某种文化自认为是"宇宙真理"、不同信仰是"异端邪说"，国家就是强制实施自己"正统"的武力工具，这样的"国家"天天会为谁是"正统"、谁是"异端"打破头，怎么可能会长久和平呢？如果没有思想和言论自由，人人都自认为是上帝、不同意见是“谬误”，那么彼此之间不仅不会相互宽容，而且会把国家作为镇压异己的工具。如果不承认人格平等、“一人一票”，认为有些人“素质”不够、不能理性投票，那么这部分人的利益得不到代表和保障，他们在这个国家就找不到存在感；如果压根不承认人民和官员人格及能力平等，认为平民百姓无能选举产生代表自己利益的立法者，那么就不可能让政府对任何人负责，官员就可以任意滥用公权——任何这些“如果”如果成真，都不会有真正意义的国家。

一个真正的国家必须建立在社会契约的基础上，契约的根本在于立约各方对尊严平等的相互承认。社会契约的边界决定了国界，彼此达成政治契约的群体才适合共同建立国家；如果两个族群之间并无社会契约，那么它们就不适合在同一个国家生活，合在一起也会像一对怨夫怨妇那样不断打架。反之，一旦社会契约达成，国家建构就不是什么难事，好比两情相悦的伴侣自然走向婚姻一样。事实上，对于一个自由国家来说，国界并不是那么重要。首先，自由国家的人民会彼此尊重，不会违拗对方的意志而“霸王硬上弓”，那样只会加剧加速分裂。其次，自由国家把人当人，而不是财富或工具，不会认为国家越大越好；增加人口土地会有好处，也会有成本，因而统一并不是不惜代价、压倒一切的目标。最后，自由国家的宽容心态反而有助于扩大疆土，因为没有谁会认为和你在生活一起有什么不舒服。一个自由开明的家庭会随时欢迎孩子回家看看，但不会强求，子女反而没有压力；一个不开明的家长对“分家”耿耿于怀，会把子女强行关在家里，结果反而加剧了子女离家出走的逆反心理。

如果立国的目的就是保护所有人的基本利益，和族群、肤色、信仰、性别、党派无关，所有人都能通过言论、选举和代议政治表达自己的利益，通过政治中立的行政和司法保护自己的合法利益，那么还有多少理由要执意“离国出走”呢？如果还有这样的执念，那只能说明这个群体并不接受社会契约。不论在国家——哪怕是在它自己建立的国家，这样的群体都不会太平。这毫不奇怪——在错误观念的指导下，国家不是被用来缔造和平与文明，而是当成了战争和野蛮的工具。遗憾的是，那么多的历史教训并没有让世人警醒；远的不说，从印巴冲突到卢旺达屠杀到今天的俄乌战争，在世界许多地方，社会契约仍然是一个遥不可及的目标。

一、"民族国家"的迷思

迄今为止，"民族国家"大概是生命力最持久旺盛的一个概念。自 1648 年《西法利亚和约》确立了现代主权国家概念之后，经由 18 世纪后期美国独立和法国革命在民族自决方向上的演进，到 19 世纪下半叶在西班牙帝国瓦解后拉美独立运动的强化，再到一战之后奥匈帝国与奥斯曼帝国的崩溃对世界主权秩序的重塑及威尔逊十四条对"民族自决"的确认，乃至二战结束后英法帝国让位于非洲独立、苏东剧变后苏联和南斯拉夫的分裂，当今世界仍然生活在"民族国家"的后遗症之中。只要掌握了"民族"这根大棒，这个几乎谁都说不清的的概念成了随时可以"帽子里变戏法"的神秘武器：似乎只要是一个"民族"就可以宣布独立建国，同样是这个"民族"也可以禁止分裂，由此演化出一幕幕生生不息的悲喜剧——为了自由、为了民主、为了反抗族群压迫、为了"民族"虚荣、为了独裁者的野心……

从社会契约的视角看，这是一个从无到有的必然过程。在欧洲宗教战争留下的一片帝国洪荒之上，没有社会契约一丝一毫的影子；即便经过《大宪章》洗礼的英国，连小规模的精英契约尚远未巩固。这个世界注定要裂变为一个个"小共同体"，才有可能让社会契约生根成长。幸运的是，这个头由美国和法国开了；尽管美国在很长时间内保留了奴隶制、激励法国革命的卢梭理论是错误的，《独立宣言》和《人与公民权利宣言》就是两部有待落实和完善的社会契约。随着西班牙、奥匈、奥斯曼、英法乃至前苏联和前南斯拉夫帝国秩序的先后瓦解，"民族国家"不断生成，其中有的成功构建了社会契约，有的则仍然在挣扎。构建契约的自由国家抱团取暖，逐渐形成了世界范围的自由契约共同体；自由民主秩序不仅国内政通人和，而且足以抵御独裁力量的入侵。失败国家则仍然生活在无约丛林之中，国家成了压迫自由、制造战争的暴力机器；这些国家不仅国内冲突不断，而且把危机转嫁国外，甚至造成国际战争。两次大战奠定了自由对专制的军事胜利，此后四十年冷战则确立了自由对专制的全面胜利。

自由主义的胜利很大程度上体现于自由市场经济的活力，但冷战结束之后的经济全球化也为民主政治带来了困惑；一言以蔽之，全球化“强化威权，削弱民主”。[1] 逻辑很简单：民主体制是有国界的，资本则是无国界的，不受民主立法的有效规制。在全球化之前的民族国家时代，工业化生产方式造就的庞大劳工阶层为政治民主提供了社会基础；在全球化时代，满世界流通的资本超越了任何一个民主国家的疆界，脱离民主立法管辖并削弱劳工的组织化谈判能力。资本全球化不仅使二战结束后《大转型》对社会民主战胜资本力量的乐观预言过时，[2] 资本又通过 1980 年代里根、撒切尔的“新自由主义”重新宣示自己的主权，[3] 而且也让冷战结束后乐观期待的“历史终结”落空。全球资本流向威权乃至极权国家，不仅自己享受了“低人权优势”，而且也帮助这些国家的独裁者获得统治合法性。当下世界的困境是资本首先全球化，但民主全球化及全球化的民主治理机制远未跟上。但是除了继续致力于民族国家的民主转型之外，似乎找不到解决经济全球化带来的困境。亚洲、拉美、非洲等不少国家确实仍然深陷专制，甚至对自由秩序产生了一定程度的竞争，但时从二战结束到冷战结束的历史来看，自由取代专制在全球范围内似乎只是时间问题。

---

[1] 参见 Guoguang Wu, *Globalization against Democracy: A Political Economy of Capitalism after Its Global Triumph*, Cambridge University Press (2017), p. 27.

[2] Barry Eichengreen, *Globalizing Capital: A History of the International Monetary System* (2nd Ed.), Princeton University Press (2008), pp. 230-231.

[3] David Harvey, *A Brief History of Neoliberalism*, Oxford University Press (2005), p. 2.

虽然社会契约的全球构建已是大势所趋，但世界仍不太平。之前，"民族国家"曾是自由民主反压迫的推进器；今天，它也可以是国内乃至区域冲突的导火线。"民族"、"国家"、族群、"民族主义"等"问题概念"仍然困扰着世界各地。二战结束以来，世界主权国家版图已基本稳定。1947-91 年之间，只有孟加拉国一例成功分离。[4] 然而，随着前苏联和南斯拉夫解体，民族自决和分离主义势头迅猛蹿升。1991 年之后，已有苏联、南斯拉夫、捷克、埃塞俄比亚等国发生分离。厄尔特里尔、前苏联及前南独立运动开了分离主义先河，还有更多的第三世界乃至第一世界国家在排队。人们对于这一现象的态度是矛盾的：对民主有热情，对分离及其隐含的暴力冲突有焦虑。即便在同情分离主义诉求的学者中间，也对民主和分离之间的关系存在两种性质不同的认识：一种认为分离是民主自决的题中之义，一种则认为分离是对民主缺失的终极救济。如果一个转型国家并未违背自由民主的基本原则，却因为历史遗留下来的族群紧张关系而贸然行使分离权，势必加剧紧张冲突乃至走向内战，并可能对其政治民主化进程造成致命打击。[5]

要确定国家疆界，首先要解决"民族"、"族群"、"民族主义"、"民族自决"这些经常混淆不清的"问题概念"。历史上，民族主义运动既发挥过打破帝国秩序、推动民主自治的正面作用，也产生过族群战争的灾难。究竟什么样的民族主义是"好"的，什么样的民族主义就"过了头"？"民族自决"是不是意味着但凡"民族"都有独立建国的权利？在什么条件下，分离主义诉求是正当的？接下来，我们探讨这些问题。

---

[4] 孟加拉国之所以得以成功独立，印度支持很重要。分化东孟加拉和巴基斯坦，印度自然乐见其成，但又怕泛孟加拉运动会造成东西孟加拉合并，也怕和印度回并，因为那样会分别增加 7000 多万穆斯林和孟加拉人。参见 Margaret Moore, Introduction: The Self-Determination Principle and the Ethics of Secession, in Margaret Moore ed., *National Self-Determination and Secession*, Oxford University Press (1998), p. 1.

[5] Allen Buchanan, Democracy and Secession, in ibid., pp. 15-16.

1. 民族国家

首先，“民族”和“国家”(state)是经常混用的近义词。严格意义上，民族不是国家，而是指全体国民；国家则是一个政治地理概念，其要素包括主权、领土和物质权力资源。因此，“国家是一个法律和政治组织，有权对其公民要求服从和忠诚。民族则是人民的共同体，其成员由团结情感、共同文化和民族意识凝聚在一起。”[6] 构成民族的要素是具有主权人民的意识，这种意识寻求某种形式的民族自决，进而形成主权国家。[7]

传统上，国家和民族之间一直存在着紧张关系，国家往往建立在削弱民族的基础上。民族国家之前，欧洲是帝国和城邦。历史上的帝国都把宗教、族群、民族和政府分开，小心翼翼地维持不同群体的平衡。然而，由于没有明确的国界和主权概念，帝国内部的群体平衡屡屡被打破。17 世纪，天主教和新教不断试图改变别国的宗教构成，导致了三十年战争。战争结束后，1648 年《西法利亚和约》承诺互不侵犯，确立了现代民族国家的边界。条约被普遍认为是现代主权国家缘起的标志，“主权”的意义即在于建立领土内的终极权威。传统主权概念带有神秘的宗教性，国家主权被认为是“绝对、神圣和不可侵犯”的。[8]

18 世纪后期尤其是 19 世纪涌现出来的“民族国家”彻底终结了帝国秩序，大众民主和社会契约论使得多民族国家很难维持。潜在的国家利用族群或语言同质性为脱离帝国提供理由，也为周边领土扩张提供合法性。民族国家假设一个国家对应一个“民族”，民族和国家开始混同，国家成为人民意志的制度体现。譬如美国立国是建立在《独立宣言》基础上，联邦宪法序言以“我们人民”开篇——尽管实际上排除了女性、黑奴和低收入人群；法国第三等级则

---

[6] Hugh Seton-Watson, *Nations and States*, Methuen (1977), p. 1

[7] Jacques Bertrand and André Laliberté, Introduction, in Jacques Bertrand and André Laliberté eds., *Multination States in Asia*, Cambridge University Press (2010), p. 1.

[8] L. Gross, The Peace of Westphalia, 42 *American Journal of International Law* 20-41 (1948).

发明了"民族国家"概念，尽管实际上排除了第一和第二等级。在单一民族国家框架内，"民族"被当做一个不可分割的整体。无论从博丹的绝对主权论、卢梭的公意论还是柏克的有机国家观众论，都体现了"民族"的整体主义理解。日耳曼学派也认为国家是民族的体现，而非自由意志的集体产物。黑格尔断言民族国家是"实质理性的精神"，因而是"世界上的绝对权力"。[9]

经历了两次世界大战之后，绝对主权观今天早已过时，取而代之的是多元灵活的主权概念。在族群民族主义压力下，奥斯曼与奥匈帝国相继解体。19 世纪的民族自决让位于 20 世纪的领土自决，而主权是指国家在宪法意义上的独立性。1933 年的蒙维的亚(Montvideo)公约第一条规定："作为国际法人，国家应具备下列资质：永久的人口、固定的领土、政府以及和其它国家发生关系的能力。"[10] 事实证明，单一民族国家框架不擅长处理多民族问题，致使民族国家一直处于不稳定状态。后来在去殖民化过程中，新兴国家寻求建立文化与族群多元的政治统一和高度集权体制，以利把不同群体整合与同化为一个核心，"民族构建"成为 20 世纪的时尚。然而，单一民族整合产生了显著的后遗症。一方面，它扼杀了国家内部的文化多元性，严重的甚至可能造成种族灭绝。近年来，英国、加拿大、比利时、西班牙、印度都不再热衷于整合与同化，即便拉美国家也赋予土著特殊地位。[11] 另一方面，它会激发尤其是国内弱势族群的民族主义和分离主义冲动，不仅造成过于国家结构的碎片化和国际秩序管控困难，而且可能人为加剧族群矛盾和新建国家内部的次级冲突。

2. 民族与族群

如果说"国家"和"民族"经常分不清，那么"民族"则经常和"族群"相混淆。"族群"(ethnicity) 是一个生物学和人类学概

---

[9] Y. Tamir, *Liberal Nationalism*, Princeton University Press (1993), pp. 61-63.
[10] Hurst Hannum, *Autonomy, Sovereignty, and Self-Determination*, University of Pennsylvania Press (1990), pp. 15-16.
[11] 但科西嘉没有获得法国特殊对待，库德人也没有获得土耳其特殊地位。Jacques Bertrand and André Laliberté, Introduction, pp. 15-16.

念，意指彼此共享相同祖先、血缘、外貌、语言、历史、文化、习俗和生活习惯的群体。相比之下，“民族”(nation)则是一个政治学概念，其基础是“共同价值、制度和社会交流形态”。民族身份的主要载体不是血缘或语言文化，而是“制度、习俗、历史记忆和世俗理性价值”；“不论出生和族群源头，任何人都可以加入民族，并不要求存在共同祖先的神话，尽管相互适应的成本会有所变化。”[12] 根据这种定义，“在民族内部，人民不需要共享社会习俗、习惯或思维方式；民族就是他们的共同纽带，就和桌子对于一桌吃饭的人而言一样。”[13]

因此，族群和民族显然相关，但并非必然联系。族群一般和血缘、种族或领土等客观因素相联系，而不取决于民族意识或个人意志。民族则是通过文化“想象出来的共同体”(imagined community)，因而主要是集体主观意识的产物。譬如世界各地犹太人很不一样，却认为自己是一个民族；各地巴勒斯坦人大同小异，却认为自己是不同民族。[14] 二者在数量上也相差极大。民族数量很有限，族群则数量众多；其中以撒哈拉以南非洲的族群为最多，多达 362 个，却只有 4 个“民族”。拉美和加勒比海连一个独立“民族”都没有，亚洲则高达 15 个，占了近 40%亚洲国家，构成了亚洲国家民族主义运动的主要发源地。[15] 所谓的“少数民族”其实就是族群，其和普通族群的区别在于享有一定的自治权，一般限于特定聚居地。

由于民族是基于地域，因而可以形成多族群的民族国家。族群则是社会的特定部分，在特定语境下推进某个特定群体的诉求，因而促进族群利益和民族主义并不是一回事。[16] 但历史上，建立在主体族群基础上的“族群民族主义”经常和一般民族主义混淆。族群民族主义既可以是构建国家的动力，也可以是国家解体的原因。

---

[12] M. Keating, *Nations Against the State: The New Politics of Nationalism in Quebec, Catalonia and Scotland*, Macmillan (1996), pp. 4-5.
[13] Ibid.
[14] Tamir, *Liberal Nationalism*, pp. 64-68.
[15] Keating, *Nations Against the State*, p. 10.
[16] Ibid., p. 6.

[17] 譬如印度制宪者坚持各邦平等，未能作出任何不对称安排，结果造成巴基斯坦分离。相比之下，巴基斯坦的族群结构简单得多，但坚持主流宗教信仰独霸；在军队统治和压制下，巴基斯坦政治精英意识不到穆斯林社群的多元化，结果造成西部起义、东孟加拉分离。孟加拉国的族群关系更加简单，但也没有满足泰米尔建立联邦的诉求，导致国内常年内战。[18]

3. 民族主义

民族国家和民族主义之间存在千丝万缕的联系，民族主义的关键要素即在于宣示主权并建立民族国家。历史上，民族主义的发源地欧洲拒绝天主教会的普世主张和神圣罗马帝国残余，将终极权力限定于国界之内，主张在国家之上或之外无主权。在这个意义上，民族主义是启蒙运动的产物，标志着世俗理性权力的胜利。通过民族主义，个体化的公民和国家权力建立了直接联系。在国家建构实践上，民族主义最初来自北美，经过法国革命达到巅峰。法国革命之后，拿破仑横扫欧洲大部分地区的封建制，国家主权意味着中央君主集权。19 世纪之后，民族国家不再是君主的产物，而是和所有人联系在一起，因而民族主义变成"人民主权"。在人民成为主权之后，国家变成了获得忠诚的唯一权威。[19] "民族"和"国家"逐渐混为一体，成为满足人类野心的替代宗教。

至此，民族主义分为两类："族群民族主义"(ethnic nationalism)以特定族群为主体，"公民民族主义" (civil nationalism)则以个人同意而非族群身份为标准，其基础是"疆域定义的社群，而非疆域内群体之间的社会边界。"[20] 如果说公民民族主义代表了个人理性主义的极端，那么族群民族主义代表了身份政治的另一个极端。极端的族群民族主义将个人完全从属于集体，剥夺了个人判断、自由意志和道德能力。两种民族主义——或更宽泛地说，自由主义与民族

---

[17] Ibid., pp. 4-5.
[18] Ibid., pp. 24-26.
[19] Ibid., p. 25.
[20] Ibid., pp. 5-6.

主义——之间是一场“理性与激情之间的战争”，[21] 如果理性落败则真的可能演变为流血战争。

少数族群的民族主义运动有些是以种族、语言、宗教等族群为主体，有些则是基于地域的公民运动。在实践中，两种民族主义可以混为一体。公民民族主义不排除任何人，因而范围更广，却没有族群民族主义的感召力。因此，绝大多数民族主义运动同时利用二者。族群民族主义领袖为了获得国际合法性并建立自由民主信誉，可能使用公民民族主义语言；公民运动领袖则可能制造一个族群身份，作为政治动员机制。如果能够妥善平衡个体理性和族群政治，民族主义有助于化解资本主义市场个人主义衍生的集体行动问题。[22]

总之，民族主义是一个让人动感情的话题。如果处理得好，共享同一种语言文化和历史传统的民族自主自治、其乐融融；如果处理不好，就好比一家人闹掰了要分家，它也很容易让人伤感情。站在民主的道德高地，民族主义似乎是天经地义的；构成同一个“民族”的群体享有当然的权利建立主权国家，排斥外来力量的殖民化统治，许多人因而把“民主”作为民族自决的理由。另一方面，民主和民族自决并非一回事。有时候，多数主义民主甚至是造成族群矛盾和民族主义运动的根源。如果构成国家的60%人口利用自己的多数优势歧视剩下的40%，甚至剥夺他们的政治权利，这样的“民主”不是问题的答案，而恰恰是问题的根源。[23] 如果受歧视的少数族群行使“民族自决权”，从原先的国家中分离出来，在新成立的国家中成为多数，原先的多数及其它族群成为少数，那么它又可能利用自己的多数优势去歧视其它族群。族群或民族矛盾并没有因为践行“民主”或“民族自决”而得到根本解决，有时甚或因此而进一步加剧。

---

[21] Tamir, *Liberal Nationalism*, p. 5.
[22] Keating, *Nations Against the State*, pp. 9-11.
[23] Donald L. Horowitz, Self-Determination: Politics, Philosophy, and Law, in Moore ed., *National Self-Determination and Secession*, p. 204.

4. 民族自决

1945 年之后，民族主义的主要焦点是反殖民运动，主要旗帜则是"民族自决"(national self-determination)。[24] 历史上，民族自决权经历了三次浪潮：一战之后，美国总统威尔逊提出"十四点和平原则"，其中八点（第 6-13 点）都是关于国家独立和奥斯曼与奥匈帝国的民族自治；二战之后，伴随着英属与法属非洲的去殖民化过程，兴起了民族自决的实践；最后，1990 年代初，前苏联和南斯拉夫联盟解体后，中东欧发生社会政治革命，民族自决权再次成为世界关注焦点，一些以往受压迫的少数族群提出了独立建国的政治口号。[25] 族群、民族、民族自决、国家独立等彼此关系剪不断、理还乱的概念再次绞合在一起，进而引发不同族群、大国小国之间的政治动荡，也为"民主第三波"国家的转型前景带来了政治变数。

一战之后，民族自决理论获得了浪漫华丽的表达。威尔逊的"十四点原则"寻求通过"民族自决权"，实现"公平公正的和平"；1919 年，《巴黎和约》承认举国动员起来的族群构成行使自决权的"人民"。但只是坚持"自决权"是不够的，因为族群独立建国会涉及领土划分、民族整合等一系列复杂问题。二战之后，民族自决理论虽未被全盘抛弃，但获得了现实主义解读。一方面，联合国谴责对国家统一和领土完整的任何部分或全部干涉，仅承认有限的"自决权"，限于殖民地或被外国统治的领地，而不适用于已经形成的国家。另一方面，如果以国家统一为名实施殖民或外国统治，那么当地人民仍享有自决权。

1960 年以来，联合国只承认免于殖民统治的外部自决权和免于外国影响或干涉的内部自决权，二者都不包括脱离权。[26] 在处理殖民地独立过程中，《联合国宪章》第 55 条诉诸领土上的"多数人"而非族群；殖民地往往包含多个族群，因而并不适用"少数族

[24] 参见 A. Margalit and J. Raz, National Self-Determination, 87 *Journal of Philosophy* 439-461 (1990).
[25] Tamir, *Liberal Nationalism*, p. 68.
[26] Hannum, *Autonomy, Sovereignty, and Self-Determination*, pp. 48-49.

群"概念，划界也不按照语言文化构成。[27] 但如果像欧洲先前那样随意划分疆界，则会人为加剧族群矛盾。如罗马尼亚即通过滥划边界来掌控匈牙利的马格亚族群。1952 年，马格亚族群总算建立了自治区，但 1956 年支持匈牙利起义之后又被拆散。[28] 前苏联甚至故意"分而治之"、人为制造冲突，以便于中央掌控，但政治民主化之后难逃解体命运。

民族自决主张提出了亟需解决的问题，那就是如何通过宪法自治实现不同民族或族群的和谐相处，否则无论是国内还是国家之间都难以实现永久和平。不可否认，维持和巩固民主体制的前提是所有族群都认同国界的正当性，并承认属于同一个民族。一般来说，只有民族共享历史、语言和文化特征，才能为国家提供正当性。[29] 多族群国家的民族认同本不容易，历史上有过节的不同族群之间尤其难以同在一个主权"屋檐"下和平生存。如一位研究亚洲族群联邦制的印度学者指出：

> 多民族国家一直不稳定。在单一国家的边界内，不止一个群体寻求"民族"地位造成一般难以克服的强烈紧张关系。处理这些紧张关系之手段以及国家和这些群体之间寻求妥协可诉诸的工具，很大程度上决定了多大程度上可避免暴力。[30]

其实一言以蔽之，不同族群之间的和平生存取决于他们能否认同并接受同一套政治自然法则的统治。如果不同族群能够尊重彼此的平等尊严，公平处理族群利益纠纷，那么他们没有什么理由不能在同一部宪法、同一个国家下生存；反之，如果族群之间相互仇恨、彼此侵渔，那么受欺压的弱小群体就必然要"闹分家"，而分离主义诉求往往会引发族群内战等流血冲突。

---

[27] Margaret Moore, The Territorial Dimension of Self-Determination, in Moore ed., *National Self-Determination and Secession*, pp. 135-136.
[28] Ibid., pp. 140-141.
[29] Bertrand and Laliberté, Introduction, pp. 6-7.
[30] H. Bhattacharyya, *Federalism in Asia: India, Pakistan and Malaysia*, Routledge (2010), p. 1.

二、分离的权利及其边界

前苏联和南斯拉夫解体后，民族自决体现为中东欧国家的分离主义。1991-95 年，前南争议主要是关于边界。斯洛文尼亚想通过脱离重画边界，克罗地亚也行使"自决权"并囊括了一大片塞尔维亚少数族群，波斯尼亚的克罗地亚人则坚持包含在大克罗地亚之中，而塞尔维亚人希望重划疆界把自己包在一起。由此可见，分离主义引发的国界重划会产生复杂的次级族群冲突，原先的多数—少数族群冲突在分离后很可能转化为新的多数（原先的少数）—少数（新的少数）族群冲突。欧盟建立的巴丁特仲裁委员会坚持"疆界稳定性"，拒绝考虑不涉及外部疆界争议的"脱离中再脱离"，但是前南内部拒不接受这个立场。[31] 分离主义引发了棘手的民族—国家关系问题，并对中东欧地区的和平转型带来了巨大挑战。

由于族群之间的相互交融，分离主义所体现的问题其实是无解的——除非不同族群能实现绝对的物理分离，而如同热力学第二定律预言的封闭系统必然"熵增"、不可能将不同粒子分割开来一样，族群分离不仅涉及成本巨大的人口大迁徙，而且并不可能实现100%分离的"纯种"共同体。这种诉求本身就带有种族主义性质，执意坚持分离的目的往往是为国内族群压迫提供便利。历史上，严重的族群暴力冲突往往是剥夺基本人权引起，譬如北爱天主教徒在住房和就业上长期遭受歧视、土耳其库尔德人无权使用自己的语言。[32] 如果少数族群的基本权利能够得到平等保护，那么他们的分离主义诉求完全不至于那么强烈。

由此可见，人权与主权之间存在此消彼长的"双重变奏"：在少数族群人权得到充分保障的国家，主权反而很稳定；人权不保，则主权也会出现危机，离心离德的受压迫族群必然会提出主权独立诉求，而且往往是以族群民族主义的激进方式。只有满足自由主义

---

[31] Moore, The Territorial Dimension of Self-Determination, pp. 138-139.
[32] Hannum, *Autonomy, Soverignty, and Self-Determination*, p. 456.

诉求，才能消解少数族群的民族主义情绪。[33] 如何看待并解决分离主义诉求不仅取决于一个国家的自由观，也往往决定了这个国家的自由与秩序。

1. 分离主义的三种理论

分离主义主要有三种理论：民族自决论、自主选择论、正当理由论。[34] 民族自决论认为政治和族群（或文化）边界应当重叠，决定权在民族集体而非个人；这样便于施行再分配正义、保护共同文化并集体决定归属，因为承诺生活在一起的人民更容易相互妥协。[35] 在这个意义上，民主是内部自决，脱离则是外部自决——不让“外人”统治自己。[36] 如上所述，民族自决论过于理想化，没有现实可行性。目前世界上有 5000 多种语言、方言、宗教、文化，不可能每个都成为民族国家。但面对质疑，民族自决论也并非哑口无言。如果承认自决权，似乎会造成国家结构碎片化并产生大量零散小国，但这未必是坏事，新加坡之类的发达小国多的是。[37] 当然，自决权可能在国内会产生族群政治“勒索”，不满足要求就宣布“独立”，似不利于民主审议，但对于不断受中央政府欺压的少数族群来说，也许“勒索”正是一种自我保护的制度性授权。在魁北克和斯洛伐克，承认分离权要比中央强硬姿态更有可能和平解决争议。[38]

自主选择论则认为，特定领土上的群体只要通过多数决定即可

---

[33] L. Brilmayer, Secession and Self-Determination: A Territorial Interpretation, 16 *Yale Journal of International Law* 177-202 (1991); D. Gauthier, Breaking Up: An Essay on Secession, 24 *Canadian Journal of Philosophy* 357-372 (1994).

[34] 参见 H. Beran, A Liberal Theory of Secession, 32 *Political Studies* 21-31 (1984); A.H. Birch, Another Liberal Theory of Secession, 32 *Political Studies* 596-602 (1984); A. Buchanan, Theories of Secession, 26 *Philosophy and Public Affairs* 30-61 (1997).

[35] Moore, Introduction: The Self-Determination Principle and the Ethics of Secession, pp. 5-7.

[36] Ibid., pp. 10-12.

[37] Daniel Philpott, Self-Determination in Practice, in Moore ed., *National Self-Determination and Secession*, pp. 91-92.

[38] Ibid., pp. 95-97; D. Philpott, In Defense of Self-Determination, 105 *Ethics* 352-385 (1995).

宣布分离，而并不要求该群体在文化上有什么特殊性或遭受了什么不公，也不要求其主张和领土之间有什么必然联系。自主选择有点像"无过错离婚"，理论基础是同意、自主权、结社自由、政治自决和民主。这些理论听上去名正言顺，但是实施效果会比民族自决论更为极端。如果实施这样的理论，那么世界上的国家可能远超过 5000 个，进而从本质上改变目前的国际和国家体系格局。发达国家也根本不能再接受移民，因为新移民会先进来把土地占了，然后宣布"独立"。[39] 归根结底，选择论不仅没有说清楚国家的功能究竟是什么，而且理论内部也存在矛盾，一方面从根本上挑战现存的国家秩序，另一方面似乎又很把"国家"当回事，好像不让独立建国就是莫大的不公待遇。

事实上，主权分离和家庭离婚并不是一回事，因为两个族群并非一对个人；即便多数主张分离，但每个族群内部肯定也有不想分离的。[40] 自主选择论坚持，民族自决体现了个人自主权；民主体制设定了对每个人的平等尊重，因而要求尊重民族独立自治的决定。然而，民主和自决并不是一回事，个人参与投票不等于个人统治自己，而是受制于多数投票产生的政府统治；即便个人属于少数派、投了反对票，也仍有义务接受多数统治。另一方面，个人自主未必要求政治参与，譬如许多私人事务完全可以由个人自主决定，而无需诉诸政治过程。民主对于保护个人自主而言确实具有工具价值，但这并不需要分离权。也许分离能提高民主的代表程度或个人自主程度，但没有理由认为，小国民主或个人自由一定比大国更好。更何况平等尊重在道理上也说不通——为什么只是尊重少数人而不是所有人的决定？[41]

恰好相反，如果承认分离权，少数人即可以此绑架多数人——不满足政治诉求就宣布独立，而这显然是反民主的。如果少数族群

---

[39] Wayne Norman, The Ethics of Secession as the Regulation of Secessionist Politics, pp. 36-41.

[40] David Miller, Secession and the Principle of Nationality, in Moore ed., *National Self-Determination and Secession*, p. 67.

[41] Allen Buchanan, Democracy and Secession, in ibid., pp. 17-20.

动辄可以脱离相威胁，也会降低民主质量，因为这样的话，少数群体就可以否决多数决定，人们也不会对争议和审议投入很多时间精力。要让理性公民投入，必须符合两个前提条件：一是公民伙伴是讲道理、讲原则的，而非动辄以“走人”相威胁；二是政治社团的边界是相对稳定的，他们审议的立法将对自己和子孙后代产生约束力。如果政治共同体的边界可以随时重划、地方议会开会就可以建立新的国家，民主过程作出的决定随时都会失效，那么政治决定的意义就会大打折扣，投资精力、时间、善意的理性动机也不复存在。事实上，脱离权就是一种逃离权——通过重划政治疆界来摆脱政治麻烦。所谓的单一认同(single identity)共同体就是一个乌托邦幻象，坚持这样的幻象恰恰背离了民主的出发点。任何人都没有权利期待自己只被意气相投的人统治，平等尊重意味着自己必须学会如何与自己意见相悖的人共同决定。

正如布坎南教授指出：“民主决策及其所支持的制度假设了多元化，并被设计来建设性地利用之，而非通过重划政治版图将其拒之门外。”[42] 如果将分离作为民主缺失的救济，也就是相当于宪法革命的权利，那么这种权利只有在持续严重不公的非民主不合法国家才适用。在正当的民主国家，除了谈判协议或宪法授权之外，并不存在一般意义的“脱离权”；限制这样的“权利”有助于促进对所有人的平等尊重，提高民主质量、防止少数通过行使否决权绑架多数，并促使所有国家关注民主正当性、保障基本人权。[43] 换言之，分离权的行使是有前提的；只有具备正当理由，少数族群才能主张分离并独立建国。

2. 分离主义的正当理由

这就把我们带到分离主义的第三种理论——正当理由论。这种理论并不承认一般意义的民族自决权，而是要求主张分离的群体证明，他们长期遭遇了占有领土、不公歧视乃至种族灭绝等严重侵犯

[42] Ibid., pp. 21-23.
[43] Ibid., pp. 29-30.

人权的虐待。譬如波罗的海三国都是被不正当占领，因而都有权要求独立，尽管先前的不正当占领并非要求脱离的必要条件。[44] 种族灭绝显然是对国家"主权"的严重滥用，足以构成脱离的必要条件。要具备正当理由，分离主义主张需要满足下列条件：国家拒绝停止严重不公，包括侵犯人权、剥削资源和歧视性的分配政策；如果分离意味着带走资源，则必须保证无辜第三方不会受害。刚果的加丹加、尼日尼亚伊博族的比亚夫拉和西班牙的巴斯克要求独立时，都是富裕地区；如果他们只是想要摆脱财政负担或独占地方资源，可能存在道德风险问题，因而需要审慎对待其分离主义主张。[45]

分离主义的主张者必须证明自己是系统歧视或剥夺的受害者，或其族群及其领土在可记忆的历史上被非法并入现存国家，或如果不能行使主权国家的全部权力就会危及族群文化的存续，而中央严重而系统忽视了族群权利。在某些极端情况下，譬如对于保护族群文化的存续绝对必须，也可以主张分离，但须保证穷尽其它救济，分离是最后迫不得已的一步；且提出分离的特定族群本身没有问题，譬如不是纳粹或红色高棉。最后，所寻求建立的国家必须是自由民主国家，且不存在第三方对领土主张有效的诉求。[46] 如果分离主义诉求是为了摆脱族群压迫，独立建国并成为主体族群后却压迫国内其它少数族群，那么独立诉求的正当性显然已不存在。

正当理由论认为，只是基于土地或历史上的占有，并不足以证明分离主张的正当性。譬如某些以色列人主张 1967 年前的以色列土地和西岸，因为 2000 多年前以色列的祖先曾居住于此；希腊民族主义者声称前南斯拉夫中的马其顿很久以前是他们的，或塞尔维亚占领 90%以上是阿尔巴尼亚人的科索沃，也都如出一辙。《圣经》中多处提到犹太人是"上帝选民"，并永久赐予迦南宝地；即便西岸 95%是巴勒斯坦人，也改变不了他们是入侵者的事实。美国殖民

---

[44] A. Buchanan, *Secession: The Morality of Political Divorce from Fort Sumter to Lithuania and Quebeck*, Westview (1991), p. 159.
[45] Ibid., p. 16.
[46] Ibid., p. 153.

者也经常引用《圣经》为占领美洲提供理由，似乎消灭印第安人是“天意”。[47] 托马斯摩尔早在 16 世纪即认为，优越人种可以从不能有效利用土地的劣等人种那里夺取土地。洛克的劳动价值论则认为，圈地可能比公地体制更有效率。犹太复国主义者也用同样理由使占领合法化，因为巴勒斯坦有地无人；既然他们浪费了土地，意味着他们和土地没有联系，因而无权拥有。如果承认并普遍适用这样的原则，世界无疑将永无宁日。[48]

民族自决的关键问题是如何处理国家内部在分离问题上的不同意见。如果分离必须获得人民的多数同意，这个“人民”是谁？“人民”既可以指人口的多数，也可以指特定族群，而二者可能会发生截然相反的结果。[49] 如果允许特定族群的多数决定分离问题，又如何对待其中的少数？魁北克公投中，法语加拿大人本身 60%赞成、40%反对，而几乎所有非法语者都反对分离。立陶宛 80%是立陶宛人，20%是俄罗斯等族群；拉脱维亚只有 52%是本族人，48%是俄罗斯、白俄罗斯、乌克兰等族群……如果处理不好，极易产生族群矛盾乃至战争。1991 年，斯洛文尼亚 90%是本族人，剩下 10%外族人处于散居状态；波斯尼亚—黑塞中 44%是斯拉夫穆斯林，31%塞尔维亚人，17%克罗地亚人，5%南斯拉夫人，大多混居在一起。[50] 克罗地亚和斯洛文尼亚不顾塞尔维亚反对，宣布脱离。虽然欧盟对分离规定了承认标准，德国却率先单方面表示承认，或许对后来的前南解体和波斯尼亚战争发挥了推波助澜的作用。[51]

由此可见，适当把握行使自决权的先决条件和承认标准至关重要。是否承认自决权属于正当行使取决于三个因素：能否顺利实现分离？分离之后能否保证公正司法？是否会产生有害后果？由于分离主义可能会绑架和破坏民主政治，改变国界、占据主权国家领

---

47 Moore, The Territorial Dimension of Self-Determination, pp. 145-146.
48 Ibid., pp. 147-149.
49 Moore, Introduction: The Self-Determination Principle and the Ethics of Secession, p. 3.
50 Moore, The Territorial Dimension of Self-Determination, pp. 152-153.
51 Philpott, Self-Determination in Practice, pp. 88-89.

土、改变公民权结构，甚至为压迫新成立国家中的少数族群提供不受干扰的便利，对于自由民主国家的自决权行使必须慎之又慎。民主国家的退出机制应受到严格限制，宪法应鼓励建设性批评和审议，而非直接赋予分离权。至少，宪法应规定严格的退出程序机制，加上特别退出成本、等候时间和超多数要求；在此前提下，也许在特殊情况下可以允许分离。[52]

正当理由论者据此认为，宪法最好能将分离的正当理由制度化。绝大多数宪法都是在单一民族国家框架下制定的，因而没有包括退出条款，但退出条款或有利于稳定预期、定纷止争。宪法退出条款需要说明适格主体、清晰的提问、多阶段协商、超多数（如选民半数）决策以及一定的生效等候时间。[53] 谨慎起见，宪法至少应规定多轮投票和超多数表决，尤其是让拟建国中的更小族群获得单独表达归属意愿的权利。[54] 但正当理由论并不认为退出条款应当直接司法化，因为"正当"观念见仁见智，或许会永远纠缠不清，因而类似于不适合司法审查的"政治问题"。

民族自决、国家独立曾经是反抗帝国专制秩序的民主动力，但是在全球国家秩序早已确立的今天，必须谨慎对待民族主义诉求，以防其被独裁力量利用成为新的压迫工具。分离主义诉求必须具备充足的正当理由才能获得国际承认，民主自治、求同存异、相互包容是任何一个自由国家得以正常持续运行的基础；如果没有长期遭受系统性的权利剥夺和压迫，任何群体都不能只是因为自己的种族、文化、偏好、政见等特殊性而主张分离。归根结底，国界不是由"民族"、族群或语言文化决定的，而是由人民共享的社会契约决定的。一个没有社会契约的"国家"并非真正意义的文明国家，国界怎么划都无法阻止国内或国家之间的冲突乃至战争；既然这样的"国家"蜕变为实现压迫和从事战争的暴力工具，它自然和实现

---

[52] C. Sunstein, Constitutionalism and Secession, 58 *University of Chicago Law Review* 633 (1991).
[53] Wayne Norman, The Ethics of Secession as the Regulation of Secessionist Politics, pp. 51-55.
[54] Philpott, Self-Determination in Practice, pp. 95-97.

持久和平的正当立国目的背道而驰。

三、从“民族”中走出来

当代世界仍然处于一战之后帝国秩序瓦解的余波之中。专制帝国体量大，本身是无法完成民主转型的，“化整为零”势所必然。在法国革命时代，整个世界除了北美之外全部处于专制“帝国秩序”，国界不确定、主权不完整还经常引发宗教战争等大规模流血冲突。在这种世界格局下，“民族国家”理念确实推动了政治民主化；如果“民族”先前不存在，那就需要“想象出来”，同时用民族主义制造统一性。犹如冰山崩塌，民族国家的建构是一个纷乱和动荡的过程。美国独立引发拉美各国独立，但无法形成和北美匹敌的民主合众国。从法国革命到二战结束这一个半世纪，民主的力量终于战胜了专制的力量；尽管民主国家仍是少数，但宪政民主已成不可阻挡的世界趋势。二战之后，东西方很快形成“冷战”两大阵营。非洲国家纷纷独立，但因为“冷战”需要和自身条件局限等原因悉数走向独裁。1990 年代，“冷战”结束，苏东阵营瓦解标志着宪政民主的第二次重大胜利，民主之于专制国家实现了决定性的数量反转。当然，连同并不成功的“阿拉伯之春”，“第三波”和“第四波”民主正在艰难挣扎和巩固过程中。

民主化之后，尤其是面对族群多元的现实，单一民族国家思维早已显得不合时宜。族群压迫确实是专制国家的常见特征，但是多数主义民主并不能解决这个问题，有时甚至可能反而加剧族群歧视。如果被压迫民族在争取民主解放过程中仍然以狭义的民族自决为诉求，则很可能在新成立的国家内部延续对其它族群的歧视和压迫。在一个族群多元国家，基于宗教、语言、文化等因素的民族身份认同必然会排斥其它少数族群。正如盖尔纳教授指出：

> 某些民族将真实或想象的远古社群浪漫化，同时反对族群偏见，希望对所有人公平。但你不可能鱼与熊掌兼得。温馨的旧式社群就是族群中心主义的，而如果你希望以其本来面貌热

爱并延续之，那么对外来人的偏见即必须作为一揽子浪漫交易的一部分。纳粹的问题只是在于他们在这一点上过于执着了。[55]

时至今日，民族主义已经完成了它的历史使命。鉴于单一民族国家陷入的困境，民族国家正在被超民族(supra-national)共同体替代，欧盟是一个成功的典范。在民主国家秩序得到基本巩固之后，当今世界正在朝民族自决和主权独立相反的方向发展——某种意义上，是对"帝国秩序"的回归；当然不是简单的"回归"，而是民主范围的扩大与联盟。随着国际民主秩序的诞生，国家主权不再是一个绝对概念；主权国家的国内行为也可能受到国际法限制，譬如某些基本人权已获得国际习惯法地位，其中包括禁止种族灭绝和系统歧视。[56] 在国内，以族群联邦制为代表的多元民主秩序足以化解民族主义情绪，地方自治制度完全可以保证多元"民族"的和平存续。[57] 事实上，除了经常和"族群"混淆之外，"民族"本身已失去了独立意义。既然不可能单指特定族群，民族的唯一意义只能是指代同一个政治共同体的全体"人民"。

如果所谓的"民族"就是指政治共同体的国民，而国民之间的政治纽带是社会契约，那么社会契约的范围决定了国家边界。族群或是天然原始的感情纽带，但并不是决定性的；在专制国家，同一族群的官民之间并无任何共同利益或共同语言。同一个族群、宗教、文化、语言未必意味着同属一个国家，不同族群、宗教、文化乃至语言也未必不能成为同一个国家，比利时、瑞士等多族群国家都是范例。能否在一个主权下和平生存，端赖国民之间是否存在建基于平等尊严之上的社会契约。没有契约，即便一家子出来的迟早也会分崩离析；有了契约，那么不分人种肤色、信仰文化，"四海之内皆兄弟。"在宪政民主国家之间，国界早已不重要；但只要还有一

---

[55] Ernst Gellner, *Culture, Identity, and Politics*, Cambridge University Press (1987), p. 88.

[56] Hannum, *Autonomy, Sovereignty, and Self-Determination*, p. 20.

[57] H.E. Hale, Divided we stand: institutional sources of ethnofederal state survival and collapse, 156 *World Politics* 165-193 (2004); D.L. Horowitz, Ethnic power sharing: Three Big Problems, 25 *Journal of Democracy* 5-20 (2014).

个国家不自由，国界就还得像防贼一样设在那里。但城内失火，难免殃及池鱼；在后民族国家时代，如何普及社会契约、建构宪政民主、缔造永久和平成为世界民主同盟面临的新挑战。

综上，“民族”不是别的，就是建立在社会契约基础上的政治共同体。自美国独立与法国革命以来，民主同盟在历经坎坷之后已取得决定性胜利；当今世界早已超越民族国家和绝对主权时代，迎来社会契约从碎片化走向全球化的新时代。当然，经济全球化不仅没有带来政治全球化，而且对各国民主政体提出了新的挑战，[58] 但民主政治的全球化终究是大势所趋。民族主义只有和自由主义联盟，才能避免误入歧途；人权保障也有效支撑了主权合法性，进而排除分离主义隐患。建基于人的平等尊严之上的政治自然法是鉴定一切政治诉求合法性的标准，缔结社会契约、建构宪政民主是解决一切人为灾难的立国或治国之道。

[58] Wu, *Globalization against Democracy*, p. 37.

第二章：制宪模式

一、引言

解决了“我们人民”这个立宪主体问题之后，才能开始制定一部有意义的宪法。制宪诞生了一个国家，制宪过程往往决定了这个国家的命运，因为国家宪法就是社会契约的具体化和成文化；虽然社会契约是一个无时不在消长的动态过程，但制宪是最接近全民集体书写契约的制度化过程，因而制宪程序必须接近立约过程。对于社会契约尚未定型的转型国家，制宪也是一个民族和解、凝聚共识、继往开来的上佳机会；如果这个机会把握不住，“我们人民”这个主体实际上并不存在，制宪很可能被一部分人利用作为篡夺最高权力并压迫其他人的工具。因此，正如人的性格、特质和能力往往在基因层次上即已确定，一个国家的宪法命运很大程度上也是在制宪阶段即已决定。制宪机构和程序不仅决定了宪法的基本形态和内容，而且也决定了宪法文本能否为社会广泛接受并获得有效实施。[1] 既然制宪要把社会契约的基本原则转化为具体宪法制度，制宪过程也有必要模仿社会契约的形成过程，让公民最广泛地参与制宪讨论并对宪法基本原则达成最大程度的共识。更具体地说，制宪机构的合理构成是制宪成功的必要条件；一个正当的制宪机构必须具有广泛的包容性，充分代表不同利益与立场，这样才能获得社会的普遍认同，而社会认同是否存在将直接决定宪法被制定出来之后的命运。

1776 年美国《独立宣言》是一个划时代的事件，标志着人类政治文明意识的觉醒。从此之后，人民知道建国的第一件事是制宪；没有宪法，政府就是一个非法存在。1787 年费城制宪会议树立了契约立宪的楷模，来自大小各州、南部北部的不同利益代表通过谈

---

[1] 参见张千帆：“作为元宪法的社会契约”，《比较法研究》2018 年第 4 期，第 157-175 页。

判生成了世界上第一部成文国家宪法。大小州之间的“大妥协”产生了两院制国会，参议院的平等代表成为不得修改的宪法“永久条款”；甚至支持与反对奴隶制的力量也达成妥协，南北部暂时同意在同一个国家生活、受同一部宪法约束。当然，这部契约缺少了关键的参与者，譬如妇女和有色人种；作为没有人格的奴隶，黑人更不会认同这部宪法。由于奴隶制突破了现代政治文明的底线，南北最终分道扬镳，不得不通过一场伤亡惨重的内战才维系了联邦统一。尽管种族等问题至今仍然撕裂着美国，象征着美国契约的联邦宪法仍在运行，在很大程度上归功于契约立宪产生的两院制、联邦制以及第一修正案、第十四修正案等契约原则维系了美国社会。

近几十年来，伴随着国家独立或政治转型，制宪成为世界范围内频繁发生的常态事件。1975 年至今，全球至少有 194 个国家制宪。[2] 仅 1990-2000 年间，即有 17 个非洲、14 个拉美和几乎所有中东欧国家都一度制宪或大幅修改宪法。[3] 南非、哥伦比亚、尼加拉瓜等国的经验都表明，制宪有助于实现和平。然而，如果制宪过程有缺陷，则可能反而加剧冲突。譬如查韦斯利用“制宪权”实现个人集权和宪法政变，制宪大会不久即大肆违宪扩权。[4] 伊拉克制定了相当不错的宪法文本，但由于制宪过程更加疏远了逊尼派，宪法并未发挥长治久安的作用。[5] 斐济制宪是一个关门过程，制宪期间也没有提供公民教育和公众参与的机会，结果一年后就遭遇军事政变。[6] 这些国家的遭遇表明，制宪不可不慎；与其着迷于“制宪

---

[2] Joanne Wallis, Constitution Making During State Building 75 (2014), p. 3.

[3] Yash Ghai, The Role of Constituent Assemblies in Constitution Making, Institute for Democracy & Electoral Assistance ed., Constitution Making, http://www.agora-parl.org/sites/default/files/the_role_of_constituent_assemblies_in_constitution_making.pdf, pp. 1-2.

[4] 参见张千帆：“整体主义的陷阱——制宪权与公意理论检讨”，《中外法学》2018 年第 2 期，第 347-363 页。

[5] 从民众对制宪主导者美国的态度，可以看出伊拉克制宪的失败。2003 年底的调查表明，2/3 伊拉克人认为美国是“占领军”，只有 15%认为美军是“解放者”。参见 Larry Diamond, *Squandered Victory: The American Occupation and the Bungled Effort to Bring Democracy to Iraq*, SMP Paperback (2005), p. 12.

[6] Laurel E. Miller, Designing Constitution-Making Processes: Lessons from the Past, Questions for the Future, in Laurel E. Miller ed., *Framing the State in*

权”等不仅大而空、而且十分危险的概念，不如谨慎设计制宪程序，让制宪过程帮助弥合民族分歧、形成社会共识并实现长治久安。

各国制宪模式千差万别，未必存在一个“最佳”模式。西班牙和巴西的代表模式都是直选产生的制宪议会，波兰则是两院推选的议会委员会；巴西是开放制宪，西班牙是部分开放，波兰则是完全封闭；西班牙和波兰宪法公投通过，巴西宪法则是制宪议会自己通过……然而，之所以有些国家制定的宪法更为成功，而有些国家的宪法被认为是一个失败，一个重要的决定因素即在于其制宪过程能否遵循包容、开放、妥协的契约精神。

二、制宪模式选择

制宪过程可以被大致概括为三个主要环节，即起草机构的设立、起草过程和宪法草案的批准。制宪面临的第一个问题是如何选择宪法起草机构——经常也被称为“制宪机构”？究竟是沿用现有的代议机构，还是专门成立新的宪法起草机构？由于新机构一般须经选举产生，这个问题也可以变成先选举还是先制宪。如果先选举制宪机构，那么这样的机构一般被称为“制宪大会”(constituent assembly 或 constitutional convention)；如果不选举新的机构，则既可以沿用现行议会作为制宪机构，也可以采用议会任命的宪法委员会或代表各主要政党的“圆桌会议”负责起草宪法。

无论先选举还是先制宪，都需要权衡利弊。如果像阿富汗那样，制宪之前没有选举，由过渡时期的临时行政机构负责制宪，那么缺乏代表性的行政权可能会主导立宪进程，进而对制宪正当性产生质疑。反之，如果先选举制宪机构，那么选举也可能产生新的问题。例如伊拉克制宪机构的选举反而极化了人群，造成逊尼派退出，给制宪和宪法正当性带来了障碍。东帝汶选举导致制宪大会的一党多数明显，没有动机和其它派别谈判妥协；制宪本来应该是建构共识

Times of Transition: Case Studies in Constitution Making, United States Institute of Peace Press (2010), p. 646.

的立宪政治，东帝汶制宪大会的一党独大却使之蜕变成一个单方决定的多数决过程。也许南非是一个不错的妥协，主要大党先对宪法原则达成共识，然后再举行选举，对选举结果留点悬念或"无知"。另一个办法是对制宪大会的决策要求超多数，迫使各派妥协，但这也增加了宪法草案获得通过的难度。[7]

1. 制宪机构的选择

如果不经选举，制宪机构往往就是当时仍在运行的议会。例如1980 年代后期巴西制宪时期，军方认为议会更"听话"，因而秘密要求议会制宪，尽管其它方案的民意支持率更高。1986 年的巴西选举存在严重的滥划选区，人口最多的地区明显代表不足，参议院则还是按威权时期选举法间接选举产生的。加上巴西的制宪程序十分复杂，最后出台了一部极为繁琐的宪法。斐济的制宪过程与此类似。[8] 当然，巴西未必能代表议会制宪的典型。譬如匈牙利传统上即议会主导制宪，尽管最后未能制成新宪。阿尔巴尼亚也是议会主导制宪，新宪法被认为相当成功。阿尔巴尼亚制宪之所以成功，是因为议会建立了代表所有政党及少数族群的小型宪法委员会，且一开始就有了指导原则作为起点。[9]

另一种模式是"圆桌会议"，即代表社会主要利益的政治力量坐到一起谈判制宪。某种意义上，1787 年费城制宪会议就是最早的"圆桌会议"模式；尽管那个年代还不存在政党，代表不同地域、不同利益的政治精英谈判起草了宪法。1990 年代初，匈牙利反对派担心过早选举会让原执政党占多数，因而阻止了制宪大会并促成圆桌会议。[10] 南非谈判委员会由各党 2 人组成，本质上也属于"圆桌会议"模式。除了极端的泛非大会和极右的自由联盟拒绝签署、印卡塔领袖拒绝参与谈判之外，其余所有政党都签署了全面和平协

[7] Ghai, The Role of Constituent Assemblies in Constitution Making, p. 16.
[8] Ibid., pp. 22-23.
[9] Miller, Designing Constitution-Making Processes, pp. 613-614.
[10] Ibid.

议。[11]

最后，宪法起草也可以通过任命专门委员会完成。为了保证宪法的权威，须保证起草委员会具有广泛代表性。例如西班牙转型期间，社会党提出由议会而非内阁主导制宪，因而新宪法必须获得不同党派的共识。宪法起草由委员会负责，后来经过复杂谈判又建立了 7 人小组，其中代表政府的民中联 3 人，社会党、共产党、大众联盟和加泰罗尼亚各 1 人。[12] 厄尔特里尔的制宪委员会在包容性方面做得也不错，包括 21 名妇女，9 个少数族群都有代表，三年内做了大量公众教育和咨询。肯尼亚 2010 年制宪过程的包容度很高。在 2007-08 年选举后暴力流血事件的阴影下，宪法委员会在全国范围内进行了广泛协商。[13]

2. 制宪大会

关于制宪机构，谈得最多的是制宪大会。和日常议会或其它未经选举的制宪机构相比，选举产生的制宪大会更能保证制宪机构的代表性。[14] 事实上，某些刚刚走出革命或内战等暴力冲突的国家可能没有现成的议会，因而不得不通过制宪大会制定宪法。譬如柬埔寨、索马里、东帝汶国家崩溃，没有合法代表机构，因而只能成立制宪大会。某些国家则出于现实考虑，选择了制宪大会模式。美国和法国革命之后，以及加纳或巴布亚新几内亚等非洲国家独立后，为了和殖民或封建历史彻底切割，往往建立制宪大会。当然，独立过程也可以是渐进的，譬如通过英国议会立法，那样就不会有

---

[11] Jonathan Wheatley and Micha Germann, Outcomes of Constitution-Making: Democratization and Conflict Resolution, in Jonathan Wheatley & Fernando Mendez eds., *Patterns of Constitutional Design: The Role of Citizens and Elites in Constitution-Making*, Routledge (2013), pp. 64-65.

[12] Francisco Rubio Llorente, The Writing of the Constitution of Spain, in RA Goldwin and A. Kaufman eds., *Constitution Makers on Constitution Making: The Experience of Eight Nations*, American Enterprise Institute for Public Policy Research (1988), pp. 252-254.

[13] Jaap de Visser et al. eds., Constitution-Building in Africa, Nomos Verlagsgesellschaft (2015), pp. 10-11.

[14] Jon Elster, Ways of Constitution-Making, in A. Hadenius ed., *Democracy's Victory and Crisis*, Cambridge University Press (1997), pp. 137-138.

制宪大会的位置。印度制宪时期，国大党一直要建立制宪大会，但英国坚持不让，而是采用圆桌会议模式，谈判在英国人和印度人之间而非在印度本地的不同派别之间进行。[15]

制宪大会的选举方式一般和议会选举类似，譬如南非、柬埔寨、东帝汶都是如此。为了保证不同利益得到广泛代表，一般认为比例代表制(proportional representation)比单选区制(single-member district)更好。例如突尼斯制宪大会 217 人，由封闭政党名单(closed party list)的比例代表制产生，保证 27%妇女代表，各大党必须包括至少 1 名 30 岁以下代表，人口稀少的地区略微过多代表。宪法草案最后由制宪大会 2/3 多数通过。[16] 然而，比例代表制也存在不同选项，譬如究竟是以全国作为大选区，还是以省或地方的小选区为单位？乌干达制宪大会共 340 名成员，包括各县市新选出的人民代表 167 名、大县额外代表 33 名、各区抵抗委员会主席和妇女代表各 38 名，以及 41 名特殊利益代表，如宗教界、全国抵抗力量、参与 1980 年竞选政党各 10 人，青年与工人各 5 人。[17] 伊拉克当时因为缺乏可靠的选区数据，因而采用全国大选区，结果因为逊尼派杯葛，选入制宪大会的比例很低。后来在二次普选中按省为单位，情况极为不同。在逊尼派占多数的省，即便继续杯葛、投票人数很少，也会选出逊尼派代表。[18]

由此可见，制宪大会模式的主要挑战在于其包容性。一不小心，制宪大会就可能被严重政治化，制宪过程变成了不同党派的政治斗争。结果多数人的政治力量压倒了少数人的基本权利，譬如乌干达制宪大会曾就政治结社进行投票，并中止了这项权利。[19] 本来不

---

[15] Ghai, The Role of Constituent Assemblies in Constitution Making, pp. 8-9.

[16] Nicole Töpperwien, Participation and representativeness in constitution-making processes, in Sumit Bisarya ed., Constitution Building: A Global Review, International IDEA (2013), pp. 5-6, http://www.idea.int/es/publications/constution-building-a-global-review/loader.cfm?cs Module=security/getfile&pageID=65189/.

[17] B. Odoki, *The Search for a National Consensus: The Making of the 1995 Uganda Constitution*, Fountain Publishers (2005), p. 259.

[18] Ghai, The Role of Constituent Assemblies in Constitution Making, p. 21.

[19] Devra Moehler, *Distrusting Democrats: Outcomes of Participatory*

选举还好，一选举之后知道了自己的实力，公众支持反而使“全国抵抗运动”的领导人过于自信，以至可随意忽视少数人的诉求而非和他们谈判。[20] 由于政党一般代表族群力量，政党主导选举往往意味着制宪大会的极化。如果政党结构具有代表性和包容性，还不至于产生过度两极分化，但是如果代表结构过于零散或人数过多，很可能给共识构建带来困难。

至于如何选举制宪大会，取决于代表性和效率之间的权衡，以及代表什么——利益还是信息或知识，或者说是个人利益还是集体利益。埃斯特教授认为，制宪和一般立法活动不同，需要制宪者超越一己私利，从国家长远利益考虑，因而需要更多的是知识、信息、经验和远见。[21] 因此，制宪大会应尽可能保证代表性和多元化，制宪代表至少应经由比例代表选举产生，而不能完全由多数党控制。乌干达的选举和任命过程都被操纵，选举完全有利于全国抵抗运动，任命更是悉数执政党的人，成为实际上的一党制，没有起到广泛代表的作用。尼加拉瓜反对派和伊拉克逊尼派都杯葛了制宪大会，直接影响了其包容性、宪法正当性和维持和平的可能性。[22]

事实上，即便比例代表也未必能很好保证制宪大会的多元化。从社会契约的角度看，宪法是体现契约原则的成文立法，因而宪法制度应当尽可能获得不同利益和立场的一致认可；不同利益群体均应该有代表参与制宪，而代表人数未必和所代表的社会力量严格成比例。譬如阿富汗制宪大会保留了10%名额，给总统任命某些需要获得代表的特殊群体。有时候，比例代表可能反而容易产生僵局。譬如1919年魏玛议会采用比例代表制并授权妇女投票，致使社会民主党未能获得绝对多数，最终导致纳粹上台。1990年，哈维尔的制宪大会采用比例代表制，允许原执政党派代表参与，结果成了

Constitution-Making, University of Michigan Press (2007), pp. 192-193.

[20] Ibid., p. 195.

[21] J. Elster, The Optimal Design of a Constituent Assembly, in H. Landemore and J. Elster eds., *Collective Wisdom*, Cambridge University Press (2012), pp. 170-171.

[22] Miller, Designing Constitution-Making Processes, pp. 628-629.

宪法破坏者。[23]

总的来说，无论是精英主导还是大众积极参与的制宪过程，都必须具有广泛包容性，至少需要吸收主要党派和利益群体参与。首先，宪法起草阶段未必越民主越好。西班牙、纳米比亚和南非制宪第一阶段都是精英控制，但效果良好。[24] 其次，大众参与的制宪过程一定要重视少数群体的诉求，防范简单多数主义。当然，如果参与式制宪没有包括主要力量，则注定不会成功。斐济宪法委员会起草后，总理认为不可接受，因而不得不由司法部长另行起草，征求社会意见后才获得通过。[25] 另一方面，也没有必要把民主选举产生的制宪权力视为洪水猛兽。制宪大会的权力并非不可限制，譬如南非制宪会议的权力就受到临时宪法限制和宪政法院审查。尼日利亚制宪大会则受制于军政府确定的大框架，以及军政府任命的宪法委员会制定的草案。[26]

3. 制宪机构的规模

虽然制宪机构应具备代表性和包容性，但也并非制宪代表的人数越多越好。肯尼亚制宪大会共有 608 人，即便专题委员会也多达七八十人，很难进行深入讨论。学者建议，制宪机构的人数一般不要超过 200 人。[27] 2012 年，尼泊尔成立了 601 人的制宪委员会，却未能起草一部宪法。第二次制宪仍然维持 601 人，其中比例制产生的代表减少到 335 人，最后好不容易才制定一部宪法。当然，什么算“多”也取决于具体国家的具体情况。利比亚制宪委员会原来由国会产生，但是 2012 年修改宪法宣言，制宪委员会改为直选。次年制定了选举法，保证妇女 10%名额，但妇女还是抗议名额太少并呼吁杯葛，以至 60 名代表都一直凑不齐，加上安全威胁，制宪

---

[23] Elster, The Optimal Design of a Constituent Assembly, pp. 152-155.
[24] Miller, Designing Constitution-Making Processes, pp. 628-629.
[25] Töpperwien, Participation and representativeness in constitution-making processes, pp. 9-10.
[26] Ghai, The Role of Constituent Assemblies in Constitution Making, pp. 8-9.
[27] Ibid., pp. 22-23.

进程迟迟未能启动。[28]

历史上，制宪机构人数各国差异很大。1787 年，起草美国宪法的费城制宪会议只有 55 名代表。这 55 人的圈子很小，不仅语言相同，而且接受的教育、阅读的书籍相似，实践的法律也大同小异，因而容易达成共识。[29] 同时期，法国革命的制宪大会则有 1200 多人，来自没有什么共同语言的三个等级，难度显然大得多。1848 年，法国和德国的制宪大会各为 800 和 649 人，已经达到上限。1949 年，负责制定德国《基本法》的“议会委员会”则只有 65 人。

事实上，早在《联邦党文集》第 55 篇，麦迪逊即已指出制宪会议的人数须适中。如果人少，那么共识容易达成，制宪成本低，但缺乏代表性和正当性；增加人数可能增加代表性，但也增加共识达成的难度。孔多塞 1785 年论文认为，人多可能增加每个人的胆量，产生“从众效应”。而边沁在 1789 年给法国制宪大会提交了两篇建议，指出制宪大会的人数和个人积极性成反比；人太多，每个人都觉得自己的投票不值钱，搭便车心理更加严重。[30]

制宪会议应采用何种规模，取决于具体国家的特定情形。2014 年，也门召开全国对话会议，565 名成员广泛代表了政治与社会各界，其中包括 30%妇女和 2%青年。会议达成的协议包含 1800 条建议和今后发展路线图，其中包括制定新的联邦宪法。这些建议是在联合国支持、海湾合作委员会斡旋下形成的。[31] 当时，也门处于和平稳定时期，会议规模很大，话题很多也很大，而且每天电视直播，但不可能像突尼斯制宪那样形成具体结论。相比之下，突尼斯处于面临转型失败的危机之中，缺乏也门从容宽松的制宪环境。2013 年 7 月，突尼斯主要反对党领袖突遭暗杀，一时引发宪法危

[28] Töpperwien, Participation and representativeness in constitution-making processes, pp. 7-8.
[29] Ghai, The Role of Constituent Assemblies in Constitution Making, p. 20.
[30] Ibid., , pp. 22-23.
[31] Christina Murray, National Dialogues in 2013, in Sumit Bisarya ed., *Constitution Building: A Global Review*, International IDEA 1 (2013), pp. 13-15, http://www.idea.int/es/publications/constution-building-a-global-review/loader.cfm?cs Module=security/getfile&pageID=65189/.

机。次年，公民社会“四重奏”组织国家对话，由主要政党代表组成，第一阶段达成了三点共识：政府由过渡技术官僚接管的原则、制宪成员不参与下届选举的承诺、竞选委员会的独立性以及制宪时间表。这样的对话实际上就是谈判，规模必然很小。几个月内，对话终获成功，宪法如期制定。[32]

4. 专家委员会

由此可见，制宪机构的规模和效率之间存在着紧张关系。结构多元的制宪机构规模越大，制宪过程的代表性、包容性和正当性越高，但制宪效率越低，反之亦然。解决代表性和制宪效率的一个方式是分两步走：由制宪机构任命专家委员会起草宪法，提交草案并讨论后由制宪机构通过。这样，制宪机构可以维持足够规模，而小规模专家委员会仍然能够维持宪法设计和起草的效率。当然，制宪大会也可以全程负责并直接起草宪法，尽量减少专家建议并用政治方案而非技术方案解决问题，但由于规模等原因，制宪大会的实际参与并不可能太多。[33]

在这个问题上，各国采取了不同做法。制宪大会可以全程负责并直接起草宪法，如革命时代的美国和法国、印度、巴基斯坦、伊拉克、东帝汶、柬埔寨、纳米比亚。南非和波兰为了保证制宪代表的主导作用，拒绝启用专家委员会。巴西一度任命了专家起草小组，但拒绝采用专家起草的版本，而“要让过程尽可能公开和民主”，结果 559 名议员一切从零开始，在弱总统和弱政党格局下产生了一部乱七八糟的宪法。[34] 巴西教训表明，如果宪法需要短小精悍，那么参与者还是人少一点更好。

相比之下，德国、乌干达、肯尼亚、埃塞俄比亚、泰国、尼泊尔、阿富汗采取了现在更通行的模式，委托专家委员会起草。阿富汗一开始由 9 人专家委员会秘密起草，29 人宪法委员会审查，其中 4 人包括主席本人是宪法专家，最后经大议会表决通过。肯尼亚

---

32 Ibid.
33 Elster, Ways of Constitution-Making, pp. 137-138.
34 Elster, The Optimal Design of a Constituent Assembly, pp. 158-159.

政变之后一直达不成妥协，建立宪法委员会之后才拿出一个各方都能接受的草案。[35] 纳米比亚和斐济有效利用了宪法专家，包括外国专家。斐济宪法委员会由 2 名外国专家和 3 名当地人组成，两名男性、三名女性。津巴布韦由 25 人议会新宪选择委员会主导立宪，三大党代表加一名酋长，其中 8 人是女性；宪法起草前公开听证，公投通过。[36]

三、制宪程序的五个问题

在确定制宪模式之后，制宪者还需要决定一系列程序性问题：如何启动制宪？制宪机构起草的是临时宪法还是永久宪法？制宪依据什么程序？起草过程是否对公众开放？这也将决定制宪场所的安排。最后，宪法草案经由哪个机构批准？

1. 制宪前置问题

在起草正式宪法之前，制宪首先需要确定的问题是如何启动制宪并建立制宪机构。在决定制宪之前，往往需要解决某些重大问题。由于公投具有巨大的民主象征意义，不妨通过公投解决这些重大问题。因此，虽然公投往往被用于宪法草案的批准，但有些国家也将其用于制宪的启动。譬如前南斯拉夫、斯洛文尼亚、克罗地亚通过公投决定是否分离，尼泊尔则在制宪大会开会前公投决定是否保留君主制。[37] 西班牙公投是否批准议会转型临时立法，委内瑞拉和哥伦比亚则公投是否建立制宪大会。伊拉克制宪之前，库德人举行独立公投，结果是压倒性多数支持独立，成为制宪谈判砝码，最后对宪法文本甚为满意。[38]

如果国家因刚经历内战等动乱而没有现行宪法，一般先要制定

[35] Ghai, The Role of Constituent Assemblies in Constitution Making, pp. 25-26.
[36] Töpperwien, Participation and representativeness in constitution-making processes, pp. 7-8.
[37] Ghai, The Role of Constituent Assemblies in Constitution Making, p. 15.
[38] 对于宪法不满意的主要是拒绝参与制宪的逊尼派，参见 Miller, Designing Constitution-Making Processes, pp. 623-624..

一个代表社会共识的基本框架并制定临时宪法。对于经历内战或族群冲突等深度分裂的国家来说，制宪之前需要经过漫长的谈判才能重归共识。肯尼亚为此花了将近 10 年，南非和斐济也花了 3 年。对于制宪成功而言，基本共识的形成是不可跨越的必要阶段。[39] 此后才能制定临时宪法，过渡时间大致是 1-6 年，譬如柬埔寨 2 年多、印度 3 年，乌干达和南非则分别花了 5 年和 6 年。[40] 临时宪法可能存在很长时间，且往往是正式宪法的模板，譬如南非和伊拉克。

制宪机构建立之后，需要确定的第一个问题是制宪程序的法律依据。一个选择是遵循旧宪法规定的制宪或修宪程序。1958 年法国宪法基本上是戴高乐的产物，制宪过程遵循了第四共和宪法规定的修宪程序，第五共和宪法需经宪法协商委员会的同意和议会批准。[41] 匈牙利、波兰和南非为了保证平稳过渡，制宪都遵循了旧法程序。东欧国家的“社会主义法治”更多是一个象征性标签，但对于圆桌会议的共识构建与和平转型发挥了促进作用。[42] 当然，更一般的情况是制宪机构自己决定程序规则，如印度和乌干达的制宪大会，或肯尼亚的宪法审查委员会。泰国、乌干达、肯尼亚等国的制宪大会规定了复杂的程序分工，制宪大会仅负责讨论；阿富汗制宪机构“大议会”则职能有限，只负责宪法的通过。[43]

制宪机构需要决定的第二个问题是制宪的基本原则，包括新宪法是否需要遵循旧宪法中的某些既定原则或规则。在这个问题上，有人主张公正性，有人则主张连续性。宪法制度的连续性有助于化解既得利益的抵制，让对立各方都同意加入新体制。譬如南非的非国大同意在旧体制下进行改革，给白人吃了一颗渐进改革的定心丸。某些国家的制宪受制于国际或外国力量的约束。印度制宪大会

[39] 当然，不成功的谈判也可能自我设限，譬如 Dayton 和平协议加深了波斯尼亚一黑山的种族裂痕并削弱中央政府。

[40] Ghai, The Role of Constituent Assemblies in Constitution Making, pp. 13-14.

[41] Jean Foyer, The Drafting of the French Constitution of 1958, in Goldwin, RA, and Kaufman, A., eds. 1988. *Constitution Makers on Constitution Making: The Experience of Eight Nations*. Washington, DC: American Enterprise Institute for Public Policy Research, pp. 19-24.

[42] Miller, Designing Constitution-Making Processes, p. 648.

[43] Ghai, The Role of Constituent Assemblies in Constitution Making, pp. 27-28.

原先继承了英国许多限制性规则，目的主要是保护穆斯林，但是当英国宣布建立巴基斯坦之后取消了这些保护性限制。[44] 联合国安理会对纳米比亚、东帝汶和柬埔寨宪法目标产生了关键影响，而从前南联盟独立出来的国家要获得欧盟接受，基本条件就是延续前南联盟的宪法框架。[45]

一般来说，制宪大会应限于决定宪法的一般原则及其最后通过，中间细节则由委员会完成。但是印度、柬埔寨、东帝汶等国的制宪大会负责全过程。制宪大会也可以直接负责起草，如革命时期的美国和法国、印度与巴基斯坦、伊拉克、东帝汶、柬埔寨、纳米比亚等国，但是大会的直接参与实际上不可能太多。德国、乌干达、肯尼亚、埃塞、泰国、尼泊尔、阿富汗委托专家委员会起草，现在更加通行。阿富汗一开始由 9 人专家委员会秘密起草，29 人宪法委员会审查，其中包括主席在内的 4 人是专家，再经大议会表决通过。肯尼亚政变之后一直达不成妥协，建立宪法委员会之后才拿出一个都能接受的草案。

2. 制宪程序的开放性

制宪机构需要决定的第三个也是最关键的问题是制宪程序的开放程度。长期以来，宪法谈判被认为是政治领袖的事，文本起草则是专家的事，公众只是在最后一刻被召集进来批准最终版本。封闭制宪的主要理由是，如果精英们认为不能控制立宪过程，很可能会在落实过程中抵制宪法，或以自利方式选择适用宪法条款。[46] 譬如美国立宪者麦迪逊认为，制宪过程的严格保密对于共识建构和理性讨论是必不可少的，因为这样有助于说服制宪代表并改变他们的观点；在公共讨论过程中，人们很容易碍于颜面而固执己见。[47] 然而，现在越来越多的观点认为，受到不公待遇的人群越早参与制定

[44] Ibid., pp. 25-26.
[45] Ibid., p. 17.
[46] Yash Ghai and G. Galli, Constitution Building Processes and Democratization, in *Democracy, Conflict, and Human Security: Further Readings*, IDEA (2006), p. 243.
[47] Ibid., p. 248.

解决方案，制成的宪法越能够取得可持续的成功。[48] 政治领袖或宪法专家起草、公开大会通过的时代或已一去不复返，当代大众在宪法草案形成阶段就期待参与，因而制宪过程一开始就需要为公众提供信息和教育。迄今为止，开放制宪做得最好的要数 2008 年金融危机之后的冰岛。冰岛的全国论坛从公众随机选择 1000 多名代表，通过所有社交媒体征集意见并负责起草宪法，然后提交议会和公投通过。[49]

各国制宪程序差异很大，有的国家采用开放程序，有的则坚持封闭模式。美国制宪几乎完全保密，麦迪逊的私人笔记等到宪法颁布半个世纪之后才发表了删节版。在另一极端，法国制宪则是几乎完全公开，任何人都可以旁听，凡尔赛广场可以容纳上千访客。[50] 从一开始，两大对立制宪模式即表明，制宪过程的开放和封闭各有利弊。保密制宪促进利益交换，公开制宪则促进原则辩论。如果采用制宪大会模式，讨论一般应该公开，公开辩论也是极为有效的公民教育方式。另一方面，在大庭广众下辩论宪法原则问题，也容易产生“台面效应”(grand standing)，让成员采取拒不妥协、互不相让的立场，从而为达成共识和理性妥协制造障碍。[51] 虽然秘密讨论可能助长制宪成员的自利行为，但制度设计和其未来产生的政治结果之间通常存在“无知之幕”，或能有效抑制自利动机。和制宪相比，一般议会立法会涉及具体得多的利益问题，因而需要更多的公开性和透明度。[52] 即便如此，秘密投票仍有助于遏制立法“滚雪球”现象。是否应当公开制宪成员的投票结果，仍然是一个见仁

[48] Vivien Hart, Constitution Making and the Right to Take Part in a Public Affair, in Laurel E. Miller ed., *Framing the State in Times of Transition: Case Studies in Constitution Making*, p. 20.

[49] 可惜冰岛新宪法仅停留于草案，从未正式生效。参见 Cheryl Saunders, Constitution-making in the 21st century, *International Review of Law*, http://dx.doi.org/10.5339/irl.2012.4, p. 20.

[50] Jon Elster, Ways of Constitution-Making, in A. Hadenius ed., *Democracy's Victory and Crisis*, Cambridge University Press (1997), pp. 164-166.

[51] Ghai, The Role of Constituent Assemblies in Constitution Making, pp. 27-28.

[52] J. Elster, The optimal design of a constituent assembly, in H. Landemore and J. Elster eds., *Collective Wisdom*, Cambridge University Press (2012), pp. 164-168.

见智的问题。

西班牙宪法起草过程是保密的，政党代表会和本党不断沟通，但是后来和社会党亲近的媒体还是公布了前 40 条。宪法草案包容了所有党派的建议，其中包括大众联盟、社会党和加泰罗尼亚少数族群对属地结构以及社会党对君主体制的建议。草案然后正式征求各政党意见，并允许进一步谈判。虽然社会党代表一度表示"共识已经破裂"，后来还是一致通过了最终方案。草案公布后，参众两院各进行两轮讨论，民主中心联盟和社会党达成共识。不过，多数意见经常投票压倒少数意见，最终通过的宪法忽视了大众联盟和巴斯克的意见，为后来的纷争埋下伏笔。[53]

和西班牙类似，中东欧多采用契约转型和圆桌会议，作为相互对立的党派关门谈判的平台。1989 年，波兰圆桌会议确定的转型协议成为修宪基础。匈牙利契约转型是一个完全保密的过程，圆桌会议主导了前两轮制宪，保证了制宪在没有动荡的和平环境下进行，防止保守和革命的新旧两极把自己的主张强加于宪法。然而，精英协议缺少了大众参与，也为制宪合法性投下阴影，十几年制宪无功而返。[54] 相对封闭的制宪过程虽然有其优势，但也有代价。如果制宪过程不开放，那么不仅新宪法的民主正当性会打折扣，而且公众也不会对宪法产生感觉。卢旺达宪法起草过程中，委员会只是教育公民宪法的重要性，但并不听取他们的意见，实质性交流限于政府内部。[55] 虽然制宪过程产生了 5 万份公民答卷，但只有 7% 得到分析。[56] 南非的多党谈判过程也可以算作是一种圆桌会议，催生了 1993 年临时宪法，成为制定永久宪法的基础。两阶段有助

---

[53] Francisco Rubio Llorente, The Writing of the Constitution of Spain, in RA Goldwin and A. Kaufman eds., *Constitution Makers on Constitution Making: The Experience of Eight Nations*, American Enterprise Institute for Public Policy Research (1988), pp. 252-254.
[54] Miller, Designing Constitution-Making Processes, pp. 621-622.
[55] A.M. Banks, Expanding Participation in Constitution Making: Challenges and Opportunities, 49 *William and Mary Law Review* 1043-69 (2008), pp. 1044-45.
[56] Wallis, *Constitution Making During State Building*, p. 50 .

于保证制宪过程的稳定性、合法性与共识形成。[57]

虽然圆桌会议的契约制宪模式可以促进平稳转型，但是如果参与主体的包容性不够，很可能会削弱宪法体制的公正性与可持续性。譬如契约转型帮助委内瑞拉、哥伦比亚和巴西从1960-70年代的威权主义走出来，却削弱了社会经济平等，原因在于这些国家的契约转型纯粹是精英驱动，由几个掌权者和离任政权之间进行秘密谈判。委内瑞拉的《菲霍角协议》是一个典型的例子，而这类精英分赃协议终究会引发社会大众的不满，最终将民粹主义独裁引狼入室并摧毁了长达四十年的民主政体。[58] 相比之下，西班牙转型之所以相对成功并巩固了民主，是因为参与谈判的群体包括了所有意识形态光谱。因此，制宪过程应当避免由少数精英通过秘密谈判限制政府责任和政策议程，否则会长期影响民主质量。[59]

最后，宗教或族群分裂国家尤其需要注意开放制宪的尺度和边界。自由主义理论通常想当然地认为，自上而下精英领导的起草过程必然会产生限制人权的宪法，广泛参与的包容制宪过程必然会强调权利保障，或开放或封闭式制宪过程必然影响宪法文本的世俗或宗教性。恰好相反，对埃及、印度、印尼、以色列、黎巴嫩、突尼斯和土耳其等宗教分裂国家的比较研究表明，自上而上的制宪方式所产生的宪法更为持久。[60] 如果一味强调制宪的开放性，很容易触碰原教旨主义的火药桶，造成制宪为民粹主义和激进主义所主导，反而加剧了社会割裂和冲突。如果国家刚刚面临严重的内乱冲突，如苏丹和南苏丹、孟加拉国和泰米尔老虎队，那么各方秘密谈判会增加制宪成功的机会。当然，精英协议制宪的成败只能取决于

---

57 Miller, Designing Constitution-Making Processes, pp. 621-622.

58 张千帆："作为元宪法的社会契约"，《比较法研究》2018年第4期，第157-175页。

59 Kirsti Samuels, UN REFORM: Post-Conflict Peace-Building and Constitution-Making, 6 *Chicago Journal of International Law* 663 (2006), pp. 669-670.

60 参见 Asli Bali and Hanna Lerner, Constitutional Design Without Constitutional Moments: Lessons from Religiously Divided Societies, 49 *Cornell International Law Journal* 227 (2016), p. 235.

谈判者的善良意愿，也未必能满足人民的期待。[61] 总之，与其套用黑白分明的自由主义理论公式，不如搁置容易激发冲突或导致僵局的基本问题，采取更为稳健的渐进制宪模式。

3. 制宪时间与地点

制宪机构需要解决的第四个问题是宪法起草与讨论的时间及地点。对于封闭的制宪讨论而言，开会地点无关大局，但开放的制宪会议最好远离中心城市。一般来说，制宪讨论的地点不应设在首都或大城市，以免大规模游行示威干扰审慎讨论。因此，1919 年的德国立宪刻意选在魏玛；2007-08 年厄瓜多尔的制宪大会是在小村庄里召开的，外人进入需要许可证。1789 年法国制宪有几个地点可选，王后和几名部长建议选在离巴黎较远的安静地方，首相建议设在巴黎会以产生热烈影响；有的部长认为离开凡尔赛宫会增加太多费用，国王则为了方便打猎而决定留在凡尔赛。当受到巴黎骚乱之后，国王仍然不准换地点。另外，军队也可能对制宪产生威胁；当时据说如果 40 公里以内有军队驻扎，制宪代表就很难冷静讨论，因而 1791 年宪法特别规定，没有议会准许，国王不得把军队调遣到议会 60 公里以内。[62]

制宪时间的长短是影响宪法质量而难以平衡的重要因素。如果时间允许，宪法的通过和生效之间应间隔足够时间，以减少制宪成员短期利益动机的影响。不过无论如何设计，矛盾是不可避免的，制宪需要时间、冷静和审慎，而对立宪的社会需求则往往是在危机和动荡中产生的，因而在某种意义上确实如埃尔斯特教授所说，制宪就是在波涛汹涌的“海上造船”。[63]

有的制宪机构设定了准确的制宪节奏，而制宪时限确实有助于提高效率、节省成本，但也会限制参与机会、催生不成熟的宪法。因此，除非可能出现波折或政变等不确定因素，还是从容为好。另外，如果规定硬性期限，某些不着急落实主张的利益集团可能会漫

[61] Ghai, The Role of Constituent Assemblies in Constitution Making, pp. 10-11.
[62] Elster, The Optimal Design of a Constituent Assembly, pp. 159-160.
[63] Elster, Ways of Constitution-Making, pp.137-138.

天要价；如果制宪时间过长，则不仅降低了制宪效率，甚至可能因为节外生枝而使宪法草案胎死腹中。刚果金和肯尼亚代表了两个极端：一个处于水深火热的战争之中，不得已通过一部新宪法，程序简易却通过率高；一个悠哉悠哉，程序冗长复杂，最后功亏一篑，多数选民拒绝批准。当然，刚果金之所以通过宪法，更多是出于对战争的厌倦，而非人民主动拥护，而新宪法对于现实政治似乎并无太大作用。尽管制宪程序貌似合法，宪法也修成正果，但并未转化为社会效果。[64]

由此可见，制宪过程的期限必须适中，既不能太长，也不能太短。1814 年的挪威制宪会议只开了 5 周，1789 年法国制宪大会和 1988 年巴西制宪大会则开了 2 年，代表了两个极端。相比之下，美国费城会议开了 3 个月，德国对《基本法》草案辩论了 6 个月；1848 年法国制宪也花了半年，同年的法兰克福宪法则辩论了 1 年。如果制宪过程需要保密，那么程序最好简短一点。[65] 当然，前提是社会已经在宪法原则问题上存在相当程度的共识，否则匆忙制宪很可能是为独裁打掩护。譬如委内瑞拉两个半月起草、一个月批准，完全是查韦斯操纵的结果。不过纳米比亚制宪前后也只花了两个半月时间，那是因为国内对制宪已经存在高度共识。另一方面，匈牙利没有规定时间表，致使 1996-97 年制宪失败。[66]

一般来说，充分的公共参与有助于构建共识，譬如布干维尔岛、波兰、南非等自主立宪国家的制宪时间较为从容。[67] 埃塞俄比亚制宪 1 年完成，乌干达则长达 4 年；厄尔特里尔原来计划 2 年完成制宪，后来又延长 1 年。[68] 相比之下，国际或外国占领下的制宪

---

[64] James Thuo Gathii, Popular Authorship and Constitution Making: Comparing and Contrasting the DRC and Kenya, 49 *William & Mary Law Review* 1109 (2008).

[65] Elster, The Optimal Design of a Constituent Assembly, pp. 158-159.

[66] 当然，也未必纯粹以制宪成败论英雄。波兰制宪花了 8 年之久，最后并未制成新宪，却仍然从行宪过程中吸取了诸多经验。Miller, Designing Constitution-Making Processes, pp. 638-639.

[67] Wallis, *Constitution Making During State Building*, pp. 42-43.

[68] Bereket Habte Selassie, *The Making of the Eritrean Constitution: The Dialectic of Process and Substantice*, Red Sea Press (2003), pp. 42-43.

往往会规定时限，譬如东帝汶、柬埔寨和伊拉克，而国际社会介入下的制宪期限一般较短，制宪大会结束意味着国际组织撤出和完全独立。1979 年，英国政府给了津巴布韦 3 个月的制宪期限，结果主要问题未能得到解决，其中包括财产权和土地改革、过去对人权的侵犯、黑人多数的经济赋权，为这个国家后来的宪法失败埋下隐患。2005 年，伊拉克制宪进程最后如走马灯一般，显然过于草率，而伊拉克之所以匆忙制宪，主要是因为美国要求而非国内需求。然而，逊尼派失去国家领袖之后，需要时间发展出清晰的政治愿景。在美国设定的时限压力下，伊拉克制宪过于匆忙，没有足够的时间赢得逊尼派的支持。[69]

4. 宪法草案的通过

制宪需要决定的最后一个问题是宪法草案如何批准生效。无论宪法草案如何生成，均需要经过一个民主程序。如果宪法确实是由人民代表合法制定的，更有可能成为“活的宪法”或“活得长的宪法”。[70] 如果宪法制定由外国或国际组织主导，那么宪法就很难获得合法性。例如美国主导制定了伊拉克临时宪法，选举产生临时政府的议会和行政，进而由后者制定正式宪法。虽然临时行政由当地代表组成，但决策实际上还是美国说了算，因而合法性存在严重疑问。相比之下，南非临时宪法之所以比较成功，正在于它更公开透明并具备社会共识，且不受外界主导，因而更具有合法性。[71]

宪法草案的起草和批准既可以用同一个机构，也可以起用不同机构。譬如东帝汶的起草和通过都是由同一个制宪大会，布干维尔岛宪法则是由另外选举的制宪大会通过。[72] 至于宪法批准机构，南非用了议会，宪法大会就是之前直选产生的两院。战乱之后的乌

---

[69] Ghai, The Role of Constituent Assemblies in Constitution Making, p. 18.
[70] Eva Jhala, The Principal Actors in Constitution-making, in RA Goldwin and A. Kaufman eds., *Constitution Makers on Constitution Making: The Experience of Eight Nations*, American Enterprise Institute for Public Policy Research (1988), pp. 88-89.
[71] Ghai, The Role of Constituent Assemblies in Constitution Making, pp. 13-14.
[72] 后者通过的是一部临时宪法，因为 2015-20 年间还要决定这个地区的政治前途。参见 Wallis, *Constitution Making During State Building*, pp. 312-313.

干达还没有选举议会，因而采用了制宪大会。埃塞俄比亚则同时用了二者，先是经过独立的宪法委员会，然后经过众议院，最后才是制宪大会通过。[73] 有学者建议，宪法通过一般由制宪大会或公投决定，但最好不要再由议会决定，否则二者意见不一致就会产生矛盾。譬如肯尼亚制宪同时要求制宪大会和议会 2/3 通过，但后者只能同意或不同意，不能修改。但实际上，议会滥用权力，对宪法草案进行大幅度修改。埃塞俄比亚与此类似，但总统支持者主导的制宪大会最后批准了宪法。[74] 尼泊尔政党希望议会通过宪法，毛共派则希望通过制宪大会，最后于 2006 年建立制宪大会，消除了各派分歧。

作为选民意志的直接体现，公投往往被用于宪法的批准乃至起草阶段。南非、肯尼亚、乌干达制宪大会都规定，如不能就重要问题达成 2/3 共识，就提交公投，但由于害怕公投的不确定结果，这些国家的制宪大会都自行达成共识，最后没有一个国家提交公投。对于深度分裂国家，宪法草案的通过最好采用超多数，以谋求最大程度的社会共识，但这样也增加了制宪难度和卡壳的可能性。[75] 和制宪过程的"上游"相比，公投对于选民控制"下游"阶段而言更为有效。1898 年的澳大利亚宪法即未能通过新南威尔士公投，不得不作出修改。1946 年法国宪法也未通过公投，选民认为宪法赋予左派控制的议会过多权力。1960-70 年代，美国各州制宪大会起草了 12 部宪法，其中 7 部未能通过公投，罗德岛和纽约州还分别以 4:1 和 3:1 大比分落败。1992 年，加拿大宪法未能通过魁北克公投，因为魁北克人认为自己得到的太少，而有些省则认为已经给予魁北克太多而不予通过。1994 年阿尔巴尼亚宪法、2005 年肯尼亚宪法也均未能通过公投。[76]

如果通过宪法公投，公投程序一般有助于提升宪法正当性和社会地位。西班牙宪法委员会的讨论基本上完全听命于两党代表，最

---

[73] Jhala, The Principal Actors in Constitution-making, pp. 88-89.
[74] Ghai, The Role of Constituent Assemblies in Constitution Making, p. 20.
[75] Ibid., pp. 29-30.
[76] Elster, The Optimal Design of a Constituent Assembly, pp. 169-170.

后形成终稿并提交两院。1978 年 12 月，西班牙公投通过宪法草案，全国只有 7.8%反对票，国王和两院的压倒性多数旋即联合批准。[77] 波兰宪法批准公投的参与率只有 43%，但是对赋予宪法合法性仍然发挥了积极影响。匈牙利转型后并未马上制宪，而是对宪法进行大修，在此过程中对四个实质性问题的公投为修宪提供了合法性。[78]

但值得警惕的是，在宪法经过公投批准的国家，支持率普遍很高。譬如阿塞拜疆、吉布提、卡塔尔和哈萨克斯坦的宪法公投支持率都超过 90%，象牙海岸的公投支持率达到 85%，亚美尼亚达到 70%，俄罗斯也有 58%支持率，而有证据表明这些国家都存在不同程度的舞弊欺诈。在这种情况下，公投反而成了为独裁者提供合法性的橡皮图章。当然，不举行宪法公投的国家也未必更好，因而公投批准模式未必能被用来预测制宪是否有助于民主化。[79] 如果制宪机构的代表模式更为民主和包容，则公投模式确实和制宪之后的民主化呈正比关系；反之，不民主国家似乎也更倾向于通过公投批准宪法，使之沦为独裁总统巩固权力的工具。[80]

少数国家的宪法批准不仅要求民主程序，而且还可能涉及司法程序。南非宪政法院谨慎处理了宪法核准(certification)问题，受到各方肯定。哥伦比亚有人挑战总统成立宪法大会的合法性，认为只有议会才有权提出制宪，但法院依据公投所获得的压倒性支持维持了总统法令。波兰法院审理了关于宪法公投有效性的 433 个问题，并停止适用某些旧的宪法条款。[81] 总的来说，司法对制宪的介入

---

[77] 但是在巴斯克 3 省，反对票和弃权票要高得多。加泰罗尼亚参议员则认为，西班牙制宪的成功是因为宪法模糊处理了族群关系等“敏感”问题：“模糊是共识的基本要素”，因而关于少数族群的宪法条款需要不断重新解释以获得确切的意义。参见 Llorente, The Writing of the Constitution of Spain, pp. 255-259.

[78] Miller, Designing Constitution-Making Processes, pp. 623-624.

[79] Jonathan Wheatley and Micha Germann, Outcomes of Constitution-Making: Democratization and Conflict Resolution, in Jonathan Wheatley & Fernando Mendez eds., *Patterns of Constitutional Design: The Role of Citizens and Elites in Constitution-Making*, Routledge (2013), pp. 54-55.

[80] Ibid., pp. 56-57.

[81] 匈牙利法院也重新解释了旧条款，帮助支离破碎的宪法形成一个和谐系统。Miller, Designing Constitution-Making Processes, p. 627.

有助于保证制宪程序合法审慎，但这种模式未必适合缺乏法治传统和司法权威的转型国家。

最后，新宪法应该明确规定生效程序或自动生效的期限。许多宪法条款需要配套立法才能实施，但议会或行政很可能选择性实施宪法。或许有必要像阿富汗和肯尼亚宪法那样建立一个独立委员会，在规定时间内起草或监督起草宪法的实施立法。另一个办法是在宪法附件规定一个需要立法的清单及截止期限，并授权公民在立法逾期不作为之后提出诉讼。[82]

四、结论

综上，能否找到一种最佳制宪模式？显然，并不存在“放之四海而皆准”的唯一正确答案。然而，从构建社会契约的视角出发，不妨提出某些值得参考的建议。开放制宪和公众参与显然是现代制宪的大趋势，也是宪法成功的必要条件。如果制宪机构缺乏包容性、制宪过程完全封闭或宪法草案没有经过民主表决，那么不仅所产生的宪法缺乏正当性，而且制宪过程未能完成社会契约构造的使命，因而即便文本良好的宪法也注定得不到有效实施。另一方面，公众参与也要把握适当的尺度，吸取“过犹不及”的教训。过度参与的困难在于难以真正达成精英和社会共识，参与主体太多太杂，涌现出来的议题过于宽泛，而精英谈判的保密协议难以落实，反而增加了契约制宪的难度。更重要的是，参与式制宪必须注重实质，徒有虚名、实质垄断的制宪就和完全封闭的制宪过程一样，不能发挥形成和整合社会共识的作用。

如果立宪时刻社会共识并不存在，那么与其一开始就“大鸣大放”，不如低调谨慎，通过“圆桌会议”召集主要政治精英，就新宪法的基本原则达成契约共识。在这种情况下，可以像南非那样先制定一部简略的临时宪法，规定正式宪法与制宪程序的一般原则。制宪机构应该具有广泛的包容性，但具体起草可以委托专家委员

[82] Ghai, The Role of Constituent Assemblies in Constitution Making, p. 51.

会。秘密的委员会讨论和公开的大会讨论相结合，可以扬长避短：完全保密会导致党派利益主导，完全公开又会鼓励高大上站队和不着边际的吹牛。[83] 最后，宪法草案应当获得代表民意的机构批准通过。政治条件成熟的国家可以让人民对宪法进行直接表决，但是这个阶段已不可能进行实质性辩论，其意义限于赋予宪法名义上的正当性。

总之，作为最接近立约的制宪过程，制宪机构设计必须兼顾包容性、代表性和制宪效率。最可行的制宪模式是将整个过程至少分为起草与通过两步：负责起草的机构小而精干，以利宪法设计深思熟虑、结构完整；负责通过的机构则必须具有一定规模，以保证足够的代表性。宪法起草既可以由民意代表机构任命宪法专家，也可以采用由政治精英构成的"圆桌会议"。尽管起草机构本身的代表性不够，但是在这个阶段即可广泛征求并消化吸收民意。草案形成后，可由现行议会或专门选举产生的制宪大会按草案规定的程序多数通过。对于联邦大国，如果全国性的制宪大会不可行（或规模太大，或代表性不足），可以像美国制宪那样由各州组织制宪大会或州宪认可的程序分别通过。制宪大会通过后，尚可组织一次全国性制宪公投，最终确认宪法的名义正当性。

---

[83] Elster, Ways of Constitution-Making, pp. 137-138.

第三章：央地分权

宪法设计的第一个问题是如何划分地界、确定不同层次的政府及其相互之间的权力关系，尤其是中央和地方之间的权力关系。对于任何一个达到一定规模的现代社会，这都是宪法设计的首务。原始社会本来没有政府，一开始产生的政府不仅规模很小，而且结构单一，既没有中央—地方之分，也就无所谓央地关系。只有当人口达到一定规模之后，一个政府管理全部公共事务显得力不从心，于是从单一政府中逐渐分化出地方政府，负责管理局域性事务；全国性政府则升格为“中央”政府，尽管由于地理扩张等原因，中国、美国、加拿大、俄罗斯等许多国家的首都其实都不在国家的地理中央。今天，哪怕只有数百万人口的新加坡等“城邦”国家也有地方政府，需要处理央地关系。

在人类政治文明的“初级阶段”，央地关系极其简单，国家主权全部集中于中央，地方只是帮助中央处理当地行政事务的派出执行机构。早在2400多年前，华夏中原已成一定规模；秦吞并六国之后，形成高度的中央集权体制，只是当时的地理隔阂、交通落后等因素才保留了一定的地方自治因素。在法理上，秦朝建立的“大一统”体制几乎无间断地保留至今；虽然宪法赋予地方自治，中央法律依然无条件享有最高地位，地方政府仍然是宪法意义上的“下级”政府，央地关系只能是自上而下的命令—服从关系。事实上，由于交通与通讯的发展、大数据信息技术的兴起尤其是一党统治机制的精细化，今天完全有条件实现全覆盖、“无死角”的中央集权。只有复杂的政治力量互动才会偏离中央集权的单一制模式，产生更为复合的央地分权关系。

作为第一个近代立宪国家，美国也是开拓复合央地关系的先驱，第一次以成文宪法的形式设计了联邦制。这对于立宪时代的美国来说也是势在必行，因为各州不可能接受一个权力无限的秦国式中央。各州本来就是“国”(states)，联邦成立之前行使着全部国家权力。建立联邦时，各州向联邦让渡部分权力；联邦权力限于宪法列举的各州让渡权力，超越宪法授权的联邦权力无效。这样，各州获得了和联邦平等的宪法地位：在宪法上，联邦和各州之间不再是上下级关系。二者各有自己的管辖，不得相互侵越；各州不得侵入联邦领域，联邦也不得行使属于各州的权力，否则都属于越权无效。各州和联邦之间的平等关系可被视为一种政治契约，各自的权力范围通过和平约定而非命令或强夺确定。

事实上，联邦制和社会契约共享天然的思想渊源；“联邦”的拉丁词根是*foedus*，也就是契约或盟约的意思。[1] 虽然联邦国家仍然是一个主权统一的国家，但“主权”并不完全集中于中央；中央并不能简单命令地方服从自己的法律意志，而是必须与地方分权并遵守体现于宪法之中的分权约定。本质上，联邦制是组成单元的自主权受到宪法保护的制度安排，[2] 体现了央地平等、法治至上的契约思想，有利于在保障地方自治基础上维持国家法律统一。虽然地方自治保障未必需要联邦制的宪法设计，但联邦制将地方自治上升到宪法层次，对于规模较大或族群关系复杂的国家尤其必要。这是为什么当今世界除了中国，所有大国宪法都规定了联邦制；甚至如尼泊尔等弹丸小国都规定了联邦制，以保证少数族群的地方自治。各国历史事实证明，地方自治受到侵害往往是权力争夺乃至内战的根由。

今天，联邦制已经成为和单一制鼎足而立的主流政体模式。虽然数量不多，但联邦国家人口众多、疆域辽阔。譬如拉美只有 4 个联邦国家，但是其中 3 个都是拉美人口最多的国家，加起来占了拉美人口的 65%之多。[3] 据统计，世界约有 40%的人口生活在正式

---

[1] Emilian Kavalski and Magdalena Zolkos eds., *Defunct Federalism: Critical Perspectives on Federal Failure*, Ashgate (2008), pp. 1-2.

[2] Daniel Elazar ed., *Federal Systems of the World: A Handbook of Federal, Confederal, and Autonomy Arrangements* (2nd ed.), Longman (1994), p. xv.

[3] Edward L. Gibson, Federalism and Democracy: Theoretical Connections and Cautionary Insights, in Edward L. Gibson ed., *Federalism and Democracy in Latin America*, Johns Hopkins University Press (2004). 2-3

的联邦制国家，另有约 1/3 生活在带有联邦制度安排的国家。[4] 由于几乎所有大国都采纳了联邦制，而中国无疑是一个地域和族群关系十分复杂的大国，以下主要以联邦制为蓝本讨论央地分权关系。

一、联邦制的定义与类型

回到“盟约”(*foedus*)概念，标准的联邦制是国家主权的一种复合结构。如果“单一制”是指政府“主权”全部集中在中央——因而也称“中央集权”，地方只是中央为统治便利而授权执行任务的“派出机构”，那么“联邦制”在本质上是中央和地方以某种方式分享“主权”的宪法安排。“主权”在这里之所以打引号，是因为按“人民主权”理论，政府并不掌握终极意义上的“主权”；所谓政府“主权”，就是人民授权政府拥有的全部统治权。这种统治权在中央和地方之间的不同分配方式即产生单一制和联邦制（含邦联制）的宪法安排——注意，是宪法而非立法安排。在立法上，即便单一制国家也可以授权地方政府享有广泛的地方自治，但是“授权”意味着中央至少理论上可随时撤回授权立法、取消地方自治。在这个意义上，联邦制是地方自治的宪法化。

这也意味着“地方自治”虽然一开始和联邦制紧密联系，却并非为联邦国家所独有，单一制国家也可以在立法上实现高度地方自治，譬如英国；事实上，某些联邦制国家的中央权力甚至比某些单一制国家更加集中，譬如德国与奥地利。1945 年之后，奥地利联邦进一步集权，几乎垄断了所有决策权，而要重新平衡权力却受制于参议院，因为后者完全受政党控制，投票模式和众议院一模一样，联合政党轻而易举控制了两院 2/3 多数。[5] 俄罗斯总统普京上任后，建立了 7 个联邦大区并亲自任命区长；加上参议院构成变化以及联

[4] Daniel Elazar ed., *Federalism and Political Integration*, University Press of America (1979), pp. 3, 6.
[5] Thomas O. Hueglin and Alan Fenna, *Comparative Federalism: A Systematic Inquiry* (2nd ed.), University of Toronto Press (2015), pp. 22-23.

邦对地方政府的监督，俄罗斯联邦体制明显中央集权化。[6]

1. 联邦制的定义标准

究竟什么是“联邦制”？首先，联邦国家一般必须具备成文宪法，因为联邦单元是通过自愿协议结合起来，而且往往是地大人多的多族群国家，联邦也需要宪法授权。相比之下，英国不成文宪法传统仅适用于共享历史习俗的相对均质文化，因而必然意味着单一制安排。[7] 面对一部宪法及其制度实践，我们如何判断一个国家是否联邦制？毕竟，第一个现代联邦国家美国宪法中并没有“联邦”二字；委内瑞拉 1999 年宪法明确规定了“联邦”政体，其宪法权力结构却否定了这部高度集权宪法的联邦特征。

判断联邦制主要有三个标准或要素。第一，最简单也最不重要的，宪法文本明确提到“联邦”或“州”等字眼；第二，宪法文本明确规定了中央权限和地方权力清单；第三，宪法明确规定，修宪必须经过州、省等次级政府单元（“地方”）的批准，或至少经过代表地方利益的参议院之批准。这三条标准中，第一条只是为界定联邦制提供了方便的推定，并非构成联邦制的必要条件。第二和第三条构成联邦制的必要与充分条件。如果没有第二条，央地分权不存在，联邦制亦无从谈起；如果没有第三条，则虽然制宪时可能规定了全套地方权力，但中央主导的修宪完全可以把这些权力统统收回去。在这个意义上，联邦制的关键要素是存在“决定权力的权力”(*Kompetenz-Kompetenz*)：如果地方没有决定自己权力清单的权力，那么不论宪法规定了多少地方权力，本质上都和单一制无异。[8] 换言之，联邦制和单一制放权的根本不同之处在于必须有地域和权力

---

[6] Michael Burgess and G. Alan Tarr, Introduction: Sub-national Constitutionalism and Constitutional Development, in Michael Burgess and G. Alan Tarr eds., *Constitutional Dynamics in Federal Systems: Sub-National Perspectives*, McGill-Queen's University Press (2012), pp. 4-6.

[7] John Kincaid, Comparative Observations, in John Kincaid and G. Alan Tarr eds., *A Global Dialogue on Federalism (vol. 1): Constitutional Origins, Structure, and Change in Federal Countries*, McGill-Queen's University Press (2005), p. 411.

[8] 参见 Dieter Grimm, *The Constitution of European Democracy*, Oxford University Press (2017), p. 46.

上的“存在性保障”(existential guarantees)，防止权力在不同层级政府之间的非自愿转移。[9]

美国是一个标准的联邦国家，因为虽然联邦宪法并没有“联邦”二字（取决于对“合众国”United States 的理解），宪法第 1 条第 8 项明确规定了国会立法的权力清单，第 5 条则规定宪法修正案不仅需要国会两院 2/3 多数同意，而且必须获得 3/4 多数州的批准。相比之下，委内瑞拉 1999 年宪法不仅修宪无需地方同意，而且完全取消了参议院，国会变成一院制；既然地方“决定权力的权力”荡然无存，即便宪法自诩“联邦”，也只能徒具虚名。西班牙并非标准的联邦国家，但因为其地方自治而被不少人认为是“准联邦”国家，或“具有联邦特征”的单一制国家，央地之间存在一定程度的宪法分权。然而，由于西班牙修宪根本不用征求自治区同意，也有人主张将其作为联邦制是一个错误。[10] 对于宪法规定了央地分权但修宪无需地方同意的国家，上述第一个标准——宪法文本是否明确含有联邦(federation)或“州”(states)等字眼——可作为界定联邦国家的决定性标准。

按此标准，截止 2018 年底，根据我们对 196 个国家或地区的调查，世界上一共有 30 个联邦国家，其中亚洲有 7 个：印度、巴基斯坦、伊拉克、马来西亚、缅甸、尼泊尔、阿联酋；欧洲有 6 个：奥地利、比利时、波斯尼亚—黑塞、德国、俄罗斯、瑞士；美洲有 6 个：北美洲是加拿大与美国，中南美洲是阿根廷、巴西、墨西哥、圣基茨与尼维斯；澳洲有 3 个：澳大利亚、密克罗尼西亚、帕劳；非洲有 8 个：民主刚果（金）、埃塞俄比亚、肯尼亚、尼日利亚、索马里、南非、苏丹与南苏丹。具有联邦特征的单一制国家或地区一共有 10 个，其中亚洲有 4 个：香港、澳门、台湾与斯里

[9] Thomas O. Hueglin, Comparing Federalism: Variations or Distinct Models?, in Arthur Benz and Jorge Broschek eds., *Federal Dynamics: Continuity, Change, and the Varieties of Federalism*, Oxford University Press (2013), p. 44.

[10] John Loughlin, Federalism, Regionalism and Local Government: Comparative Perspectives on Transforming the Nation-state, 7 *European Political Science* 472-482 (2008).

兰卡；欧洲有 2 个：意大利与西班牙；美洲有 3 个：玻利维亚、厄瓜多尔与委内瑞拉；大洋洲有 1 个：巴布亚新几内亚；非洲有 2 个：安哥拉与坦桑尼亚。

由此可见，单一制国家在数量上占据绝对优势。“世界宪法制度指标”的最新统计显示，196 个国家或地区中，单一制国家多达 154 个。相比之下，联邦制国家只有 30 个，加上 12 个具有联邦特征的单一制国家或地区。然而，联邦制在地理和人口规模上则明显大于单一制。单一制国家的平均人口和版图分别为 2491.1 万人和 35.7 万平方公里，联邦制国家的平均人口和版图则分别为 1.04 亿人和 239.1 万平方公里。总体上，单一制国家共覆盖 38.4 亿人口，占据近 5500 万平方公里版图；联邦制国家则覆盖 31 亿人口，占据 7173 平方公里版图。因此，二者总体上旗鼓相当；单一制和联邦制的人口比例是 1.24，联邦制和单一制的版图比例为 1.3。

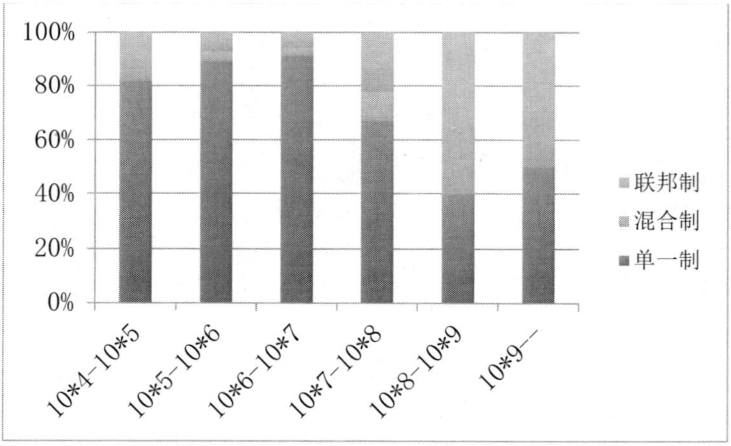

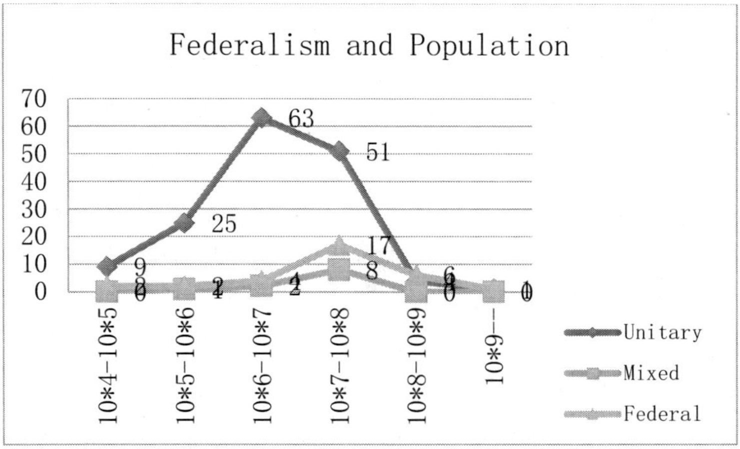

图 3.1：联邦制、单一制与人口关系

数据来源："世界宪法制度指标"数据库

2. 联邦制与两院制？

如上所述，联邦制的必要条件是存在"决定权力的权力"，因而多数联邦国家都要求超多数的州等次级组成单元批准宪法修正案，譬如美国、加拿大、俄罗斯、尼日利亚，印度、墨西哥宪法均要求多数州议会批准修宪，瑞士和澳大利亚则要求多数州公投批准宪法修正案。相比之下，德国、奥地利、巴西、马来西亚、南非、巴基斯坦、阿联酋只要求联邦议会超多数批准。[11] 另一方面，联邦宪法一般并不要求地方享有决定是否脱离联邦的单方面权力，因为单方面脱离权或驱逐权会使对方处于弱势。[12] 目前只有埃塞俄比亚、圣基茨—尼维斯、苏丹和经过司法解释之后的加拿大宪法规定了脱离联邦程序，1993 年厄尔特里尔和 2011 年南苏丹即经由此程序立国。

联邦宪法即便不要求修宪经过地方批准，一般也必须是两院

[11] Ronald L. Watts, *Comparing Federal Systems* (3rd ed.), McGill-Queen's University Press (2008), pp. 162-163.
[12] Ibid., p. 169.

制，以使修宪充分重视参议院所代表的地方利益。事实上，只有阿联酋以及袖珍型联邦岛国密克罗尼西亚和圣基茨—尼维斯；前者没有现代意义的议会，后二者则将参众两院合并为一院制。巴基斯坦一度采用一院制，但因此造成政局不稳定。[13] 和众议院相比，参议院的代表对象是地域和地方利益，并通常和选民基数不成比例。参议院一般照顾人口少的州，譬如美国和阿根廷的参议院和人口很不成比例；澳大利亚 6 州人口从 45 万到 600 万，但各州 12 名参议员；德国最大州是最小州人口的 30 倍，但参议院席位才 2 倍；南非 9 州各 10 名，巴西代表人口 43%的参议员控制了参议院 3/4 多数。[14] 尽管如此，直选产生的参议院一般代表政党，而未必代表地方利益。加拿大参议院由联邦总理任命，75 岁统一退休，因而根本不用代表地方利益。[15] 由于缺乏合法性，加拿大参议院虽然享有平等立法权，却一贯知趣地避免和众议院多数发生任何顶撞，只能算假两院制。虽然过去三十年改革呼声不断，尤其是西部省将其作为同意魁北克特殊处理的条件，阿尔伯塔曾提出 3E 原则：选举、有效、平等，但多数加拿大人似不为所动。[16] 不过，由于各省在联邦中没有任何代表，反而助长了各省立法自行其是的趋向。同时，二级政府间关系比美国重要得多。联邦总理召开各省首席部长会议，商定的政策再在各自议会通过。[17]

除了加拿大参议院基本不发挥作用之外，第二院一般采用参议院或委员会模式。由州或省议会间接选举产生的参议院或更能代表地方利益，譬如奥地利、印度、巴基斯坦、埃塞俄比亚参议院由省或州议会间接选举，比利时、马来西亚、俄罗斯、南非、西班牙参议院部分由间接选举产生。德国参议院则由州政府的官方代表组成，按州政府指示集体投联票(block vote)。必须经过参议院同意的

---

[13] Ibid., p. 147.
[14] Ibid., p. 155.
[15] Ibid., pp. 151-152, 155.
[16] Hueglin and Fenna, *Comparative Federalism: A Systematic Inquiry*, pp. 217-218
[17] Ibid., pp. 59-60.

领域除了修宪之外，还包括共享权力领域的立法、涉及共享税收的立法以及要求各州用自己的经费提供服务的立法。为了防止两院僵局，建立了常设协调委员会，两院各出 16 名代表。[18] 德国参议院原先对涉及州利益立法的绝对否决高达 60%联邦立法，近年来调整到 40%上下。德国两院制实际上成了联邦和各州代表之间的谈判，因而带有显著的合作立法特征，只有在联邦执政党和各州多数不同时才会发生政府间冲突，反对党可以联合参议院多数阻止立法。当然，参议院是否就代表了地方利益仍有争议；即便是地方选举也往往是围绕联邦问题，因为选民们知道政府党派的改变会影响参议院构成。[19]

总之，两院制几乎可以说是联邦制的必要而非充分条件——单一制国家也完全可以采用两院制。2001 年，国际议会联盟承认 178 个议会制民主，其中 63 个两院制。新西兰、丹麦、瑞典已经撤销参议院，波兰、捷克和南非则建立了第二院。我们对 196 个国家或地区的最新统计表明，两院制国家的数量几乎和一院制旗鼓相当，分别为 88 和 108 个，而两院制和人口与地理规模具有显著相关性。一院制平均人口和版图分别为 2808.6 万人和 38.4 万平方公里，两院制平均人口和版图则分别为 4888.6 万人和 105.1 万平方公里。显而易见，第二院和人口与地理规模显著相关；国家版图越大、人口越多，采用两院制的概率越高，几乎所有大国都有参议院。

由于人口和版图与联邦制也有显然的相关性，联邦制和两院制紧密相关。据 1996 年统计，两院制国家的平均人口是 4700 万，一院制国家只有 2400 万。当时 22 个联邦制中，18 个是两院制；156 个单一制民主中，则只有 40 个两院制。这组数据基本符合我们的上述最新统计。表 4.2 说明，相当多的单一制国家（58 个）也采用两院制。相比之下，几乎所有联邦制国家都有第二院，只有密克罗尼西亚、圣基茨与尼维斯、苏丹和委内瑞拉是一院制的联邦国家，但前两个是特殊情形的微型岛国，苏丹 2019 年宪法只是一部表达

---

[18] Ibid., pp. 222-223.
[19] Ibid., pp. 61-63.

了联邦意向的临时宪法，委内瑞拉“查韦斯宪法”的“联邦制”则徒有虚名，实质和中央集权单一制无异。因此，真正意义的联邦国家都是两院制，两院制可以说是构成联邦制的一个必要条件。

表 3.1：联邦制与两院制的相关性

	单一制	联邦制	联邦特征单一制	总数
一院制	96	4	8	108
两院制	58	27	3	88
总数	154	31	11	196

数据来源：“世界宪法制度指标”数据库。

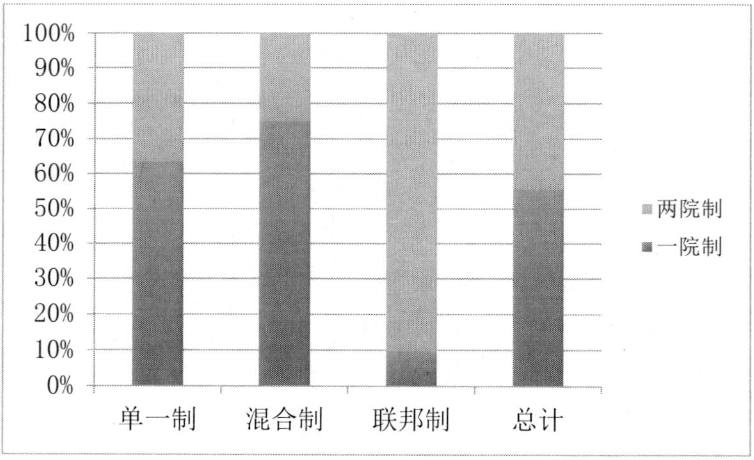

图 3.2：联邦制与两院制的比例
数据来源：“世界宪法制度指标”数据库。

3. 联邦制的类型

既然符合上述标准的联邦制是一个很大的“筐”，联邦政体存在多种形式。首先，除了“走到一起”或“放到一起”等不同的历史形成过程造成不同分权模式之外，联邦制可分为双重主权和单一模式。以美国为代表，“双重主权”是从社会契约出发的原始联邦制，强调州等组成单元的完整宪法自治权，具体表现为各州具有和联邦平行的立法、行政、司法结构，通常有自己的州宪；联邦和各州之间的关系主要是依据宪法分配立法权能，并通过联邦与各州司法监督实施。美国、加拿大、澳大利亚、阿根廷、尼日利亚均可被视为双重主权联邦制的代表。这些国家央地权能截然分明，因而实行双重主权联邦制，地方无需参与中央立法。相比之下，单一联邦制的组成单元都未必具备其全套机构，而是可能和联邦分享行政或司法机构。德国可被认为是单一联邦的典型，联邦和各州共享一套司法体系；联邦法院就是最高法院，各州法院是上诉法院，地区法院是基层法院。

其次，和上述分类相关的是立法联邦制与行政联邦制。立法联邦制是在宪法上分配联邦和各州之间的权能，其典型是双重主权联邦制。单一联邦制的央地立法分权有名无实，基本模式是中央主管立法、地方主管执法，因而具有单一制特征，也被称为“行政联邦制”。德国是行政联邦制典型代表，联邦负责制定框架立法，交由地方变通实施，而地方政府也通过选派代表进入参议院参与立法。地方执行的中央立法一般是在共享权能领域，联邦制定的框架立法由地方细化后贯彻实施。近年来，德国和瑞士的趋势是联邦立法规定得越来越细，限缩了地方的自由裁量。[20]

再次，由于地域、族群或语言文化的分布不均衡，联邦国家又可分为地域(territorial)联邦制和族群(ethnic)或文化(cultural)联邦制。美国、澳大利亚、德国、南非属于地域联邦制的典型，南北或宗教文化差异显得相对次要，共享文化的不同地域形成政治共同体。美国、澳大利亚、南非虽然是多族群国家，但仍坚持地域联邦制。瑞士、比利时、俄罗斯、加拿大、尼日利亚、印度等国则属于“文化联邦制”，譬如印度的 28 个邦基本上按语区划分；另外，具

[20] Cheryl Saunders, Legislative, Executive, and Judicial Institutions: A Synthesis, in Katy Le Roy, Cheryl Saunders & John Kincaid eds., *Legislative, Excecutive, and Judicial Governance in Federal Countries*, McGill-Queen's University Press (2006), pp. 344, 362-364, 372-374.

有邦联性质的欧盟 28 个成员国有 24 种官方语言。[21]

无论是地域还是文化联邦制，联邦或具有联邦特征的国家一般都存在巨大的地方差异，譬如德国最小的不莱梅州只有最大的威斯法伦州人口的 4%；加拿大最小的省是爱德华王子岛，人口只有最大的魁北克的 0.5%。西班牙 17 个自治地方，其中加泰罗尼亚 GDP 独占 1/4，而且语言历史都不同。[22] 面对地方差异，联邦宪法既可以对各州和地方一视同仁，形成所谓的"对称联邦制"；也可以对某些特殊地方给予特殊待遇，形成"不对称"(unsymmetrical)联邦制，譬如魁北克就一直在争取自己的"文化特殊地位"。近年来，不对称联邦结构有所增多，其中财政权的不均衡安排是一个重要考虑因素。[23] 对称联邦制的典型有美国、阿根廷、澳大利亚、奥地利、巴西、埃塞、德国、墨西哥、密克罗尼西亚、尼日利亚、巴基斯坦、南非、瑞士、阿联酋，比利时、波斯尼亚、加拿大、印度、马来西亚、圣基茨—尼维斯和西班牙则属于非对称联邦或具有联邦特征的国家。[24]

最后，和横向分权模式相结合，联邦制还可分为"总统联邦制"和"议会联邦制"。历史上，美国背叛英国建立了总统联邦制，后来还有巴西、墨西哥、尼日利亚、俄罗斯；加拿大、澳大利亚、印度、马来西亚、南非等没有背叛英国的前殖民地则建立了议会联邦制，此外还有德国与比利时等联邦国家。[25] 在数量上，议会制和总统制几乎平分秋色。根据我们对 176 个国家的最新统计，如果把具有联邦特征的单一制国家权重除以 2 再和联邦制国家数量相加，那么表 4.2 显示，议会制中的联邦制比例达到 20.8%，仅比总统制比例 29.6%略低，高于半总统制国家，并显著高于总统议会制和总统制中的超总统制国家的联邦制比例。议会制和总统制在联邦制比

[21] Hueglin and Fenna, *Comparative Federalism: A Systematic Inquiry*, pp. 49-50.
[22] Ibid., pp. 70-72.
[23] Watts, *Comparing Federal Systems*, p. 18.
[24] Ibid., p. 128.
[25] 也有人将印度、南非、瑞士归为混合联邦制，参见 M.P. Singh and V. Kukreja, *Federalism in South Asia*, Taylor & Francis Group (2014), pp. 4-6.

例上的差距更可能是因为议会制国家的平均规模显著小于总统制，而小国采用联邦模式的比例显然更低。表 4.2 也显示立法—行政横向分权和纵向分权之间的关联：总统议会制和超总统制都授权总统享有解散议会的自由裁量，而其地方自治要素都显著低于总统制、议会制和总理总统制。

表 3.2：联邦制国家在不同分权模式中的比例

	总数	单一制	联邦制	联邦特征单一制	联邦制%
议会制	66	50	12	3	20.5
总理总统制	55	47	8	2	16.4
总统议会制	28	24	2	1	8.9
总统制	27	18	7	2	29.6
超总统制	5	4	0	1	10

数据来源："世界宪法制度指标"数据库。

议会联邦制又可按政党结构分为两种模式。一种建立在西敏寺多数决的两党制基础上，其典型代表是英联邦中的联邦国家；另一种是多党联合执政的欧洲模式，以德国和南非为代表。俄罗斯和巴基斯坦则代表二元首脑联邦制。多数决联邦制更为团结，但需要更强的政党纪律和行政主导；多党联邦制避免了这个问题，但也容易牺牲关键决策。二元首脑联邦则可能在两极摇摆，不够稳定。[26]

总统制联邦一般是立法联邦制，如美国、瑞士、俄罗斯；英联邦制的议会联邦制通常是行政联邦制，特征是较弱的第二院和司法审查，不过印度和南非司法审查力量相当大。欧洲大陆的联邦制一般是议会联邦制，如德国、奥地利、西班牙、葡萄牙、比利时等。[27] 议会联邦制往往是行政主导，主要决策由央地行政长官闭门决

---

26 Watts, *Comparing Federal Systems*, p. 141.

27 Rekha Saxena, Introduction, in Rekha Saxena ed., *Varieties of Federal Governance: Major Contemporary Models*, Cambridge University Press (2011), p. xix

定；虽然总理表面上受制于议会多数支持，但是在政党纪律严明的国家，这一要求实践中往往就是一个名义。相反，总统虽然独立于议会之外，但是和内阁一起孤零零地在议会之外并受其限制。[28] 但总统联邦制的决策可能比行政联邦制更有效，也更容易中央集权。2004 年，普京基本上通过律令规定地方总统或州长由联邦总统提名、地方议会通过，而非地方直选，同时将杜马地区选举改为全国政党名单的比例代表制。

4. 族群联邦制

鉴于二战以来诸多国家建立联邦是基于族群而非地域，在此有必要单独讨论族群联邦制。由于族群往往对应不同的宗教或语言文化，这类国家也被称为“语言”(linguistic)或“文化”联邦制。和地域联邦制相比，族群联邦制国家虽然规模未必大，但联邦制对于族群和睦与国家团结甚至比地域联邦制发挥的作用更重要。

最早的文化联邦制是比利时。1830 年独立前，比利时先后被西班牙、奥地利、法国、荷兰统治过。虽然多数人说荷兰语，但 1831 年宪法建立的是法语单一制，禁止荷兰语传播。传统政党按资本—劳工和天主—世俗两个轴线划分，现在逐渐汇集于语言。1993 年，比利时正式成为联邦国家；在 1000 万人口中，60%为荷兰语，39%为法语，绝大部分住在瓦伦区，剩下不到 1%为德语，布鲁塞尔为双语区。[29] 联邦内阁包含同样数量的荷兰语和法语部长，各自代表自己的语区。似乎没有联邦至上原则，联邦、地区和语区立法具有同样地位。比利时也是双重主权制，联邦和地方有独立的公务系统，相互很少交集。比利时的创新是“语言联邦制”，但法语区只能在瓦伦区和布鲁塞尔部分地区立法，弗莱芒语区只能在弗兰德斯和布鲁塞尔地区立法。[30] 两大语区的斗争和妥协产生了争端解决制度，但这种制度同时也会制造争端。合作主义+区域自治可能是

---

[28] Ibid., p. xxviii.
[29] Johanne Poirier, The Belgian Federation: Tools of Appeasement, Instrument of Confrontation, in Saxena ed., *Varieties of Federal Governance: Major Contemporary Models*, pp. 345-348.
[30] Ibid., pp. 349-352.

最糟糕的结合，经常加剧社会极化和分离倾向。两个主要语区读不同的报纸、看不同的电视、上不同的大学，政治精英基本上相互不认识、不信任。[31]

族群联邦制的一个成功典型是印度。1950 年，印度制宪建国后一直维持联邦民主，并因此而基本维系了族群和平。1991 年人口普查表明，印度有 3000 多种方言、33 种不同语言，每一种至少上百人。宪法第 3 条授权国会全权确定邦界，对少数语区自治发挥了民主赋权作用。[32] 虽然印度也不时发生分离主义运动，但从来没有内战，至多引发宪法紧急状态。尼赫鲁执政时期，印度只是实行中央集权的准联邦，但毫无疑问是民主国家。直到 1970 年代，甘地夫人运用第 356 条宪法紧急状态条款削弱地方自治，总理任命各邦首席部长，受到社会各地强烈抗议。1984 年甘地夫人遇刺后，儿子拉吉夫继任到 1989 年，地方自主性有所增加。随着司法审查变得力度更强和经济自由化与全球化趋势，国大党主导体制瓦解。印度联邦制响应了地方语言多元化要求，甚至对少数民族给予不对称待遇，同时实行财政联邦制，否则 11 个喜马拉雅邦无法生存。[33] 事实证明，灵活的联邦制很好化解了印度地方的分离主义。一旦塔米尔被允许建邦，地方党派控制了邦议会，独立就不再是一个问题，而英语仍然是全国官方语言；1990 年末，旁遮普的民主选举和放权也使得锡克族独立不再是一个问题。[34]

相比之下，印度邻国巴基斯坦的联邦制名存实亡。1940 年，穆斯林联盟的拉合尔(Lahore)协议有点地方自治大宪章的味道，但 1947 年之后面目全非。英国本来竭力维持印巴统一，提出了邦联方案，但其长期实行“分而治之”策略致使回天无力，双方都不接受。和印度分离后，巴基斯坦以穆斯林为主导，穆斯林占人口的

---

[31] Ibid., pp. 367-388.

[32] Stepan, Toward a New Comparative Politics of Federalism, Multinationalism, and Democracy, pp. 67-69.

[33] Singh and Kukreja, *Federalism in South Asia*, pp. 221-224.

[34] Stepan, Toward a New Comparative Politics of Federalism, Multinationalism, and Democracy, p. 70.

96.7%，但仍然有十几种语言，其中旁遮普语占人口 48%。1956 年，巴基斯坦好不容易立宪，把西部变成一个大单元，歧视众多少数族群。1958 年，阿尤布汗发动军事政变；1962 年，制定混合制宪法。1969 年，阿尤布在政治抗议声浪中辞职，继任者宣布戒严。由于前 25 年实行精英统治和短视的族群歧视政策，1956、1962 年两部宪法均未能重视联邦原则，结果成了亚洲殖民国家唯一独立后发生分裂的国家。

在 1970 年《法律框架秩序》下举行的选举中，拉曼领导的东巴孟加拉人民联盟占议会绝对多数，和布托领导的西部巴基斯坦人民党对立。但无论是军队还是布托，都不可能让东巴成立第一届民选政府，结果爆发了内战、种族灭绝和军队镇压。1971 年的孟加拉反抗解放战争导致近 300 万平民死亡，40 万妇女被巴基斯坦军队强奸，800-1000 万难民逃亡到印度，有的地方难民人数甚至超过东北省份当地人口，最后导致印巴战争。[35] 1971 年，占人口 54% 的东巴从巴基斯坦独立出来，成为孟加拉国。

假如巴基斯坦能像印度那样践行联邦民主，兴许能避免大规模迁徙、内战、分裂等浩劫。由此可见，地方自治的宪法保障之于国家长治久安至关重要。可惜巴基斯坦宪法规定了联邦制，却未能践行，以至生灵涂炭、分崩离析。

二、联邦分权

确定采用联邦制之后，首先要考虑联邦和各州或省如何分权。联邦宪法的主要功能就是明确划分央地立法权，包括三大类权力：联邦或各州的专属(exclusive)立法权、联邦与各州或省共享(concurrent)的立法权以及剩余(residual)立法权。一般来说，社会同质性越高，联邦权力越大；语言和文化差异等多元化越根深蒂固，构成单元自治程度越高。对于各州让渡一定权力的“来到一起”联邦，宪法一般会规定联邦的专有和共享权能，剩余权属于各州，譬

[35] Singh and Kukreja, *Federalism in South Asia*, pp. 229-230.

如美国、澳大利亚与瑞士；对于“抱在一起”的放权维持型联邦，宪法一般会规定各州的专属权力，剩余权属于联邦，如比利时和西班牙。加拿大和印度二者皆有之，因而规定了联邦和各州的专有权能及共享权能，剩余权属于联邦。如果说美国、加拿大、瑞士等古典联邦的央地分权是粗线条的，从 1900 年澳大利亚开始，现代联邦分权越分越细。[36]

一般认为，美国、加拿大、澳大利亚、德国、瑞士、比利时属于非集权联邦，巴西、印度、墨西哥、尼日利亚、俄罗斯、南非则更为中央集权。1950 年之后，比利时和加拿大走向分权，其余分权国家则走向更为集权。联邦分权不仅取决于宪法制度，也和政治与政党制度有极大关系。1988 年之前，印度一直由国大党掌权，显得相当集权；之后，国大党失去多数地位，印度联邦走向分权。1990 年代初期，墨西哥政治转型也促使其走向分权。相比之下，普京掌控俄罗斯之后则显著集权。[37] 根据 2008 年的一个统计，最集权的联邦排名依次为巴基斯坦、马来西亚、尼日利亚、阿根廷、墨西哥、俄罗斯，相对集权的联邦排名依次为巴西、奥地利和澳大利亚；温和集权的联邦排名依次为德国、西班牙、美国和印度，最分散的联邦排名为比利时、加拿大、瑞士。几个微型联邦中，帕劳属于最集权联邦，密克罗尼西亚和圣基茨—尼维斯则属于相对集权联邦。[38]

1. 影响分权的因素

对于联邦集权程度来说，联邦的构建过程很重要。有的联邦国家是从分散到集中，譬如美国、瑞士、澳大利亚。这些国家原先不存在统一的中央政权，各殖民地或不同王国来到一起，建立联邦并对其让渡部分权力。这类联邦国家被形象地称为“来到一起”

[36] Ronald L. Watts, Comparative Conclusions, in Akhtar Majeed and Ronald L. Watts eds., *A Global Dialogue on Federalism, Volume 2: Distribution of Powers and Responsibilities in Federal Countries*, McGill-Queen's University Press (2006), pp. 322-325.

[37] Kincaid, Comparative Observations, , pp. 428-429.

[38] Watts, *Comparing Federal Systems*, pp. 137, 141, 177.

(coming together)。除了上述国家之外，“来到一起”的典型还有德国、奥地利和巴西等国。另外一些联邦国家则恰好相反，从集权到分权。这些国家原先已有中央政权，但是为了维系多元统一而下放权力，最后通过宪法使央地分权制度化。这类国家被称为“抱在一起”(keeping together) ，其典型有印度、比利时、西班牙、尼日利亚。最后，有的所谓联邦甚至“邦联”名不副实，完全是外力强加的结果。这类国家被称为“放到一起”(putting together)，其典型是前苏联，因为乌克兰、乔治亚、亚美尼亚、阿塞拜疆的加入是被武力兼并的结果。[39] 有的联邦国家二者兼有之，如加拿大一般被认为是“来到一起”，但魁北克又有“放到一起”的痕迹。[40]

联邦分权还与政党体制存在复杂关系，联邦权力很大程度上取决于全国性政党的力量。[41] 莱克认为，美国联邦制使得国家层次的政党不可能形成，但印度、西班牙等成功转型的国家都形成了全国政党，后者对于“抱在一起”的作用是显而易见的。相比之下，尼日利亚、南斯拉夫等联邦政体只有地方或族群政党，结果导致分裂和内战。[42] 因此，联邦制同时有“限制民主”和“赋权民主”的功能，后者对于民主巩固的作用不可低估。莱克还认为，传统联邦制似乎以分权型居多，现代联邦制则都是集权型联邦。目前在约束中央权力上能和美国相比的，似乎只有巴西。然而，和单一制相比，即便是集权型联邦也有制约中央权力的作用。[43]

影响联邦分权的另一个重要因素是族群、宗教或语言分布结构。对于族群、语言、宗教分裂严重的地区，一般可采用两种策略。一种是按麦迪逊建议设计组成单元，防止任何少数群体成为其中的多数，以此弱化分离主义势力，譬如南非和 1956 年《邦重组法》之前的印度就采用这种策略。另一种则截然相反，通过建立区域单

---

[39] Stepan, Toward a New Comparative Politics of Federalism, Multinationalism, and Democracy, pp. 33-36.
[40] Watts, *Comparing Federal Systems*, p. 65.
[41] William Riker, *Federalism: Origin, Operation, Significance*, Little, Brown and Co. (1964).
[42] Watts, *Comparing Federal Systems*, pp. 41-43.
[43] Ibid., p. 47.

元使他们成为其中的多数，再通过地方自治来保护和促进他们的特色，其典型有瑞士、加拿大、比利时、西班牙、俄罗斯、埃塞俄比亚以及 1956 年之后的印度。[44]

2. 立法分权

联邦宪法一般是在利益交换和妥协下形成的，因而央地分权因国而异，不存在一个理想模式或完美范本。虽然联邦一般主管国防，绝大多数联邦的主要建国目的却并非抵御外敌，而是保护自由民主、共和政体、共同市场或族群多元。联邦国家的地方政府则一般承担广泛的地方职能，包括教育、医疗、公路交通、土地规划、公共安全等。[45] 专属权能的好处是责任制明确，并有利于保护地方自主空间，但任何权力都不可能截然分明，因而不论央地权力如何分配，一定程度的相互依赖、职能重叠和权力共享是不可避免的；德国和墨西哥的央地权能相互锁定，加拿大和比利时则恰好相反。专属—共享领域并非一成不变，而且各国差异颇大。譬如土著居民保护在美国、加拿大和澳大利亚属于联邦责任，美国甚至将部落等同于外国，联邦管理当局须和部落建立"条约"，但澳大利亚后来将此权能变成联邦和州共享。[46]

美国与澳大利亚的联邦专有权能相当有限，因而共享权力更重要。澳大利亚、巴西、德国、墨西哥、尼日利亚、俄罗斯、瑞士、美国剩余权在各州，加拿大、印度、南非的剩余权则在联邦。[47] 加拿大和印度详细规定了联邦与各州专属及共享三大类权力，因而剩余权并不重要。美国、澳大利亚、巴西、德国、墨西哥、尼日利亚、瑞士并未规定各州专有权力，剩余权就显得很重要。这些国家的法院一般会将联邦专有权能的暗含权力最大化，导致联邦不断扩权。相反，加拿大和印度的集权主义制宪者原先只给各州相当有限的专有权，但由于法院的宽泛解读，反而有效遏制了联邦扩张。结果，

---

[44] Ibid., pp. 76-77.
[45] Kincaid, Comparative Observations, pp. 410-414.
[46] Ibid., pp. 440-441.
[47] Kincaid, Comparative Observations, pp. 422-424.

加拿大、瑞士、比利时成为立法权最不集中的联邦国家，印度次之；美国与澳大利亚一开始严格分权，但之后联邦显著扩权。德国立法权相对集中，但行政权和开支权分散。西班牙、巴西、墨西哥、尼日利亚等国由于从威权政体转型而来，中央集权痕迹仍较明显，其集权程度依次为巴西、西班牙、尼日利亚、墨西哥。[48]

联邦专属权能一般包括国防、外交、国际与州际贸易、货币与金融、央行、关税、增值税与所得税、外交、国防、邮政、专利与版权、度量衡、社会福利、入籍与归化、大型公共设施与自然资源、航运、刑法等。值得注意的是，美国各州在外交与国防中也发挥一定作用，各州甚至还有州长指挥的陆军和空军。在国会同意下，各州可以和外国缔结条约。1960 年代之后，各国州省的国际活动明显增加。联邦外事权往往会被用来侵入州权，但某些联邦国家要求和州协商甚至获得同意。美国和澳大利亚的条约对各州产生约束力，加拿大则并非如此，因而联邦在条约形成前须广泛征求各州意见。尽管各州并没有正式谈判权，加拿大的司法解释是涉及省权的条约须经省立法才能实施。1993 年比利时宪法和 1999 年瑞士宪法则授权各州参与外交事务，外交政策须广泛征求其意见。[49] 德国条约则需经过代表各州政府的参议院通过。尼日利亚宪法规定，如果条约并非处于联邦权限范围内，需要多数州议会通过。比利时地区享有广泛的外交权，可派代表参与欧盟谈判其管辖范围内的事务。[50]

治安、教育、健康医疗、社会福利、劳动关系等社会政策一般属于各州专属权能，社会服务、自然资源和农业政策则经常由联邦和各州共享。[51] 和专属权力相比，共享权能的好处在于分权灵活，联邦可以规定全国标准，各州则可以按地方情况制定细则。联邦宪法也无需详细列举分权细节，以免时过境迁需要不断更新。如果联邦和各州权能冲突，那么一般适用联邦优占原则，因而共享权能最

48 Watts, Comparative Conclusions, pp. 327-328.
49 Ibid., p. 330.
50 Kincaid, Comparative Observations, pp. 434-436.
51 Watts, Comparative Conclusions, p. 329

终是联邦权能。加拿大养老金是例外：如果冲突各省优占，因而魁北克可以在其它省接受联邦政策时维持自己的养老金制度。[52] 尽管共享权力领域需要适中，各联邦国家差别很大。加拿大和俄罗斯有广泛的共享权能，巴西和比利时则基本没有。共享权能太少会影响央地合作，太多则会影响决策效率甚至造成僵局。刑法属于美国共享领域，近年来联邦扩张显著，目前已有 3000 多部刑法律，其中 50 多部规定了死刑。[53] 德国、印度、墨西哥、俄罗斯、南非等国则经常利用共享权能来扩张联邦权力，缩小州省立法的自由裁量。

共享权能扩张的典型例子是德国。1949 年《基本法》颁布后，联邦共享权能不断扩大，各州专属立法职能基本上限于教育、文化、治安。如果不同多数政党把持参众两院，各州可以参与的两院“共同决定”决定则容易陷入“决策陷阱”。1980 年代后期以来，争议主要集中在共同决定无法参与的欧盟法实施的重担日益落到各州身上，以及两德统一后巨大财政负担，导致一些富裕州呼吁建立“竞争型联邦制”。1993 年《欧洲联盟条约》颁布之后，即修改《基本法》第 23 条，要求某些欧盟立法经过各州协商。1994 年，《基本法》第 72.2 条的共享权能措词变得更为严格，限于建立公平生活条件或维持经济与法律统一。2004 年，宪政法院解释进一步限于州法造成的现存不平等或不统一，进而引发 2006 年大联合政府的修宪，33 条共享权能中的 11 项被置于严格解释；另外在 6 个政策领域，州法可以偏离联邦立法。[54]

最后，宪法规定的立法分权必须得到法院实施才算数。联邦制的特征是央地在宪法面前平等，央地权限冲突只能交由中立第三方处理，而不能像单一制那样由中央说了算。无论普通法还是大陆法国家，联邦国家都有司法审查机制，但处理央地权限争议的终极权威只能是联邦法院，因而公正央地争议的司法机制仍然是一个问

---

[52] Ibid., pp. 337-338.
[53] Kincaid, Comparative Observations, pp. 422-424.
[54] Hueglin and Fenna, *Comparative Federalism: A Systematic Inquiry*, pp. 150-154.

题。德国宪政法院一半由参议院任命，部分代表地方利益。美国和澳大利亚法院则几乎完全放弃限制联邦权力的角色，任由联邦开支权的无限发展。瑞士法院原先无权过问公法问题，1874 年修宪授权其处理央地或各州之间的争议，但是仍然不能审查联邦立法的合宪性。1999 年修宪后，第 189、190 条进一步明确强调，法院必须适用联邦立法或国际条约。[55] 总的来说，联邦法院对于控制联邦扩权作用有限。

3. 财政分权

和立法分权同样重要的是央地财政分权。事实上，财政分权不只是限于联邦体制，单一制也可以实行某种“财政联邦制”安排；1994 年实行“分税制”后，中国一度就被称为“财政联邦制”。反过来，即便“双重主权”联邦国家也可以实行高度财政集权；联邦通常占国家财政大头，例如澳大利亚联邦的财政收入占比高达 82%。联邦财政掌握这么多税收资源，却不可能事必躬亲，亲自把这么多钱花到纳税人头上，而是要通过转移支付由各州等次级组成单元或地方政府开支，而这个过程可以附带条件。譬如加拿大的联邦权限比其它联邦国家严格得多，但仍然可以通过“有条件资助”(conditional aid)获得各省合作，甚至在联邦无权立法的领域。[56] 因此，即便联邦自己没有立法权限做某件事，也不能命令各州去做，但仍有可能通过“有条件资助”等途径变相实现自己的意志。虽然这未必意味着“有钱能使鬼推磨”，但也足见央地财权分配的重要性。

事实上，财权分配对央地关系的影响很可能超过政党体制。现实中，经常是财政中央化造成政党系统的相对中央化，而不是反过来。宪法改革可能首先削弱地方自主权，然后选民转向中央行政问责。如果存在显著的地方收入不平等，或主要收入产生于一个地方，

---

[55] Ibid., pp. 339-340.

[56] Mauro Cappelletti et al. eds., *Integration Through Law (vol. 1), Methods, Tools and Institutions, Book 1: A Political, Legal and Economic Overview*, European University Institute (1985), pp. 41-42.

那么去中心化的税收体系也难维持，因为地方均等化需要强中央。在这样的国家，中央化形成后会很顽固，因为多数贫困州省不愿意去中心化。但如果地方能像比利时或西班牙那样对分离作出真实威胁，那么少数富裕州或省的抵制也会限制中央化程度。[57] 相比之下，政党只是有助于中央集权，并非直接的决定因素；甚至可以反过来说，财权集中削弱了各州自主权，导致选民把焦点转移到中央，才强化了全国政党力量。

和立法分权一样，财政分权也可分为三类：联邦与各州专属税种、二者共享税种以及“分税制”，同一种税源在各级政府分配。税源主要有三种：两种直接税是个人和公司所得税，间接税是销售税或增值税等流通税。联邦专属税通常包括关税，有时也包括企业税与消费税，但这些税种也可能和各州共享。个人所得税、消费税、销售税一般联邦和各州共享，财产税则一般归州或地方政府。譬如德国《基本法》第 106 条规定了 6 种联邦专有税、5 种州税，美国、加拿大、澳大利亚的大部分税种则都是共享税。德国《基本法》还规定了三大税种在各级政府的分配，南非宪法第 213、214 条则规定主要税收都进入国家收入基金，然后再按立法在不同层级政府之间分配。[58] 除了上述税种之外，不少联邦国家的资源税也很重要，并容易引发央地争端。联邦国家数量不多，但一般地大物博、资源丰富，其中油、气分别占有世界总储量的 48%和 59%。自然资源的收入归属和分配是加拿大、俄罗斯、阿根廷、墨西哥、委内瑞拉、苏丹和伊拉克等油气大国的争议焦点。[59] 如果全归当地，必然造成全国不平等；全归联邦，则地方不高兴。

经历两次世界大战，各国央地财权分配见证了此消彼长的显著变化。1900 年，美国、加拿大、澳大利亚、德国、瑞士、阿根廷、巴西、墨西哥的中央财政都十分有限，有些甚至没有直接征税权限，

---

[57] Jonathan Rodden, *Hamilton's Paradox: The Promise and Peril of Fiscal Federalism*, Cambridge University Press (2006), pp. 264-266.

[58] Hueglin and Fenna, *Comparative Federalism: A Systematic Inquiry*, pp. 168-169.

[59] Watts, *Comparing Federal Systems*, pp. 96-97.

必须依赖州或省的施舍。二战之后，联邦国家的普遍趋势是中央集中财权，造成地方仰赖中央财政。二战期间，加拿大实行税权中央化，但之后省很快恢复了税收自主权。中央化浪潮过后，地方必然试图恢复自治，但是一旦中央承担了地方债务责任和征税主导权，地方很难恢复税权自主。1950 年代开始，加拿大州际谈判变得争议越来越大，和渥太华同党的省经常不足半数。党内联邦和各省的关系也变得紧张，魁北克的自由党被描绘为中央化倾向，因而和联邦断绝关系。在魁北克带领下，数省争取自己的企业和个人所得税；1960 年代，这些省成功恢复征税权，联邦相应减税。[60] 相比之下，澳大利亚没有魁北克，因而也就没有地方税收主权的回归。

综上，20 世纪初期，美国、加拿大、澳大利亚、南美联邦、德国和瑞士各州或省都有财政主权，但到了世纪末，只有美国和瑞士依旧保持本色。加拿大二战期间经历集权，后来在魁北克带头下恢复财政自治。德国和南美联邦以前都是以地方征税为主，几经争夺才实现中央集权，地方征税权基本消失。澳大利亚、巴西的地方征税权则严重受限。有的国家经历了大萧条和二战，财政集权和中央救助出来后就很难收回，地方财政主权失守。德国 70%联邦收入、85%各州收入来自联邦两院立法决定的共享税收，任何一级政府都无权决定税基税率。这样会造成财政赤字，但纵向转移支付需求较低。《基本法》禁止“混合财政”，联邦不得资助地方承担或实施的项目，也不得立法对地方施加成本。相比之下，瑞士是最财政自主的联邦，各州和地方控制着 2/3 财政收入，但是财政责任和税收竞争压力很大，所幸瑞士税收相比其它发达国家而言并不算高。

4. 州宪的作用

附带讨论联邦国家地方自治的最高体现——州宪或省宪。事实上，尤其对于“来到一起”的联邦国家，各州存在比联邦更早，有的可以说就是独立国家，因而必须先有成文宪法。早在 1776 年美

---

[60] Rodden, *Hamilton's Paradox: The Promise and Peril of Fiscal Federalism*, pp. 250-251.

洲《独立宣言》发表后，弗吉利亚等州即已制定州县，比第一部联邦宪法——《邦联条款》——早了 5 年。“双重主权”国家的联邦和各州都有自己完整的立法、行政和司法系统，因而一般也需要成文州宪规定其权力架构。但州宪并非联邦制的绝对必要条件，尤其是不少“抱在一起”的联邦国家并无州宪或省宪。尽管州的最高法律规范也和其它州法一样必须符合联邦宪法，州宪毕竟集中体现了州的自主自治，表明州确实是在宪法上和联邦平起平坐的自治单位。

州宪立国的典型是美国。1776 年独立之前，北美原先 13 个殖民地都有自己的“章程”(charter)。独立之后，各州纷纷制宪立“国”(states)，并于次年授权建立邦联“美利坚合众国”，但 1781 年才批准《邦联条款》，1788 年才通过现行联邦宪法。1776-2005 年之间，美国 50 州总共召开过 233 次制宪大会，其中 114 次有书面记录，制定过 146 部宪法，对其现行宪法通过了 6000 多条修正案，平均每个州超过 100 条。[61] 一般认为，各州层次的制宪和修宪只是关于利益斗争，无关乎重大理论原则问题。实际上，各州在不断讨论联邦没有深入讨论的问题，如三权分立、两院制的必要性、行政与司法否决的适当性、积极权利、公民直接参与等，并某些情况下作出了不同于联邦的安排。由于州宪的制定和修正程序简单，因而有时比联邦宪法更准确表达了美国宪政传统。

和联邦宪法相比，美国各州的修宪程序要容易得多。州宪篇幅大相径庭，阿拉巴马州宪是佛芒特州宪的 26 倍长，已经修改了 700 多次。[62] 事实上，联邦制宪也辩论过修宪程序问题。杰弗逊坚持“世界永远属于活着的那一代”，因而修宪程序应当放宽。麦迪逊的《联邦党文集》第 43、49 篇捍卫了适中的修宪程序，但某些州并未接受他的逻辑。到 19 世纪，各州需要解决分权和限制司法权问题，因而必须简化修宪程序。周期性修宪确实能让宪法与时俱进，

[61] John J. Dinan, *The American State Constitutional Tradition*, University Press of Kansas (2006), p. 1.

[62] Burgess and Tarr, Introduction: Sub-national Constitutionalism and Constitutional Development, p. 15.

让公民更熟悉宪法并参与宪法实施，以免通过法外或革命实现政治变革。总的来说，州宪修正程序越来越容易，一半不到的州还设置了公民创制或周期性大会复决等替代机制，以免通过法外乃至革命等非常渠道改变现状。20 世纪早期，州法官涉入政策领域而非专注宪法解释，州宪通过要求超多数或改判等方式限制了司法权。有些方面联邦也想改，但是由于联邦修宪的刚性程序都无法实现。某种意义上，州宪相当于单一制国家的宪法。由于修宪灵活，因而尝试了联邦所不能尝试的许多设计理念。[63] 事实上，州宪对联邦宪法也产生了一定的影响，譬如美国多州通过同性恋合法化法案推动了联邦层次的同性恋合法化。[64]

如上所述，并非所有联邦国家都有州宪。譬如比利时和尼日利亚完全没有州宪，印度只允许喀什米尔有自己的宪法。印度各邦独立前并没有自主权，州界也频繁变动。尼日利亚在只有三四个州的时候有州宪。1966 年军阀统治之后，州的数量大幅增加，就没有州宪了。巴西、墨西哥、南非可以制定省宪，但州宪细节受联邦宪法规范和限制。南非州宪不仅须以联邦宪法为蓦本，还需要得到宪政法院批准。曾有两个州申请，均被法院拒绝，后来西开普再次申请后才获得通过。[65] 美国 13 州立宪后，联邦宪法授权国会批准剩下 37 州的进入联邦，因而也相当于批准其州宪。

对于没有州宪的国家，联邦宪法和单一制宪法一样必须规定其次级组成单元的结构。对于有州宪的国家，德国、俄罗斯以及澳大利亚等联邦国家并未对组成单元的宪法设置限制，[66] 但也存在各州自治空间的大小问题。加拿大和南非宪法都规定了次级单元结构，但加拿大各省可以修改并制定省宪或省法；《权利与自由宪章》第 33 条“但书”允许各省违宪，并自我界定权限。实际上，加拿

[63] Dinan, *The American State Constitutional Tradition*, pp. 272-276.
[64] Burgess and Tarr, Introduction: Sub-national Constitutionalism and Constitutional Development, p. 20.
[65] Watts, Comparative Conclusions, p. 369.
[66] Burgess and Tarr, Introduction: Sub-national Constitutionalism and Constitutional Development, pp. 7-9.

大省宪残缺不全，加上组织法和不成文习惯，即便魁北克也只有一部有点特色的《人权与自由宪章》。

宪法自治空间大小和联邦类型直接相关，“来到一起”的联邦普遍比“抱在一起”或“放到一起”的国家自治空间更大。譬如埃塞俄比亚的奥若莫解放阵线只是在其所在州被保证分离权之后，才同意停火并加入联邦。美国和瑞士给各州预留的宪法空间很大，南非和苏丹则很小。另一个影响因素是对称性，非对称联邦一般宪法空间更大。族群联邦制兴许会增加宪法空间，譬如瑞士，但是马来西亚的自治空间却有限。印度和南非则致力打造国家身份认同，把州宪自由空间视为统一威胁。[67] 地区差异可能促使州充分利用宪法空间，如德国和埃塞俄比亚的少数族群语言权利，或墨西哥的土著权利。波斯尼亚与黑塞分割为两大语区，联邦显得相当羸弱。奥地利 9 州相对同质，联邦具有明显的单一制特征，不过州长同时掌握重要联邦职位和否决权，因而虽然州权受限，但也绝非无所作为。[68]

州宪虽然经常借鉴联邦宪法，却也完全可以设计自己的独特体制。譬如美国除了内布拉斯加、澳大利亚除了昆士兰之外，州议会都是两院制，只是地方参议院的作用和联邦不同；[69] 德国、奥地利、尼日利亚、南非、瑞士在联邦层次是两院制，在州层次则基本上是一院制。阿根廷、印度、俄罗斯的州主要是一院制，加拿大各省的两院制也在逐渐消亡。目前在各州层次严格实行对等两院制的只有美国和澳大利亚，但已经没有很充足的理由。对于某些联邦大国，州议会的两院制也许有助于地方政府代表。另外，直接民主也在州层次上更为常见，譬如阿根廷、德国、奥地利、瑞士、美国；瑞士和美国的地方甚至民选法官，而这在联邦层次是极罕见的。[70]

最后，联邦制保障联邦之下州等次级组成单元的宪法自治，却一般并不保证州以下地方政府的宪法地位。阿根廷、德国、奥地利、

---

[67] Ibid., pp. 11-14.
[68] Ibid., pp. 21-23.
[69] Hueglin and Fenna, Comparative Federalism: A Systematic Inquiry, p. 37.
[70] Watts, Comparative Conclusions, p. 373.

印度、尼日利亚、俄罗斯、南非、瑞士宪法明确提到地方自治，加拿大则一带而过。美国、澳大利亚只有某些州的州宪才规定地方自治。当然，规定不等于现实，如阿根廷和印度的地方自治实际很有限。[71] 具备宪法地位的地方政府有一定的独立性，但是在建制、结构、财政等方面仍然依赖州省。[72]

三、联邦制的五项基本原则

联邦制虽然强调地方分权，但仍然是一个统一的国家，因而比较平衡地体现了不同方面的需要。以下分述各联邦国家所普遍接受的五项基本原则：人民主权、地方自治、联邦和睦、有限政府、联邦至上。

1. 人民主权

联邦国家的一个首要特征是联邦政府由联邦的全体人民——而不是联邦内的各州政府——授权并产生，联邦的宪法和法律也直接针对联邦人民而非各州发挥效力。美国联邦宪法序言第一句就是“我们合众国人民，为了形成一个更完善的联邦”而制定宪法。由此可见，授权制定联邦宪法的最终权威在于“合众国人民”，而不是当时在邦联松散统治下的各“主权”州。因此，联邦宪法及其法律的制定、修改与适用无须经过各州政府的同意；合众国宪法与法律由联邦人民委托的代表制定，并直接作用于联邦公民而非各州之上。

这是一条贯穿美国联邦宪法的基本原则，也是联邦区别于邦联的一个主要特征。当然，某些邦联——例如欧洲联盟——的法律也直接作用于邦联公民，但一般而言，邦联的基本法和普通法都由邦联的成员国或州所选派的代表制定，而不是由邦联“人民”直接选举的代表制定。

在这个意义上，联邦还是一个统一的国家，中央政府对外代表

---

[71] Ibid., pp. 374-376.
[72] Kincaid, Comparative Observations, pp. 438-439.

国家的主权，对内则在联邦人民的直接授权下进行统治。当然，各州并不被认为丧失了全部“主权”，而是保留了联邦宪法未曾明确或隐含授予给联邦的所有权力，因而在某种意义上和中央政府分享着“主权”。以下所说的某些原则——各州自治原则与联邦和睦原则，有限政府原则与联邦最高原则——有时会发生相互矛盾，但它们最后都在人民主权原则那里获得统一。这是因为联邦体制最终是为了整个联邦人民的福利而设计的，其它原则只是这个大原则的具体反映，并必须通过它而获得适当的调和。

2. 地方自治

联邦政府固然直接从全体人民中产生，而无须经过各州，但作为一种平衡制度，联邦制区别于中央集权的关键之处在于地方自治。只要各州具备适当的调控能力，有关事务就应该通过州的宪法或法律加以调控，联邦不应加以干预；只要不和联邦宪法与合宪的联邦法律或条约发生冲突，各州就有权制定所有必要的法律以处理本州的事务。因此，在联邦制下的各州一般都有自己的宪法和一整套完备的法律制度。这在美国体现得最明显：目前 50 个州都有自己的宪法，因而美国共有 51 部宪法；每个州都有自己独立的立法、执法与司法系统，以及独立的民法、刑法与行政法系统——有些已成为法典，有些则仍是法院维持的判例法。德国各州也都有自己的宪法以及独立的政府组织，但民法与刑法等基本法典则沿用联邦法律。在民国时期，中国也曾一度试图实行“省宪自治”，且少数省份成功制定了自己的宪法。

联邦制的优点是它允许各州自治，因地制宜，制定适合当地情况的法律。地方自治也能更好地促进民主原则，因为和中央政府相比，地方政府和选民的距离更近，联系更为紧密。同时，联邦制也造成了宪法与法律的多元化。联邦和各州法律可以相互借鉴，且在某种意义上处于互相竞争、“适者生存”的状态。联邦制的缺点是在法律上不是很“经济”，对国家的法律资源要求比较高。且由于很多套法律同时并行，可能会产生大量的法律冲突问题。这并不表明联邦制的法律在逻辑上有任何矛盾，而是它在实践中产生的冲突需要司法机构不断界定不同法律的适用范围。

3. 联邦和睦

联邦制度所保障的政治多元化和地方自治不应对整个联邦的稳定与和平产生不利影响。各州或地方政府可能会采取“损人利己”的法律，歧视其它地区的利益，进而引发不同地区之间的利益冲突；如果得不到及时与有效解决，就有可能造成矛盾升级，甚至发生武力冲突。事实上，美国当时之所以采取联邦制而非更为松散的邦联制度，重要原因之一正是为了防止地区冲突的出现与恶化。联邦宪法第 1 条第 8 款特别授权国会调节“州际贸易”，以防各州的地方保护主义措施导致相互报复，从而破坏整个美洲大陆的共同市场。德国《基本法》第 71 条也授权联邦政府专门处理个别州的调控可能会“损害其它州或整个政体之利益”的事项。不仅如此，联邦还有权“为了维持法律或经济统一，尤其是维持超出任何一州疆土范围内的生活水平之均衡”，制定“必要”的调控。且宪政法院的案例法进一步要求，联邦和各州都有义务顾全大局，以“效忠联邦”的方式行动，以实现“联邦和睦”（federal comity）。

美国联邦宪法第 1 条第 8 款授权国会调节“州际贸易”。因此，如果有关事项被法院判决属于“州际贸易”（如跨州交通），那么联邦政府就可合宪加以调控；反之，如果有关事项属于纯粹的“州内贸易”（如某地区的小饭店），那么只有各州可以加以调控，联邦无权进行干预。然而，“州际贸易条款”并没有明确禁止各州干预州际贸易——尽管如果这种干预和现有的联邦法律相冲突，下述“联邦最高原则”要求撤消州的措施，而各州很多措施都对州际贸易具有直接或间接影响。例如州法对食品卫生的规定可能迫使饭店不从外州订购某些食物，州法对州内公路上的车速限制或安全规定无疑也影响了州际交通。问题是，当国会在特定领域内没有依据贸易条款而进行明确规定时，各州是不是完全自由，还是仍然在某种意义上受制于宪法条款的限制？虽然从条文上看，贸易条款仅正面授予联邦以调控州际贸易的权力，但从一开始，最高法院就承认贸易条款的两面性：即它还具有限制各州调控权力的“消极作用”，这时它又被称为“潜伏贸易条款”(dormant commerce clause)。

历史证明，“潜伏贸易条款”是控制地方保护主义的最有效工具。在过去两个多世纪中，美国联邦法院对各州形形色色的贸易歧视和保护主义措施可以说是毫不手软，确实有力维护了北美大陆的共同市场。从限制出口水电或天然气等州内资源、到要求生虾或甜瓜在州内加工、到要求牛奶在市中心附近消毒乃至禁止州外废品运输到州内填埋，各州的地方保护主义立法可以说是不胜枚举；如果任由它们泛滥成灾，那就势必割裂全国范围内的共同市场，损害贸易自由并阻碍经济竞争和发展。在这一领域，联邦最高法院发展了丰富的案例法。它们的一个共同要求是各州的贸易调控必须具备合法目标，且立法措施必须和所宣称的目标合理相关。所谓“合法目标”，主要是指州内人民的健康、安全、卫生、福利以及社会道德，但不得是纯粹的经济利益或市场稳定——美国法院假定，保证市场秩序和经济效率的最佳途径是促进而不是阻碍自由竞争。因此，任何纯粹为保护州内经济利益的立法都将被视为州际贸易条款所禁止的保护主义立法，因而都将为联邦法院所撤消。

4. 有限政府

几乎所有的联邦宪法都是有限权力的宪法。这是联邦宪法所共享的首要原则，也是解释联邦宪法的一条重要规则。一部宪法可以授权政府维持军队、从事外交、维护治安、建立邮政、调控全国范围内的贸易等等。对于宪法没有明文规定的权力，该怎么处理呢？有限政府原则是说，如果宪法没有规定，那么这项权力在原则上就不为政府所具有。由于宪法只可能授予某些特定的权力，这表明有限权力的政府不具备宪法所没有规定的所有“剩余”权力。

显然，和政治多元主义相一致，美国联邦政府是一个有限权力的政府。与构成“原始主权”的州政府不同，新成立的联邦政府被设想为一个有限的政府；它的权力限于宪法授权的范围，尽管这个范围的具体大小取决于对文字含义的解释，且我们将看到，它随着时代而变化。宪法未曾授予的权力，正如后来的宪法第十修正案所言，“属于各州与人民。”因此，各州的宪法被认为是“限制而非授予”(limitation-not-grant)：即州政府的立法权力被假设有效，除非它们受到联邦或本州宪法明确规定的限制。与此相反，联邦宪法则是“授予而非限制”(grant-not-limitation)：即除非联邦宪法明确授权，联邦权力被假设无效。在理论上，我们可以把宪法想象成定义一些封闭的“权力圈子”。对于各州立法权力，这些“圈子”规定了限制范围：在圈内的权力是被禁止使用的，所有在圈外的权力则被假设允许使用。对于联邦政府，这些“圈子”则规定了授权范围：只有在圈内的权力是被允许使用的，凡是在圈外的权力都被假设为无效而受到禁止。当然，这些“权力圈子”在实际上不可见、在概念上则往往模糊不清。在美国，联邦与州的相对权限主要由联邦最高法院在实际案例中确定，并且随着时代发展，为了适应社会需要而相应移动。

联邦德国的《基本法》亦规定了有限政府原则。第 30 条把联邦权力限于《基本法》的授权范围：“除非本《基本法》规定或允许，政府权力之行使和政府职能之履行，乃是加在各州之上的责任。”联邦具有某些专有立法权以及和各州共有的立法权，但不具备宪法所未规定的剩余立法权。《基本法》第 70 条第一款规定：“凡是《基本法》未授予联邦的立法权力，各州就有权立法。”州政府具有独立的立法、执法与司法系统。州议会的主要任务，在于制订并通过有关本州事务之法律，并选送代表进入联邦参议院，以影响联邦的立法与行政。

因此，联邦一般被认为只有宪法所明确列举的权力或这些权力中所“必然隐含”的其它权力。但同时应该指出，有的宪法为了便于行使这些权力，规定了一些“弹性条款”。例如美国宪法第 1 条在第 8 款列举联邦权力之后，第 18 款规定：国会有权“为执行上述权力及宪法赋予合众国政府或其部门官员的所有其它权力，制订所有必要与合适之法律。”一般认为，前 17 款列举的是联邦政府可以实现的目标，而这一款则授权联邦政府可以采取某些“必要与合适”的立法手段，从而为联邦权限的宽泛解释提供了文本基础。在1819年的“美国银行案”，[73] 联邦最高法院即采取宽松解释，判决国会建立的“合众国第二银行”合宪；虽然宪法第1条第8款并未提及“银行”，但联邦银行是实现合宪目标的“必要与合适”手段。

5. 联邦至上

虽然联邦权力的范围是有限的，在此有限的范围之内，联邦宪法与法律却具有最高权威。这是法律体系的统一与完整的必然要求。美国联邦宪法第6条规定：“本宪法以及根据其所制订的合众国法律和在合众国权力下签定或将签定的所有条约，乃是国土的最高法律；不论任何州的宪法或法律是否与之相左，各州法官均受之约束。”联邦德国《基本法》第31条亦规定：“联邦法律高于各州法律。”这里的联邦法律当然是指联邦根据宪法有权制定的法律；否则，违宪的立法并不构成有效的“法律”。在上述“美国银行案”，最高法院各州无权对合宪成立的美国银行征税。这并不是说联邦和各州权力在任何情况下都不能共存——譬如对个人的征税权显然是可以共存的，美国绝大多数州都对个人征收所得税，而没有人认为州的征税权和联邦征税存在着内在冲突。但如果法院认定联邦和各州权力发生了冲突，譬如州的征税其实是要排挤联邦银行，而联邦权力是在宪法授权范围之内的，那么联邦至上原则要求联邦的合宪措施不受各州限制。

四、结论

在1795年出版的《永久和平论》中，康德指出了实现世界和平的三个必要条件：一是“每一个国家的公民宪法都应当采用共和制”，也就是统治者权力有限、个人高度自由；二是“联合共同体的权利应建立在自由国家的联盟基础上”，一个范例是二战结束后

---

[73] McCulloch v. State of Maryland，17 U.S. [4 Wheat] 316.

成立的欧洲共同体；三是“在宇宙政治体系中，世界公民的人权限于普世和善状态”，任何国家无权侵略，也不得伤害外国人。[74] 换言之，实现永久和平的前提是自由、共和与联邦；只有自由共和国形成联盟，才能防止发生 20 世纪两次世界大战这样的人类浩劫。

自由与自治无疑是实现和平的必要条件。尤其在多元社会，否认或压制多元身份必然会制造矛盾、分裂乃至内战。譬如 1960 年尼日利亚独立时，主要由豪萨、伊博、约鲁巴三大部落组成。1967-70 年，因宗教和族群冲突南部闹独立，结果发生了残酷内战。恢复民主后，尼日利亚采取美国联邦模式，但是因为地方资源争夺和族群冲突，仍未完全实现和平。[75] 1959-60 年，尼泊尔采取多党制，但是国大党赢得大选后，国王夺权并终止议会、政党和宪法，后来建立了一个无党委员会，亲自大权独揽。1990 年代，国大党和共产党掀起民主化浪潮，国王被迫退让。1994 年，国大党赢得首相大选，但随后发生政治暴乱。2005 年，国王废黜首相并再度亲自统治，导致毛派反叛，全国陷入内战。2008 年，在国际调停下，终于选举产生制宪大会；虽然毛派一度退出联盟，但联邦宪法最终为尼泊尔带来了和平。[76]

如果说 20 世纪中叶是政治学家莱克宣称的“联邦主义时代”，那么 21 世纪则是联邦制度实践的时代，因为之前的许多联邦国家都只是名义联邦制。在实践过程中，联邦制注定是变动不居、不断进化的，各国都需要找到适合自己的分权平衡点。事实上，即便成熟的欧美联邦国家也都有自己的平衡点。欧美虽然制度文化相通，但是具体情况非常不同：美国一开始就形成了同一语言文化的熔炉，欧洲各国则历史、文化、语言不同甚至不通，欧洲共同体在 1980 年代末东扩之前就有十国八种语言文字。[77] 如果美国建国是

---

[74] Suri Ratnapala, *Foedus Pacificum*: A Response to Ethnic Regionalism within Nation States, in Gabrielle Appleby, Nicholas Aroney, and Thomas John eds., *The Future of Australian Federalism: Comparative and Interdisciplinary Perspectives*, Cambridge University Press (2012), p. 260.

[75] Ibid., p. 257.

[76] Saxena, Introduction, pp. xxxi-ii.

[77] Daniel J. Elazar and Ilan Greilssammer, Federal Democracy: The U.S.A. and

出于政治原因，共同体的形成则主要是出于经济原因。美国的联邦公民权已经压倒了州公民权，一个体现是参议员直选；欧洲则尚未形成欧盟范围的公民权，因而理事会仍然代表各成员国[78]…… 对于转型国家，联邦模式更是复杂多样。联邦制为政治转型提供了契机，但也只有在社会契约形成、转型民主得到巩固之后，联邦制才能稳定。目前，巴西、墨西哥、尼日利亚、西班牙等转型国家还需要找到自己的平衡点。[79]

作为世界上人口最多、幅员辽阔、地方差异巨大、族群关系复杂的中国，这个平衡点在哪里？首先，中国宪法的未来前景一定是联邦制。可以说，任何具有上述一个特征的国家都采纳了联邦制；在秦朝以来的“大一统”影响下，中国至今是一个例外。虽然没有联邦制也未必不能实现地方自治，但联邦制的正式采纳意味着中国政治心态的一种根本转变——从严格自上而下的大一统秦制转变到自下而上通过社会契约建构的正当国家；否则，国家只是制造压迫和战争的暴力机器，中国永远不会实现和平。中国社会契约的建构首先体现在以盟约为基调的联邦制，拒绝联邦制的大国只能意味着社会契约根本不存在，遑论其它。“中央”法令之所以高于地方，并不是中央有什么特殊能耐，而是因为法治要求合宪的中央法律必须得到统一实施；而在联邦制，中央至上原则不是无条件的，而是以中央法律在宪法授权范围之内为前提。在这个意义上，“中央”已无高高在上的“中心”之意；央地在宪法面前是平等的，何者优先取决于宪法如何分配央地权力。

其次，哪种联邦制？联邦制设计一定要权衡兼顾地方自治、族群和睦、法治统一、成本效益等多种因素。中国显然不属于地方自治传统悠久的“来到一起”国家，因而并不适合美国式“双重主权”

Europe Compared, A Political Science Perspective, in Mauro Cappelletti et al. eds., *Integration Through Law (vol. 1), Methods, Tools and Institutions, Book1: A Political, Legal and Economic Overview* (1985), pp. 71-72.

[78] Thomas O. Hueglin, Federalism: An Alternative Category in Political Thought?, in Saxena ed., *Varieties of Federal Governance: Major Contemporary Models*, p. 12.

[79] Watts, Comparative Conclusions, pp. 345-346.

模式；行政和司法等法治资源也没有那么丰厚，因而似乎更适宜借鉴德国等单一联邦制，中央与地方共享一套行政与法院系统，中央法院即为最高法院，省与地方法院分别为上诉与基层法院。另一方面，这种安排虽然节省司法与行政资源，但也有显然的缺点，那就是不能有效制止地方保护主义：一个最高法院显然不能有效保证全国性法律的最高地位。吊诡的是，为了保证中央政令的全国统一，采用央地彼此独立平行的两套制度反而更加有效。这样，央地关系主要是立法关系——联邦宪法规定央地的专属与共享权能，然后央地行政、司法各司其职，实施各自制定的法律；对于共享权能，二者如何发生冲突，优先适用联邦法律。当然，鉴于联邦制和单一制的现代趋同，央地共享权能扩张，“双重主权”或立法联邦制并非必需；单一联邦制更能适应中央集权传统，由联邦制定框架立法，由各州或省在落实过程中根据当地需要进行适度调整。

再次，如下所述，为了避免“胜者通吃”等弊端，宪法应采用议会制而非总统制。总统是全国最大的唯一赢家，实权总统制不利于地方分权和族群共治；拉美总统制即经常产生总统上任后偏向自己的家乡或票仓，进而引发央地冲突甚至内战的现象。配备适当的选举制度，议会制有利于公平分配地方议席与利益代表，减少央地矛盾与族群争斗。责任内阁甚至可以采用“大联盟”而非简单多数决，让内阁职位分配更加公平并获得地方与少数族群的信任。最后，鉴于中国存在新疆、西藏、内蒙等少数族群聚集地以及香港、澳门等特殊地区，宪法设计需要采用非对称联邦制，对这些地区给予与内陆一般地区不同的特别自治保障。事实上，如果允许这些地方制定并实施自己的宪法，甚至未必需要采用非对称联邦制；只是在有必要获得偏离联邦宪法的特殊授权情况下，才需要采用非对称联邦制。

第四章：议会制、总统制与半总统制

确定了国家权力的央地纵向分配之后，下一步是设计在同一级政府内部立法、行政、司法的横向权力分配。三权之中，司法最特殊，几乎独立于政府其他部分之外，因而最重要的分权关系就是立法权和行政权之间的关系。1788 年，美国联邦宪法为了体现“三权分立”，设计了世界上第一个总统制。那个年代，英国虽然已有议会两院，但民主尚不成熟。进入 19 世纪后半叶至 20 世纪上半叶，随着选民资格不断放开，英、法等国的议会制逐渐发展成熟。1990 年代，为了配合俄罗斯与东欧转型过程的宪法设计，“总统制的危机”成为激烈争议的话题。这些国家基本上都借鉴了 1958 年法国第五共和的“半总统制”，而各国转型的命运殊为不同。转型绩效和制度之间有什么关系？议会制、总统制、半总统制究竟哪种制度更优？

一、引言

2021 年 1 月 6 日，美国国会计点来自各州认证的选举人票，为两个月来闹得沸沸扬扬的总统大选一锤定音。但就在计票中途，国会被一群支持川普的暴徒占领，一度出现险情，最后造成 5 人死亡，包括一名警察。[1] 即便在此之后，甚至在拜登总统 1 月 20 日正式就职之后，尽管美国各级各地上百起选举诉讼的判决都否定了大规模“舞弊”的存在，[2] 共和党选民主流仍然选择相信各种鼓吹大选阴谋论的自媒体或小媒体，共和党议员则因为害怕失

---

[1] Julia Jacobo, A visual timeline on how the attack on Capitol Hill unfolded, *ABC News*, 10 January 2021, https://abcnews.go.com/US/visual-timeline-attack-capitol-hill-unfolded/story?id=75112066.

[2] 张千帆：“决定 2020 年美国大选的 120 场诉讼”，FT 中文网，2021 年 2 月 20 日，https://www.ftchinese.com/story/001091485?adchannelID=&full=y.

去选民支持而不敢公开承认大选的合法性；有的甚至可能因为害怕人身或家庭安全受到威胁，而不敢在川普卸任后的二次弹劾中表决同意弹劾。[3] 5 月 12 日，共和党众议员切尼因一直激烈批评川普破坏宪政规则，而被众议院共和党以闭门会议和语音投票的方式撤销了大会主席的职务。暂且把大选争执的是非放在一边，几乎没有争议的是，这是美国历史上争议最大的一次总统选举。无论是支持川普还是拜登，双方都投入了巨大的激情，也产生了巨大的焦虑乃至愤怒；挺川、反川成了势不两立的两派，有的家庭甚至为之分裂。投票结束，选举并未结束；川普的支持者提出了五花八门“舞弊”指控，甚至不惜炮制各种选举阴谋论，他们中的多数人至今拒绝接受这个结果。事实上，2024 年大选，他们坚定地再次选择了这位不接受民主游戏规则甚至涉嫌煽动叛乱的总统。

这一切看似匪夷所思，为什么会发生在选举民主最悠久的美国？造成大选乱象的制度原因是多方面的，但是如果只用一句大白话来概括，那就是：美国总统太重要了，以至于双方都输不起。用政治学家林茨(Juan Linz)和利普哈特(Arend Liphart)的话说，总统制本身是最大的“胜者通吃”：总统全国只能有一个，不是你就是他；即便 2020 年川普得了 47%、7000 多万张选票，或 2024 年哈里斯的全国票其实只比川普少 1.6 个百分点，但都功亏一篑、一切归零。也难怪川普的支持者不愿服输——谁当这个总统实在太重要了！其实，这本身就是制度设计的失败：任何一个人、一场选举都不应该这么重要的。如果像此次美国红蓝阵营这样，双

[3] Caroline Kelly, Cheney says some GOP members voted against impeachment out of fear for their lives, CNN, https://edition.cnn.com/2021/05/14/politics/liz-cheney-republican-party-cnntv/index.html.

方都坚信这是一场决定命运的"正邪之战"，整个民族的命运都维系在两人之一身上，好像选错一次就会万劫不复，那么这场选举早已承受了其不可承受之重，这样的国家也将随着大选时刻的来临跌宕起伏。总统制的"胜者通吃"让双方都输不起。它不仅要为此次大选中出现的各种狂热、焦虑和分裂负责，而且这种狂热、焦虑和分裂会每四年再来一次，对于修复已经破裂的美国社会契约而言有害无益。[4]

假如 2020 年 11 月 3 日选的不是一个总统，而是一个议会，这一切还会发生吗？我们可以安全地预言，即便每一个议员都是在英美单选区制(single-member district)的"胜者通吃"规则下产生，也不会有那么多人为了议会选举而像美国大选那样如痴如狂，至少不会在美国这样的成熟民主国家。议会选举当然也可以发生大规模舞弊，并产生相持不下的争议乃至动乱，但是要产生足以改变议会多数的结果，需要只有在民主欠发达国家才有可能的舞弊规模。国家议会通常有好几百个议员，输掉一两个没什么大不了的，一般不会改变议会多数的大局。即便像这次和总统大选同时进行的参议院选举那样两党势均力敌（各 50 名议员）、"命悬一线"（由参议院议长也就是副总统投决定票），两党选民也不会如此放不下某个参议员选举的胜负；即便输掉了参议院中的关键一席，参议员中的中间派、"摇摆票"也多的是，一场选举完全未必决定具体政策立法的胜负。议会本身就是一个多元利益博弈的场所，远不如总统那么专断——即便是民选产生的总统。总之，和全国范围内"胜者通吃"的总统选举相比，议会选举是比较"输得起"的。耐人寻味的是，此次美国总统大选高潮迭起、经久不

---

[4] 张千帆："美国契约的破裂与重建"，FT 中文网，2020 年 12 月 1 日，http://www.ftchinese.com/story/001090425?adchannelID=&full=y.

息，和总统在同一张选票上的参众议员选举却风平浪静，或许足以说明问题。

大选余波渐平，现在是认真反思总统制的时候了。当然，这不是一个新话题。自 1990 年代林茨教授提出“总统制的危机”以来，宪法与政治学界就一直再争论总统制相比议会制的利弊得失。恰逢东欧和非洲各国的民主化浪潮产生了宪法制度设计的需求，议会制与总统制之争一时成为“显学”。大潮过后，也依然见仁见智、莫衷一是。事实上，虽然总统制面临质疑和挑战，采纳总统制宪法的国家数量有增无减。如果说绝大多数中东欧国家采用了问题并不更少的“半总统制”，绝大多数非洲转型国家仍然沿用总统制。事实上，即便韩国转型已 37 年之久，且一直被认为是相当成熟的民主国家，2024 年 12 月还发生总统宣布“紧急戒严”并试图逮捕反对党领袖的咄咄怪事。[5] 鉴于总统制和“强人政治”历史上给这些国家带来的灾难，不禁要为转型中的总统制国家捏把汗。周期性大选风波除了折射出美国社会契约的破损之外，也激活了“总统制危机”的制度之争，并把这场争论直接带回到总统制的发源地——美国。

本章的目的是梳理总统制—议会制过去三十年的学术论争，总结两种制度设计对于政体稳定性的优劣。虽然议会制与总统制各有利弊，也互有成败，但总的来说，如此次美国大选显现，总统制存在一些难以克服的内在弊端，不宜为民主转型国家广泛采用。当然，“总统制”和“议会制”本身都是很大的“筐”。在进入比较研究之前，首先有必要澄清这两种制度的界定标准及其在当今世界的分布概况。

---

[5] 张千帆：“韩国戒严闹剧——总统制的又一败兆”， FT 中文网，2024 年 12 月 5 日，https://www.ftchineselive.com/story/001104964.

二、模式类型及其定义

议会制度研究首先要探讨不同的民主政体模式，因为议会在不同模式下的权力、地位和功能都有所不同。立法—行政分权的“理型”有两种模式——“议会至上”和“三权分立”，或称议会制与总统制。分别以英国和美国为代表，二者的主要区别在于行政之于议会的独立性——首脑直选和固定任期。一类是美国代表的总统制，总统由选举院选举产生，但绝大多数情况下等同于选民直选，任期 4 年，只能连任一届；另一类是英国代表的议会制，也就是所谓的西敏寺（即英国议会所在地 Westminster Hall）模式，主要特征是内阁由下议院多数党形成；虽然规定了周期性选举，但是内阁在重大政策问题上得不到议会多数支持即须辞职。[6] 在这两大模式之间，20 世纪又发展出混合模式，即总理领导的内阁同时对议会和总统负责，后来也被称为“半总统制”。

1. 总统制

总统制主要有三个特征：（1）总统不对议会负责，因而一般任期固定；（2）总统由选民直选或选举院选举产生，因而具有自己独立的选民基础；（3）行政向获得选民授权的个人（总统）负责。分权是总统制的经典核心条件，它保证行政既不对立法机构负责，也不能被其罢免之。总统只对选民负责，是选民为他提供了统治的“天命”(mandate)。既然总统不能被议会罢免，在逻辑上他的任期也是固定的……当然，分权理论的逻辑是双向的，因而总统也无权解散议会，议员享有自己的民主授权。[7]

美国总统可被国会弹劾，但弹劾相当于司法审判，而非议会制下的罢免。相比之下，议会制的特征是责任内阁，权力经由议会从选民委托给行政，但实际上，内阁通过政党纪律也对议会实施实际控制。当然，和总统制一样，议会制也不能保证内阁获得政党支持；

6 José Antonio Cheibub, *Presidentialism, Parliamentarism, and Democracy*, Cambridge University Press (2007), p. 35.
7 Ibid., p. 2.

如果没有多数党，政党也可以倒阁而不接受任何制裁。[8] 即便如此，似乎主流观点仍然认为议会制总体上比总统制更加稳定。

2. 议会制

一般认为，议会制有三大要素：（1）内阁对议会负责，（2）总理或首相由议会推选而非直选产生，（3）内阁采取集体决策而非一人负责制。按此标准，内阁任期固定 4 年的瑞士和 1996 后直选总理的以色列都不能算议会制，而法国、芬兰和葡萄牙等半总统制国家却可以算议会制。利普哈特认为，议会制最重要变量是内阁任期或稳定性，任期长表明内阁强大、议会稳定。事实上，虽然议会制也叫"责任内阁制"，内阁对议会负责，但是在平时，内阁实际上对议会发挥领导作用，内阁权力是议会制的重要变量。议会整合度越高，内阁控制程度越强，议员个人的权力越小。

内阁权力取决于三因素：（1）议会通过不信任表决撤销内阁的难度，譬如到场多数最容易、建设性不信任最难；（2）内阁对议程的全面控制程度，以及议员个人引入议案的自由度；（3）议会委员会的性质及其控制政策的能力，包括委员会数量、是否和政府部门结构对应等因素。[9] 譬如内阁是否控制委员会主席，还是和反对党相应分权？在议案送到委员会之前，大会是否决定议案原则？委员会能否改写议案？委员能否影响政党立场？这些问题都会影响内阁权力和议会稳定性。1971 年前的意大利议会委员会对行政少有监督，议员主要考虑如何将自己的利益集团诉求变成私人法案，内阁权力相对较大。英国和加拿大议会在二读阶段确定立法原则，也强化了内阁权力，但许多国家的议会并没有这个阶段。

取决于内阁和议会存续的关系，议会制还有"积极"与"消极"之分。积极议会制的内阁经由议会选举产生，消极议会制的内阁则

---

8 Thomas Poguntke and Paul Webb eds., *The Presidentialization of Politics: A Comparative Study of Modern Democracies*, Oxford University Press (2007), pp. 2-3.

9 Alan Siaroff, Varieties of Parliamentarism in the Advanced Industrial Democracies, 24 *International Political Science Review* 445-464 (2003), pp. 447-448.

任由反对党推翻之。英国、前英殖民地和北欧国家都是消极议会制，绝大多数其它国家则是积极议会制。倒阁一般只需要议会简单在场多数，但瑞典 1976 年之后要求议会绝对多数的反对才能推翻内阁任命。对提前解散议会，绝大多数没有任何限制，但是德国要求议会超多数，瑞典对重新大选的时间有限制，法国第四共和宪法要求连续两次倒阁，挪威则不允许提前大选。

议会制还涉及一些其它重要问题，譬如预算案是否只能由内阁提出，还是议员个人也可以提出？内阁能否动议提前结束议案讨论？非宪法性立法是否允许议会少数派否决？1992 年之后，芬兰议会 1/3 成员可阻止经济事务立法的通过；1970 年之后，影响语群(language group)文化自主权的比利时立法不仅要求议会 2/3 超多数通过，而且须经各语群议会成员多数通过，因而给了法语区立法否决权。另外，议员与阁员是否兼容？阁员是通才还是专才？通才一般是议员，经常变换职位；专才则通常是专家，在某一领域长期任职。宪法是否承认反对党领袖的法定地位？英国模式是国家正式任命反对党领袖，其地位和特权相当于部长。

3. 半总统制

“半总统制”概念由法国政治学家杜瓦杰首先系统提出。在其 1980 年发表的英文论文中，他明确提出半总统制有三个标准：“（1）共和国总统由普选产生；（2）他享有相当的实权；（3）但是他也有对手，那就是享有执法和政府权力的总理和部长，而他们只有在议会不显示反对的情况下才能任职。”[10] 换言之，半总统制既有总统、也有总理；总统直选产生、任期固定，总理则对议会负责。二者都有一定实权，而权力如何分配则取决于特定国家的宪法规定和政治实践。

历史上，二元首脑或“半总统制”是民主崛起的产物。1912 年《中华民国临时约法》和 1919 年魏玛共和国宪法曾初步尝试二

10 杜瓦杰：“一个新的政体模式——半总统制”，张千帆译，载张千帆、方明主编：《世界宪法评论》第三卷，中国民主法制出版社 2017 年版，第 1-17 页。

元首脑制，但失败之后便一蹶不振，长时间“泥牛入海无消息”。到 1946 年，世界上只有 32 个民主国家，其中混合制只有奥地利、冰岛与芬兰三国。最具代表性的半总统制是 1958 年法国第五共和宪法，之后巴西在 1961-63 年、巴基斯坦在 1972-77 年也实行过短暂的半总统制。从 1970 年代后期开始，议会制达到高峰，高达 70%；总统制陷入低谷，只占 15%左右，半总统制则一直停留在 10%上下。1976 年葡萄牙、1989 年波兰在民主化过程中实行了半总统制，随后 1990-92 年有一大波增长，保加利亚、佛得角、中非、科摩罗、刚果、乌克兰、马其顿、马达加斯加、马里、蒙古、尼日尔、罗马尼亚、俄罗斯、圣多美普林西比、斯洛文尼亚、乌克兰等 16 国采纳了混合制。截至 1999 年，世界上大约有 50 个半总统制民主国家。在 2002 年统计的 190 个国家中，非民主国家的占比下降到 40%。[11] 在该年统计的 114 个民主国家中，议会制占了 45%，总统制占 33%，半总统制占比上升到 22%，成为足以和两大主流模式分庭抗礼的第三大分权模式。[12]

虽然半总统制的总统都是直选产生，内阁的存续也取决于议会信任，但是总统和总理或内阁之间的分权存在很大变化。爱尔兰、芬兰等某些半总统制的直选总统基本上是傀儡，1947 年《中华民国宪法》、法国第五共和与 1993 年俄罗斯宪法的总统权力却胜过了美式总统。[13] 总统权力可分为立法权与非立法权。立法权中，最重要的是总统颁布律令(decree)和诉诸公投的权力，法国总统二者兼有。律令权并非议会委代的权力，而是总统无需授权而制定新法或中止旧法的权力。法国总统启动公投的权力其实取决于内阁建议，因而在共同生存时期不能行使。法国总统的立法权其实很有限。相比之下，摩尔多瓦和罗马尼亚总统的立法权大得多，冰岛总统的

11 Cheibub, *Presidentialism, Parliamentarism, and Democracy*, pp. 42-43.
12 José Antonio Cheibub and Svitlana Chernykh, Constitutions and Democratic Performance in Semi-Presidential Democracies, 9 *Japanese Journal of Political Science* 269-303 (2008), p. 269。如上所述，这个结果大致符合我们按最新数据所做的统计，但是如果严格按照宪法文本的定义进行归类，那么半总统制（包括总理总统制和总统议会制）国家的数量将大大增加。
13 Ibid., p. 271.

立法权也不小。但总的来说，立法权和非立法权相比都不算大。某种意义上，非立法权更加重要，其中最重要的是解散议会的权力。[14] 在这方面，冰岛总统最强；芬兰和葡萄牙总统也比法国更强，法国总统的非立法权和波兰、奥地利总统类似，立陶宛总统则没有这类权力。立法权和非立法权加总起来，冰岛总统最强，波兰、芬兰等国其次，然后才轮到法国和奥地利总统。

在总统和总理之间，总统权力更大的半总统制叫“总统议会制”，总理权力更大的一般是“总理总统制”。判断总统权力“大”或“小”的主要标准是总统是否有权依据某些宽泛的理由（如“公权机构不能正常运行”）解散议会，实际上享有解散议会的自由裁量权。某些宪法要求总统在解散议会前和议长或法院院长磋商，其自由裁量权的范围不能简单从宪法文本上确定，而更多取决于特定国家的政治实践与惯例。多数半总统制都是总理总统制，但是在这个类别内部，总统的立法与非立法权力也有不同分配。在总理总统制国家，总统可能享有形成和解散内阁的权力，但不能在内阁享有议会信任的情况下单方面罢免内阁。转型后的俄罗斯和某些东欧国家属于总统议会制，例如俄罗斯总统几次在没有和杜马协商的情况下罢免部长乃至总理，乌克兰和克罗地亚与此类似。但除此之外，其它东欧国家都是总理总统制，而不是所有这样的国家都有法国总统的权力。1999 年 5 月，摩尔多瓦总统鲁辛斯基就因为总统权力太小，启动公投征求意见是否要过渡到总统制。不少总理总统制国家采用法国模式，但绝大多数其它国家都相差甚远。和总统制相比，总理总统制一般没有预算权、内阁制裁权和立法垄断权。[15]

几乎在所有的半总统制，总统都有某种解散议会的权力，只是总理总统制须按宪法规程解散议会，而总统议会制中的总统则对解散议会具有相当独立的自由裁量权。这项权力的行使往往并非按照原先的设想，也就是打破议会—行政僵局。譬如法国总统密特朗曾

---

14 Steven D. Roper, Are All Semipresidential Regimes the Same? A Comparison of Premier-Presidential Regimes, 34 *Comparative Politics* 253-272 (2002), pp. 257-259.
15 Ibid., pp. 254-256.

于 1981、1988 年两次大选之后紧接着解散议会，目的是让左派控制议会多数；希拉克也在 1999 年解散议会，为的是获得更大的右翼多数。相比之下，1947 年《中华民国宪法》虽然赋予总统相当大的权力，但是总统无权解散立法院。立法院对行政院的任命享有一定控制权，行政院就重要政策、立法、预算等事宜向立法院负责。1993 年第三次增修引入普选制。1996 年，台湾地区举行首次总统普选，李登辉以 54%选票当选总统。1997 年的第四次增修取消了立法院的批准任命权，增加其不信任表决权以及行政院倒阁后总统解散立法院的权力。但是由于立法院和民进党反对，未能通过原先提议的信任表决和总统主动解散立法院的权力。[16]

4. 分权模式之分布

最后，看一下民主国家中不同模式的大致分布情况。如政治学者柴巴布指出，自第二次世界大战结束后，民主国家的数量和比例不断增加。1946 年，只有 9%（32 个）民主国家；1982 年统计的 162 个国家中，非民主国家仍占 68%。然而，在 2002 年统计的 190 个国家，民主国家比例上升到 60%、114 个，其中 45%是议会制，33%是总统制，22%属于半总统混合制。[17] 议会制在 1970 年代后期达到高峰，高达 70%；总统制陷入低谷，只有 15%左右。混合制一直只有 10%左右，直到 1990 年代东欧转型后崛起。

以上统计限于“民主国家”，但不论民主指数是否达标，各国宪法其实都可按以上标准进行分类。根据我们对世界上 196 个国家或地区的宪法文本最新统计，得出的结果和以上数字并不完全相同。首先，上述分类的标准虽然大致准确，但是过于简单，在具体适用过程中仍然会遇到诸多问题。为简单起见，我们主要用两个指标来界定议会制与总统制：国家元首是否直选以及议会可否对内阁投不信任票，同时参照国家元首权力指数。（1）如果国家元首直选产生，一般任期固定且享有一定实权，而如果议会不可对内阁投不

16 Thomas Weishing Huang, The President Refuses to Cohabit: Semi-Presidentialism in Taiwan, 15 *Pacific Rim Law & Policy Journal* 375 (2006).
17 Ibid., pp. 42-43.

信任票，说明内阁只对总统负责，因而属于标准的总统制；（2）如果国家元首直选产生，而议会可对内阁投不信任票，那么说明内阁同时向总统和议会负责，属于半总统制；（3）如果国家元首间接选举产生，因而一般不会享有实质性权力，而内阁对议会负责，那就属于议会制；（4）当然，还存在其它情况，譬如国家元首间接选举产生，而权力却相当大（譬如南非和伊拉克），或议会并不能对内阁进行不信任表决，或国家元首为世袭君主或由任命产生，而实际上并不行使实权，如英国、加拿大、澳大利亚、新西兰等某些前英殖民地国家，则须视个案情况决定。

按照上述归类标准，我们的最新统计发现第 1 类国家有 28 个，第 2 类国家有 83 个之多，第 3 类国家则有 34 个，其中包括中国。另有古巴、厄尔特里尔、几内亚比绍、密克罗尼西亚、缅甸、苏里南、瑞士 7 个国家的元首间接选举产生，且权力指数相当大，而内阁不对议会负责，其中瑞士实行委员会首脑制度，其余 6 国属于总统制。阿联酋的参议院可对内阁进行不信任表决，但它本身并非选举产生，因而并无意义。17 个国家的元首任命产生、19 个国家的元首为世袭君主，而内阁对议会负责，其中巴林、约旦、科威特、摩洛哥、卡塔尔、泰国 6 国君主行使实权，其余 30 国元首均只有象征性权力，因而都属于议会制。另有 7 个国家或地区的元首为世袭君主或任命产生，而内阁不对议会负责，其中包括香港和澳门，在此暂不考虑。

以上三类国家并不能被简单归类为总统制、半总统制与议会制，因为它们彼此会发生一些“穿插”现象。第 1 类国家中，新加坡总统虽然规定直选产生，但是不得属于任何党派（宪法第 19 条），可见“选举”有名无实；虽然没有明确规定议会不信任表决，但是总统须任命获得议会多数信任的人选为总理（宪法第 25 条），可见内阁仍需对议会负责，因而应被归为议会制。第 2 类 83 个国家中，阿富汗、阿尔及利亚、阿根廷、亚美尼亚、阿塞拜疆、白俄罗斯、喀麦隆、哥伦比亚、哥斯达黎加、冈比亚、加纳、圭亚那、危地马拉、哈萨克斯坦、肯尼亚、韩国、吉尔吉斯斯坦、马尔代夫、马里、毛里求斯、莫桑比克、纳米比亚、尼加拉瓜、巴拿马、巴拉圭、秘鲁、俄罗斯、萨尔瓦多、圣多美普林西比、塞舌尔、南苏丹、斯里兰卡、叙利亚、台湾地区、塔吉克斯坦、乌兹别克斯坦、委内瑞拉、也门 38 个国家或地区的总统权力指数相当大，因而经常被归为总统制。冰岛总统的宪法文本权力虽然很大，但实际上从未行使，因而属于议会制国家。奥地利、芬兰、伊朗、爱尔兰、黑山总统则权力很小，也被归为议会制。第 3 类国家中，博茨瓦纳、伊拉克、朝鲜、南非 4 国虽然国家元首间接选举产生，但是权力很大，且博茨瓦纳总统有解散议会的完全自由裁量，因而半总统制。如此归类汇总，总统制共有 71 个国家，半总统制有 43 个国家，议会制则有 66 个国家，和以往的文献统计结果大致相仿。

当然，这样的归类存在一定的主观性，尤其是许多宪法文本上的“半总统制”国家总统权力很大，因而被归为“总统制”，而至少某些这类国家可能更恰当作为半总统制下的“总统议会制”。第 2 类国家中，阿尔及利亚、波斯尼亚、布基纳法索、布隆迪、佛得角、中非、刚果（金）、刚果（布）、法国、加蓬、格鲁吉亚、冰岛、哈萨克斯坦、圭亚那、马达加斯加、马里、尼日尔、葡萄牙、俄罗斯、卢旺达、圣多美普林西比、塞内加尔、塞舌尔、叙利亚、坦桑尼亚、多哥、突尼斯、土耳其、乌拉圭 28 国以及博茨瓦纳总统在宪法上均有解散议会的自由裁量权，其中冰岛总统实际上非常谦抑。在第 1 类 27 个纯总统制国家中，乍得、厄瓜多尔、赤道几内亚、几内亚、赞比亚 5 国宪法规定了总统解散议会的自由裁量权，而议会并不能对内阁进行不信任表决，因而可被归为“超总统制”(hyper-presidentialism)。第 2 类国家可分为 28 个“总统议会制”和 55 个“总理总统制”，其中俄罗斯等“总统议会制”实际上也可被归为超总统制，因为总统对议会享有很大权力，而议会反制总统的权力则很有限。

联邦制国家中，议会制和总统制几乎平分秋色。根据我们对 196 个国家的最新统计，如果把具有联邦特征的单一制国家权重除以 2 再和联邦制国家数量相加，那么表 5.1 显示，议会制中的联邦制比例达到 20.8%，仅比总统制比例 29.6%略低，高于半总统制国家，并显著高于总统议会制和总统制中的超总统制国家的联邦制比例。议会制和总统制在联邦制比例上的差距更可能是因为议会制国家的平均规模显著小于总统制，而小国采用联邦模式的比例显然更低。表 2.1 似乎也显示立法—行政横向分权和纵向分权之间的关联：总统议会制和超总统制都授权总统享有解散议会的自由裁量，而其地方自治要素都显著低于总统制、议会制和总理总统制。

表 4.1：不同分权模式中的联邦制国家比例

	总数	单一制	联邦制	联邦特征单一制	联邦制%
议会制	66	50	12	3	20.5
总理总统制	55	47	8	2	16.4
总统议会制	28	24	2	1	8.9
总统制	27	18	7	2	29.6
超总统制	5	4	0	1	10

数据来源："世界宪法制度指标"数据库。

三、总统制的危机？

"总统制的危机"是耶鲁政治学者林茨在 1990 年代提出的命题，[18] 引发了政治学界和宪法学界热烈而持久的讨论。当时正值苏东剧变和非洲二次民主化，转型之后都需要设计新的宪法制度，因而林茨的命题不仅牵涉宪法制度的设计原理，而且具有显而易见的现实意义。林茨主要从拉美总统制的失败经历论证，总统制内在的总统—国会双重民主合法性矛盾产生了一系列问题，导致总统制国家的立法频繁陷入僵局，最后走向政府瘫痪乃至政权崩溃。

18 最早的观点参见 Juan J. Linz, The Perils of Presidentialism, *Journal of Democracy* 1, no. 1 (Winter 1990): 51-69.

1. 林茨命题：总统制的危机

林茨梳理了总统制的五大问题，主要有相互竞争的民主合法性、任期固化、“胜者通吃”导致零和游戏、过于个人自大、体制外的政治外行容易赢得总统宝座。首先，总统制的特征是“胜者通吃”，不利于不同党派达成妥协和共识。虽然议会制也可能存在“胜者通吃”问题，最经典的是实行单选区制的英国西敏寺议会制，但总统作为全国独一无二的领袖确实是最大的“胜者通吃”。[19] 林茨认为，全民选举产生且不受不信任表决机制约束的总统可能忽视反对派的正当诉求，进而加剧社会对立。

其次，总统制往往会选出“体制外”的“政治素人”，事先没有任何从政经验，也未必需要政党认同，只要获得足够选票就能挑战总统宝位。2016、2024 年两度当选总统的特朗普就是一个很好的例子。美国式初选使得党外热门人选有机会角逐并赢得总统选举，其政治经验不需要如议会制总理那么丰富。1940-76 年，拉美总统的部长经历年资远不如欧洲领导人。曾经的美国总统候选人蒙代尔指出：“议会制领袖是了解他们的同道选择出来的，我们却发展了一个自我提名系统，几乎任何有野心的人都可以竞选总统。候选人不需要通过任何检验，也不需要任何组织化的支持基础，甚至不必要之前曾通过选举担任公职。”[20] 总统制的分权制衡建立在一个错误的前提之上，那就是误以为总统可以离开国会和同党支持而独立运作，但结果往往是得不到足够的党内和议会多数支持而通不过总统提议的政策，造成立法搁浅和政治僵局。

再次，总统制更容易个性化，不利于转型国家培养稳重的法治习惯。由于总统万人之上、位高权重，治理成败均被归咎于总统个人。国家媒体也会对总统个人事务赋予不成比例的关注，譬如克林顿总统和白宫实习秘书莱文斯基的绯闻就足足吸引媒体好几周，而

---

19 Juan Linz, Presidential or Parliamentary Democracy: Does It Make a Difference?, in Juan Linz and Arturo Valenzuela eds., *The Failure of Presidential Democracy (vol. 1): Comparative Perspectives*, Johns Hopkins University Press (1994), pp. 14-15.
20 Ibid., p. 28.

这在议会制国家是不可想象的。总统的民众支持率一般高开低走、起伏剧烈。譬如阿根廷的阿方辛总统 1984 年当选时支持率高达 82%，1987 年下降到 54%，1989 年大选前夕下降到 36%。秘鲁的加西亚总统则在 1985-89 年的支持率分别是 90%、70%、44%、15%、9%。相比之下，西班牙苏亚雷斯总理 1977-80 年的支持率分别是 67%、50%、35%、26%。德国总理阿登纳在 1949-50 年支持率为 33%和 24%，1953 年为 57%、1960 年为 41%，反而较前有所上升。法国第五共和为半总统制，戴高乐总统的支持率在 1960 年达到 74%，1969 年退休时仍然有 53%，并没有发生大起大落。[21]

总统制的个性化凸显领袖个人权威，削弱政党对领袖权力的控制，甚至抑制政党的正常发展。相比之下，议会制总理最终是向政党负责的，即便英国"铁娘子"撒切尔也不例外。1990 年 11 月，保守党撤销了撒切尔首相的职务，即表明这一点。相比之下，总统制内阁的生存并不取决于其它选举官员。即便在威权体制下，苏联和东欧等议会制形式仍然使得政党对领袖保留一定权力，譬如 1964 年，苏共撤销了赫鲁晓夫的职务。在政党不发达的个人威权国家，则往往采用总统制，譬如皮诺切特治下的智利。墨西哥执政党虽然不是列宁式大众党，而是由几个巨头轮流执政，但也采用总统制。1990 年，戈尔巴乔夫想要保护自己的权力不受党内挑战，也自然选择了总统制宪法。总统立法权越大，越容易和议会发生冲突。许多总统制宪法是从威权体制承继过来，为独裁者服务，进而阻碍了许多国家的民主转型与巩固。[22]

当然，总统制最大的问题是还在于其固定任期带来的立法僵局乃至政体崩溃。和议会制内阁相比，多党制下的少数党总统虽然也想形成国会联盟制定政策，但反正不会倒台，因而动机小得多，不会寻求形成长期联盟。和议会制的政治"内部人"相比，总统的"局外人"身份进一步降低了其对构建议会联盟的热情。反过来，议员

21 Ibid. pp. 29-30.
22 Matthew Soberg Shugart and John M. Carey, *Presidents and Assemblies: Constitutional Design and Electoral Dynamics*, Cambridge University Press (2002), p. 37.

也没有动机和总统联盟。反对党议员不用说了，即便是总统党内的议员也没有强烈的合作动机。总统干得好也不能连任，干不好则更要保持距离，因为总统下台了，议员还得连选连任，和一个不受欢迎的总统贴得太近显然不智。

总统制的任期固化不仅使不该下台的总统得不到议会合作，而且使早该下台的总统不下台，秘鲁、巴西、阿根廷总统都是因此而导致军事政变。[23] 和议会制的国家数量相比，二次大战之后的数据明显不看好总统制。据统计，1959-89 年之间民主未曾中断的 24 个国家中，有 18 个国家是议会制，加上半总统制的法国和芬兰，以及美国、哥斯达黎加、委内瑞拉 3 个总统制国家。除了美国之外，拉美最稳定的民主是哥斯达黎加，自 1949 年运行至今；其次是 1958-98 年间的委瑞内拉，以及 1989 年转型的巴拉圭。[24] 如果考察 1972-94 年间连续运行的 33 个民主国家，会发现议会制多达 22 个，总统制则只有 6 个。到 1990 年至少举行过 2 次选举的国家有 48 个，其中包含 27 个议会制国家、12 个总统制国家，以及总统—议会制和大会制国家各 2 个，另外有 5 个总理—总统制，其中奥地利和冰岛其实就是议会制。总之，稳定民主的议会制国家数量明显超过总统制。[25]

另一方面，总统制的崩溃概率则在统计上显著高于议会制。1946-99 年，23 个总统制中有一个变成独裁，议会制变独裁的则 58 个才有一个。差不多同期，议会制政权的平均寿命是 58 年，总统制却只有 24 年。[26] 拉美国家几乎从来是清一色的总统制，而拉美民主的崩溃概率是世界最高的，平均每 19 个民主政体崩溃一个，而其它地区则是 70 个民主政体崩溃一个，而在后者之中，即便在同等收入、经济增长和国家规模条件下，总统制照样比议会制更短

23 Ibid., p. 36.
24 Giovanni Sartori, Neither Presidentialism nor Parliamentarism, in Linz and Valenzuela eds., *The Failure of Presidential Democracy*, pp. 107-109, 112-115.
25 Linz, Presidential or Parliamentary Democracy: Does It Make a Difference?, p. 2.
26 Cheibub, *Presidentialism, Parliamentarism, and Democracy*, p. 2.

命：总统制平均每 55 个政体崩溃一个，议会制则平均每 88 个政体才崩溃一个。[27] 1946-2002 年，拉美只有世界 9%人口，却在 157 次政权变更中占了 37%；在此期间，拉美国家平均转型近 3 次，其它国家则只有 0.5 次。对于总统制更容易崩溃的事实，即便是总统制危机论的反对者也不否认。在撒哈拉以南的非洲等经济发展低水平地区，议会制或总统制都不稳定，都是 8 个当中崩溃一个。但是在发展水平更高的国家，议会制比总统制存活率更高，且议会制在经济危机中的生存能力也不比总统制在经济扩张时期差。[28]

林茨和其批评者的分歧在于对此现象的解释。林茨及其合作者与支持者认为，这些现象说明总统制的危机是内生的。总统制之所以更容易崩溃，是因为固定任期降低了处理政治危机的灵活性，而罢免总统则很容易动摇整个体制。如果总统失去了议会的多数支持，除了自愿辞职之外没有什么解决危机的有效办法，因而只有通过体制外力量颠覆体制。最经典的例子是 1970-73 年的智利。1971 年 7 月，阿连德总统想实现社会主义转型，国会两院一致通过了大众统一党的征收铜矿提案，但后来的国有化连遭败绩，总统与国会陷入僵局。[29] 1973 年，阿连德总统失去了议会多数支持，但其任期长达 6 年，要到 1976 年才结束。反对党害怕他继续推行威权社会主义，不得不发动军事政变使其下台。而在议会制国家，不信任表决即可顺利解决问题。[30]

总之，林茨认为议会制显然优于总统制。总统制的结构性问题在于总统与国会的双重民主合法性会持久引发冲突，而并无可行的

---

27 Ibid., pp. 137-139.
28 José Antonio Cheibub and Fernando Limongi, Democratic Institutions and Regime Survival: Parliamentary and Presidential Democracies Reconsidered, 5 *Annual Review of Political Science* 151-179 (2002), pp. 151-152.
29 José Antonio Cheibub, Adam Przeworski and Sebastian M. Saiegh, Government Coalitions and Legislature Success under Presidentialism and Parliamentarism, 34 *British Journal of Political Science* 565-587 (2004), pp. 577-578.
30 Scott Mainwaring, Presidentialism, Multipartism, and Democracy: The Difficult Combination, 26 *Comparative Political Studies* 198-228 (1993), pp. 208-209.

解决机制；总统选举是一场零和游戏，其多数制(majoritarian)特征可能使 60%以上的选民得不到代表，而固定任期和连任限制可能带来体制僵化。[31] 总统制还造成拉美国家政党羸弱，因而林茨主张从总统制过渡到议会制。除非在政党极端碎片化的例外情形，议会制一般会鼓励政党及其领袖具有更强的责任心，同时促使其妥协并相互合作，除非一党获得了绝对多数，而这在多党制格局下可能性甚小。议会制还允许领袖换人而不触发政权危机，保证统治的连续性而不用担心总统制的永久执政。[32]

有人主张，总统制产生强领袖，议会制则往往"群龙无首"。然而，事实恰好相反。总统经常是各方妥协下产生的候选人，议会制的强总理则层出不穷，从丘吉尔到撒切尔，从阿登纳到布兰特；拉美的苏亚雷斯和冈萨雷斯也都很强，而且他们下台没有造成什么政治危机。[33] 议会制的一大优势在于它是培养政治领袖的温床，所有主要政党的领袖都有望成为总理。议会过程提供各种出头露面的机会，便于政党领袖建立名望。反对党也不会闲着，总理候选人即便败选也通常继续留在议会这个政治平台。他们不用等到竞选，就可以声明政策立场。总统候选人没有这些机会，因而许多出自州长，但州长的缺陷是不熟悉国际政治与宏观调控。总统制也可以产生强政党，但通常都是个性化的弱政党，譬如巴西、菲律宾、韩国。总统制也可以出领袖，但通常不是可以获得国会信任的政党领袖。[34]

还有人主张，总统制更适合联邦制，因为联邦更需要统一，而总统是国家统一象征。但如上图 5.1 所示，这也是想当然，议会联邦制国家实际上并不少。事实上，总统的一权独大可能干扰联邦制的正常运行，甚至可能为内战埋下隐患。拉美总统制的一个缺陷是总统随意干预地方事务，有的甚至有权任免州长，而各州也存在州

---

31 Linz, Presidential or Parliamentary Democracy: Does It Make a Difference?, p. 69.

32 Ibid., p. 64.

33 Ibid., pp. 39-40.

34 Ibid., pp. 41-42.

长一人决策的同样问题。还有人猜测总统制有助于整合多族群国家，但总统的权力垄断恰恰是族群冲突的渊源。相比之下，议会制更有利于形成共识协议和联合政府。如果没有主导大党，小党有望成为总理并有动力谈判妥协和权力共享。至于总统制建立的总司令和军官直接联系是否有助于国家稳定，也不能一概而论。西班牙国王卡洛斯笃信民主，所以对民主转型稳定性有利，但遇到强人则反而不利。魏玛时期，军官可绕开议会和内阁直接上达总统，最后损害了民主稳定性。在政治转型过程中，总统制也容易导致军队直接对总统采取违宪行动。[35]

林茨论点的支持者利普哈特认为，总统制加剧了政治权力的"胜者通吃"，削弱社会共识、加剧政治矛盾，最后反而削弱了总统权力。总统制本来和多数制联系在一起，却并不享有多数支持，以至某些总统制国家的总统权力不是太多，而是太少。即便是拉美非民主国家宪法也对总统权力规定了种种限制，譬如不得连任。美国总统之所以无力感不强，可能是因为美国是头号世界强国，总统在国际事务游刃有余、感觉良好，政治能量有足够出口。但总统权力无论强弱，都不是好事，因为总统制下没有共治和共识，只有冲突和僵局。[36]

2. 林茨命题的反证

林茨率先提出的总统制危机貌似逻辑严密，且有充分的事实依据，但甫一提出即遭批评和质疑。林茨及其合作者自己也承认，只是拿拉美总统制说事带有明显的选择偏向(selection bias)。事实上，只要追溯到第二次世界大战之前，即会发现议会制崩溃并不比总统制更少。20 世纪发生的 40 次民主体制崩溃中，其中 22 次是议会制，12 次是总统制。民主崩溃主要有两波。一波是两次世界大战之间，崩溃的几乎全部是议会制国家；另一波是在 1960 年代，崩

35 Ibid., pp. 42-45.
36 Arend Lijphart, Presidentialism and Majoritarian Democracy: Theoretical Observations, in Linz and Valenzuela eds., *The Failure of Presidential Democracy*, pp. 102-103.

溃的主要但不全是总统制国家。林茨和斯蒂潘 1978 年出版三卷本《民主政体的崩溃》，但只是关注了相对晚近的总统制崩溃。两次大战之间，欧洲有 25 个议会制国家，其中 12 个属于稳定民主，但是这个时期的议会制并不能保证民主稳定与发展。第二次大战之前，政体崩溃波及 7 个欧洲议会制国家、德国与奥地利 2 个混合制国家，却只影响了阿根廷 1 个总统制国家。二战之后，出现了 26 个稳定的议会制民主政体，其中欧洲和非欧洲平分秋色；总统制民主中则只有 3 国稳定，多达 11 个总统制国家曾经政体崩溃，绝大部分都发生在拉美、非洲和亚洲等欠发达地区，欧洲只有在希腊崩溃过 1 次。[37]

在制度评价上，林茨认为总统制的五大问题也有武断之嫌。首先，总统制危机论只看到总统制的弱点，而忽视了总统制相对于议会制的某些优点，主要包括直接选举为选民带来的更多民主选择和选民责任、清晰的身份识别度、相互制衡以及作为权力冲突的中立仲裁者等方面。[38] 1945-87 年，议会制国家的政府身份识别度指数（0-1）只有 0.39，其中比利时、意大利、以色列等议会制国家的政府身份识别度分别只有 0.1、0.12、0.14，而总统制国家的身份识别度则可以接近 1。[39] 另外，国会考虑和辩论立法也无解散的后顾之忧。当然，总统能否作为权力冲突的中立仲裁者取决于两点：一是总统通常是主要政党领袖，并非政治中立；二是这一图景预设了弱总统，而总统权力过弱也会削弱其对选民的责任。[40]

其次，不独总统制存在双重民主合法性竞争，议会制也有合法

---

37 Linz, Presidential or Parliamentary Democracy: Does It Make a Difference?, pp. 71-73.

38 Matthew Soberg Shugart and John M. Carey, *Presidents and Assemblies: Constitutional Design and Electoral Dynamics*, Cambridge University Press (2002), p. 44.

39 Scott Mainwaring and Matthew S. Shugart, Juan Linz, Presidentialism, and Democracy: A Critical Appraisal, 29 *Comparative Politics* 449-471 (1997), pp. 460-462.

40 最需要仲裁的是政体危机时刻的纯粹总统制，总统地位及其获得的支持达到低点。Shugart and Carey, *Presidents and Assemblies: Constitutional Design and Electoral Dynamics*, p. 48.

性竞争问题，譬如两院制中的上下院即处于竞争关系；特别是在内阁必须同时获得两院信任的体制中，两院合法性竞争尤为明显。另外，一些议会制国家也有“总统”，只不过总统通常由议会选举而非选民直选产生，但行使的职能并不完全是礼仪性的，譬如意大利总统有权解散议会并要求内阁法令获得其副署，捷克和斯洛伐克总统则有权任命部长并否决立法；即便被认为是纯粹象征性的英国女王，也行使了批准首相延长下议院假期的实质性权力。[41] 议会制总统的权力越大，和议会发生冲突的可能性越高，譬如匈牙利和斯洛伐克已发生数轮涉及总统的宪法危机。

再次，总统制的任期固化固然是一个问题，但是这个问题可以通过缩短任期加以解决，譬如美国等多数国家的4-5年任期比较合适；俄罗斯、拉美及非洲少数国家规定6年以上任期，显然太长了。另一方面，任期也不是越短越好，任期的灵活性带有两面性，泰国、索马里等议会制国家之所以失败，正是因为经常不能维持内阁的稳定运转。总统制提高了政府变动的门槛，反对派只能等到任期结束才能更迭政府，有利于增加决策过程的稳定性和可预测性。[42]

最后，“胜者通吃”是选举制度而非分权制度产生的产物，因而主要取决于特定的选举和政党制度。议会制也可以存在“胜者通吃”现象，因而未必比总统制更好。如果议会制具有党性强的多数党，内阁几乎得不到实质性约束，“胜者通吃”现象甚至可以比总统制更严重。英国执政党经常得不到多数选票，却能稳稳把持着议会和内阁，甚至策略性行使议会解散权以更新和延长其任期。在加勒比和某些第三世界的议会多数制国家，“胜者通吃”现象也十分严重。[43] 事实上，三权分立的好处恰恰是防止“胜者通吃”。在多党总统制国家，总统要胜选并维持有效统治，通常将内阁职位在几大党中分配，从而允许总统竞选中的失败方分享部分权力，尽管这

---

41 Parliament suspension: Queen approves PM’s plan, *BBC News*, 28 August 2019, https://www.bbc.com/news/uk-politics-49493632.
42 Mainwaring and Shugart, Juan Linz, Presidentialism, and Democracy: A Critical Appraisal, pp. 450-452.
43 Ibid., pp. 453-454.

种安排并没有什么制度保障。

如果总统立法权较弱、政党纪律性较强且政党体系并非高度分裂，那么同等条件下总统制甚至可以比议会制运行得更好。如果政党纪律性不强，议员投票我行我素，总统制确实不容易运行，但议会制也很可能内阁不稳，贸然从总统制过渡到议会制可能导致统治能力进一步下降，产生适得其反的后果。[44] 另外，总统来自体制内还是体制外很大程度上取决于政党力量的强弱。在政党更为制度化的总统制国家，"政治素人"当选总统是例外而非规则。

3. 林茨命题的修正

即便议会制民主总体上更加稳定，特定国家的制度表现也要看其所实施的是哪种议会制、哪种总统制。如上所述，林茨命题的表述可能过于绝对。或许总统制并非绝对或内在地不如议会制，而只是在某些情形下的表现不如议会制。相比多党制，总统在两党制下运行得更好。如果说美国的总统制运行得还算总体不错，那正是因为美国的政党体制是两党制。多党制很难产生多数党，而只有少数党支持的总统很难维持统治。然而，除了美国、阿根廷、哥斯达黎加、委内瑞拉、哥伦比亚和以前的乌拉圭之外，绝大多数美洲国家都是多党制。毫不奇怪的，这些国家的总统制面临更严峻的统治挑战。

政治学者梅因沃林提出，总统制的表现不是一个孤立变量，而是取决于选举与政党结构等其它制度变量。总统制和议会制都要求一定的政党纪律性，且政党结构不能过于分散，否则议会制也很容易失败。1945 年之后，失败的民主当中即有不少议会多党制。[45] 总统制可能对政党与制度变量更为敏感，其有效运行通常要求有效政党数量小于 4。在 7 个连续运行的拉美民主国家中，6

44 Ibid., pp. 465-468.

45 Mainwaring, Presidentialism, Multipartism, and Democracy: The Difficult Combination, pp. 206-207.

国的有效政党数都不超过 3，1933-73 年间的智利是唯一例外。[46] 1967-92 年间，31 个连续 25 年的民主国家中，只有 4 个是总统制——美国、哥斯达黎加、委内瑞拉、哥伦比亚，而这其中没有一个是总统制+多党制。除了有效政党数量之外，另一个衡量政党结构分散程度的指数是雷指数(Ray Index)。它是两名议员随机属于不同政党的概率，和有效政党数成反比关系；一党制的雷指数为 0，两党制为 0.5，议员各自为政、毫无政党纪律是 1。上述 4 个美洲总统制的平均有效政党数为 2.2，雷指数为 0.55。梅因沃林统计的 31 个总统制国家中，有 15 个是多党制，其中只有 1 个连续民主超过 25 年。[47] 菲律宾和乌拉圭都曾持续民主 25 年以上，但都是两党制。

多党制民主之所以失败，是因为它不仅容易造成行政—立法僵局，而且增加了意识形态两极分化，并有必要形成政党间联盟，而总统制的政党联盟不如议会制稳定。在两党制下，总统制可以保证总统所在的党是多数党，但多党总统制容易造成立法—行政僵局，总统不得不在每个问题上形成立法联盟，有点类似议会制的少数党政府。在议会制国家，不同政党联合选择总理和内阁，因而也有动机维持内阁，否则倒阁的话解散议会、重新大选，政党和议员自己也会有面临风险。在总统制国家，总统形成自己的内阁，无需政党的坚定支持，通常也无能解散议会，因而政党和议员都没有强烈的动机支持总统和内阁；相反，总统制下的政党即便形成联盟，也比议会制具有更强的动机打破联盟、重新洗牌。虽然总统掌握着垄断政策议程，但是失去议会多数支持之后并不

[46] Mainwaring and Shugart, Juan Linz, Presidentialism, and Democracy: A Critical Appraisal, pp. 465-466.

[47] Mainwaring, Presidentialism, Multipartism, and Democracy: The Difficult Combination, pp. 210-212.

能有效实施议程。总统经常比总理更弱，并不是因为他们没有宪法权力，而是立法—行政僵局使之无法施展宪法权力；议会则虽然无权启动政策，却有足够的能力阻碍总统议程。随着有效政党数量增加，总统成为议会少数党的可能性随之增长。尽管内阁有时会混杂其它党派成员，但未必能保证获得这些党派的议员支持。[48] 由于不能解散议会并重新大选，总统可能很快成为“跛鸭”(lame duck)，政党也有充分的动机不守纪律。1985-90 年，巴西萨尼(Sarney)内阁只能依赖 570 议席中区区 31 票支持。如果议会制遇到这种情况，可以简单诉诸不信任表决，总统制却只有采取体制外行动。[49]

因此，在总统制下，议会对总统没有约束力，总统对议会也没有约束力。当然，和议会制一样，多党制下的总统也可以和不同政党达成组阁协议，但是这类协议不像议会制那么有约束力，总统罢免部长的自由也比议会制总理更大。总统制的统治联盟和选举联盟是分开和不同的，而议会制的统治联盟就是创设政府的联盟。议会制政党联盟一般发生在选举之后，且有约束力；总统制联盟则发生在选举之前，选举之后即在相当程度上失去了约束力。总统制下，议员个人支持政党领袖之间协议的承诺经常是不可靠的，内阁多党结构并不意味着政党对总统的支持。譬如同为总统制，委内瑞拉的议会政党很守纪律，巴西和厄瓜多尔的包罗党(catch-all party)则一点不守纪律。相比之下，议会制的议员有义务支持政党决定，否则就面临内阁倒台并丧失议席的风险。总统制的政党则更有动机打破联盟，尤其当总统大选来临时，政党领袖一般都要和现任总统保持距离，以免承担治理不当的成本。

尤其在深度分裂(deeply divided)国家，两党制不适合代表其社

---

[48] 虽然议会制也有少数党执政，如 1945-87 年间，345 个发达国家内阁是少数党，北欧国家的少数党政府甚至多于多数党，但是平均期限只有 14 个月，拉美总统制却可能长达 6 年。Ibid., pp. 214-216.

[49] Ibid., pp. 218-219.

会的多元利益。多党制或许有助于民主稳定，否则少数派永远被政治拒之门外。这意味着深度分裂国家很难适用总统制。多党制对于议会制或许无所谓，但是对总统制却有害无利。在绝大多数总统制国家，议会选举采用比例代表制，选区议席也相当多，从而造成多党制。委内瑞拉和哥斯达黎加将总统和国会选举安排在一起，乌拉圭要求投一张党票，从而避免政党过于分裂，但巴西、哥伦比亚、厄瓜多尔等许多总统制国家则不存在这样的机制。由于这些国家的政党羸弱，变成议会制也一样搞不好，除非能提高政党纪律性。这些国家可以尝试提高比例代表的门槛、减少选区议席并让总统和国会选举同步。[50]

4. 总统权力的衡量与影响

舒加特等学者的比较研究表明，总统权力的大小也会影响政体稳定。总统权力分为两个维度：立法权与非立法权，后者主要包括总统任命内阁成员和解散议会的权力。如果总统有权解散议会并决定议会存续，即表明议会存续的分权度(separation of survival)低。如果按内阁决定权和议会存续分权度两个维度画图，那么二维都低的是总理总统制，二维都高的是标准总统制；如果总统对内阁构成的决定权大而议会存续分权度低，属于有问题的总统议会制，反之则几乎没有。比较研究显示，只有在两种情况下，总统制民主政体才是安全的：一是总统立法权小，而议会存续分权度高，也就是美国式总统制；二是议会存续分权度低，但是总统对内阁构成的决定权也小，也就是“半总统制”中的总理总统(premier-president)制。[51] 总统立法权过大，民主稳定性会成问题；如果总统对内阁构成和议会解散权力过大，也就是议会存续分权度低，同样也会削弱民主政体的稳定性。

总统立法权包括整体和部分否决权、律令权、预算权、全权

50 Mainwaring, Presidentialism, Multipartism, and Democracy: The Difficult Combination, pp. 221-225.
51 Shugart and Carey, *Presidents and Assemblies: Constitutional Design and Electoral Dynamics*, pp. 148.

提案权、启动公投权，非立法权则包括内阁构成决定权、罢免权、议会制裁权、罢免议会权。这些权力加起来，立法权最高分为 24，非立法权为 16 分。美国总统的立法权只有 2 分，但非立法权达 11 分；拉美多数国家立法权更高，非立法权达到 12 分。相比之下，奥地利、保加利亚、爱尔兰、芬兰、秘鲁总统的立法权为 0，法国总统的立法权也只有 1 分，非立法权只有 4-5 分。总的来说，没有国家处于立法权大、非立法权小的象限。爱尔兰、保加利亚、海地总统的权力离原点最近，立法权和非立法权都小；这一象限的 4 个国家对应于总理总统制，没有一个崩溃。立法权小、非立法权中或大的共有 13 个国家，政体崩溃率平均为 25%；二者都高的有 12 国，崩溃率高达 50%。[52]

由此可见，总统权力不能太大，拉美两个最稳定的民主——哥斯达黎加和 1999 年之前的委内瑞拉——的总统立法权都相当有限，国会发挥主导作用。智利民主之所以崩溃，很可能和总统立法和预算集权有关。总统集权则和选举循环有关，国会在总统选举稍后的“蜜月选举”(honeymoon election)会一时增强某些总统党，尽管总统是由宽泛得多的联盟支持下当选。如果没有 1965 年的蜜月选举，弗莱总统就不可能成功通过总统立法集权的 1970 年修正案。委内瑞拉采用相对多数同步选举，国会为两党主导，简单多数可压倒总统否决。如果选区规模较大，那么总统党很可能是最大党但并非多数党。如果要求超多数压倒否决，总统立法权太大；如果仅要求简单多数压倒否决，会给小党一些谈判权。如果宪法授权总统颁布律令，应当授权议会简单多数否决。[53] 如果不是选举体制造成稳定两党格局，委内瑞拉会成为多党制，总

[52] Ibid., pp. 155-157.
[53] Ibid., pp. 277-283.

统立法权变得忽略不计；为了保证总统对立法的有效参与，多党制应当规定超多数压倒否决。

总统更强，则政党更弱，一般体现在总统集权和选举不同步。之所以出现这种现象，可能是地方政治人故意让权，使自己有更大的自主权服务选民。政党更强，则总统更弱，往往和同步选举联系在一起。没有两极分化的多党制可能对于总理总统制更好，总统利用议会缺乏清晰多数而行使权力可以发挥好的作用。历史上，总理总统制出现在从帝国独立出来的德奥和芬兰，作为对议会制的替代。总统议会制则曾出现在厄瓜多尔、秘鲁、哥伦比亚等拉美国家，作为对总统制的替代，但结果并不好。民主转型的关键是要实现游戏规则的“行为服从”，而议会制似乎比总统制更成功。总统制有时被用于解决转型期冲突，譬如1989年波兰总统制是为被推翻的独裁者安排的；同年，纳米比亚的总统议会制宪法安排则是多数党和几个弱党的妥协，多数党赢得总统而未必能维持议会多数，却仍可以投不信任票。最好的制度安排是比例代表制保证议会选举公平，总统选举则鼓励选前联盟；总统制的话，立法权超越行政，议会超多数压倒总统否决；总理总统制的话，议会能够制裁并更换内阁，总统则可有条件行使解散议会、召集大选的权力。[54]

总统权力过大的典型是1993年俄罗斯宪法。国家杜马的议员称，1993年宪法的问题是总统不论怎么做，都不会违宪。预算收入中央化、联邦大区建立、联邦委员会改革、任免地方领导人并解散地方议会都不违宪，而是“管理式民主”。“宪法就好比一个剧本，允许导演宽阔的解释空间。根据这一个文本，俄罗斯精英制造了一曲自由的圣歌，和一个轰轰烈烈的‘秩序’失而复得的

[54] Ibid., pp. 280-282, 285.

故事。”[55] 苏联和东欧无疑经历了一场政治、经济和社会巨变，只有法国大革命和俄国“十月革命”才能与之相比。绝大多数社会革命的结局都是专政而非民主。如果说 1991 年政变失败曾是民主化的契机，那么 1993 年总统杜马冲突的代价则大得多；叶利钦利用强势奠定了超总统宪法秩序，宪法成了强加而非谈判的产物。[56] 普京帝国对影响选举结果、创造政党并组织公民社会、控制国家媒体都发挥了直接作用。

叶利钦擅长破坏旧体制，但不擅长建设新体制。他对旧体制的改造也很不彻底，安全部门、军队、检察系统基本没改。他离任的时候，俄罗斯体制存在诸多重大缺陷：过分集权的宪法、过于稚嫩的政党、过于羸弱的公民社会、不能营利因而必须依赖政治力量的媒体、腐败无能低效的司法。普京上台后，进一步削弱民主体制。三大国有电视台中，普京已掌控第一大电视台；第二大电视台 100%国有控股，因而是政府喉舌；经过一番斗争，第三大电视台的老板弃财出逃。1990 年代，联邦权力蒸发，地方实现自治。普京上台后，设立大区落实联邦政策，通过在参议院排除州长和州议长使之成为橡皮图章；对于仍不听话的地方，联邦通过操纵地方选举迫其下台。2003 年议会选举，普京的俄罗斯统一党大胜，获得 37.6%的选票；忠于普京的自民党和重组之后的祖国党加起来超过 20%，统一党在 225 个单员选区中获得 100 席，总共获得 300 席，离 2/3 修宪多数差一席。共产党选票被腰斩，只有 12.6%，两个自由主义政党则未能 5%出线。众议院原来还有微弱牵制作用，现在也消失了。在体制内，无论是政党、两院还

[55] Michael McFaul, Nikolai Petrov and Andrei Riabov, *Between Dictatorship and Democracy: Russian Post-Communist Political Reform*, Carnegie Endowment for International Peace (2004), p. 9.
[56] Ibid., pp. 18-20.

是州长、寡头或媒体，都不是普京对手。[57]

即便在总统制国家，强议会也是更稳定的体制，因为议会比总统更能代表社会多元利益。只要让议会主导立法权，即可保证民主稳定性。[58] 譬如 16 个西欧民主国家都是属于这种情况，其中有 6 个还要求超多数改变程序规则，进一步强化了议会规则的稳定性。[59] 然而，许多总统制宪法规定政府全权提议立法，美国大概是独一无二规定所有立法必须来自国会。另一方面，在政党分散国家，总统对立法议程的主导可能有助于政体稳定，譬如 7 个拉美国家的总统享有某种议程设置权。[60] 总统设置立法议程的专权很大程度上解释了转型后巴西和智利的立法成功，尤其是巴西政党纪律松散、地方差异巨大。除了藤森治下的秘鲁和 2000 年厄瓜多尔之外，过去 10-15 年拉美总统制并没有遭遇重大治理危机。[61]

5. 政体崩溃的制度外因素

如果说林茨认为总统制的危机体现了其内在缺陷，梅因沃林等人认为总统制只有在多党制等特定制度下才会比议会制更不稳定，那么政治学者柴巴布等人则认为，总统制国家表现出来的政权不稳定根本和总统制本身无关，而是这些国家特有的其它制度或历史原因造成的。事实上，梅因沃林和舒加特等学者已经注意到这些因素，譬如人均收入、人口规模和殖民地遗产都可能影响政体稳定性。在他们统计的 22 个议会制中，15 个都是高收入国家，而 6 个总统制中却有 3 个是低收入国家。新加入的总统制全部是拉美国家，其收入均处于中低水平。当然，低收入的议会制国家也多达 10 个，但都是规模较小的英殖民地国家。上述 33 个国家中，9 国具有英殖

---

57 Ibid., pp. 292-296.
58 Ibid., p. 165.
59 Gary W. Cox, On the Effects of Legislative Rules, in Gerhard Loewenberg, Peverill Squire, and D. Roderick Kiewiet eds., *Legislatures: Comparative Perspectives on Representative Assemblies*, University of Michigan Press (2002), pp. 247-248.
60 Ibid.
61 Cheibub, *Presidentialism, Parliamentarism, and Democracy*, pp. 171-174.

民传统，其中 8 国都是议会制，只有 1 个总统制。[62] 考察 1985-1994 年间连续运行的 24 个民主国家，发现有 16 个议会制、7 个总统制国家。所有微型国家都是从英国独立出来的议会制，而所有总统制都是大中型国家，只有 3 个大中型议会制。在人口规模上，总统制都是大中型国家，议会制则小国居多，而利益相对均一的小国可能有助于政体稳定。1997 年中低收入半民主国家中，500 万人以下有 10 个总统制、26 个议会制，只有 2 个总统制国家的民主超过 10 年寿命，议会制则有 11 个这样的国家；500 万人以上则有 26 个总统制、18 个议会制，其中民主超过 10 年的总统制国家有 9 个（占 34.6%），议会制国家则只有一个印度。民主连续运行 30 年以上的国家有总统制的哥斯达黎加和几个议会制小国，大国则只有实行总统制的委内瑞拉。[63]

总之，拉美和非洲国家更可能采纳总统制，其社会规模、多元利益和经济发展水平决定了这些地方实施民主障碍重重，而未必是总统制本身的问题。[64] 以上论断基本符合我们用“世界宪法制度指标”数据库所做的统计分析结果：议会制 64 个国家（去掉中国和印度两个人口超级大国）的平均人口为 2033 万人，人均国民收入高达 2.34 万美元；总统制 27 个国家的平均人口为 5242 万人，人均国民收入只有 7762 美元，其中 5 个超总统制国家的人均收入更是只有 5055 美元。另外，半总统制中总理总统制和总统议会制的国家规模和议会制相差不大，人均收入也分别只有 6662 与 5848 美元。由此可见，议会制具有国家规模小、人均收入高的特征，或许确实享有总统制等国家所不具备的社会经济条件。

我们也分别对“总统权力指数”与“总统制比例”两个变量和人均国民收入做了相关性分析，后者数值按议会制、总理总统制、

62 Mainwaring and Shugart, Juan Linz, Presidentialism, and Democracy: A Critical Appraisal, pp. 456-457.
63 Matthew Soberg Shugart, Presidentialism, Parliamentarism, and the Provision of Collective Goods in Less-Developed Countries, 10 *Constitutional Political Economy* 53-88 (1999), pp. 78-80.
64 Mainwaring and Shugart, Juan Linz, Presidentialism, and Democracy: A Critical Appraisal, pp. 458-460.

总统议会制、总统制和超总统制依次递增，结果发现二者均与人均收入显著相关：总统权力越大或总统制所占的比例越高，人均收入越低。当然，相关性并不意味着因果性，更何况两个变量和人均收入之间的相关系数不大，R^2 值分别只有 0.05 和 0.06；换言之，即便是低人均收入部分造成了特定国家采取总统制或相当大的总统权力，这个原因也是相当次要的。总统制、议会制和人均收入之间是否存在因果关系？如果存在的话哪个是因、哪个是果，都还需要更深入的探讨，但是这个结果本身足以提示，总统制更容易崩溃的原因未必是其制度本身，而可能是经济发展程度、人口规模、以往民主政治成败等其它方面的因素。

柴巴布及其合作者通过统计分析证明，总统制国家表现出来的政体不稳定和总统制的内在结构无关，而是和总统制国家相伴的外在因素造成的，譬如总统制不稳定的国家也往往是容易发生军事独裁的国家。和文官专制相比，经历了军事独裁的国家更容易再度政变，但总统制本身并没有什么特别损害政体稳定的结构性因素。如果政治与社会条件适合，总统制也完全可以产生立法—行政合作与政党团结。[65] 按常规推理和想象，总统制似乎没有动机形成政党联盟，因而容易产生少数党政府，进而导致僵局和低效率，但是这样的想象并没有得到经验证据支持。事实上，虽然议会制政府有动机维持政党纪律，但是议员通常也不愿意冒提前大选的风险，内阁任期未必比总统制内阁灵活多少。议会制确实促进党派合作，但总统制也并非不可能合作；议会制立法或许比总统制更有效率，但总统党是多数党即没有问题，总统作为少数党执政也并非不可能立法。

总之，议会制的立法成功率显著高于总统制，但总统制表现也相当不俗。柴巴布并不否认，议会制的联盟政府以及多数联盟的比例更高，但仍坚持少数派政府的表现并不比联盟政府更差。虽然总统制的少数派政府概率更高，但立法成功率也相当高。政党林立时，

65 Cheibub, *Presidentialism, Parliamentarism, and Democracy*, pp. 2-5.

总统制和议会制都会形成联盟，尽管后者确实比例更高。统计数据显示，1946-99 年，议会制寿命全部长于总统制；议会制平均寿命是 74 年，总统制则只有 24 年。但柴巴布等学者认为，这并不是因为林茨所宣称的总统制不能形成联合政府造成的，联合政府的寿命并不比一党政府更长。就不同类型的总统制内部比较，一党执政的寿命超过联合政府，甚至少数派执政的寿命超过了多数党执政，而议会制恰好反之。[66] 换言之，不论是否形成联盟，总统制寿命都比议会制短，但是造成这一差别的真实原因何在？柴巴布的统计分析表明，总统制和议会制的差异可能主要不是来自制度原因，而是主要因为拉美总统制和军事独裁之间的历史关系；军事独裁要比文官独裁更容易产生总统制，也因此更容易变成独裁：

> 总统制民主之所以不稳定，是因为总统制度更多存在于那些更可能遭受军事独裁的国家之中。军事独裁和总统制之间的关联可以完整解释民主存续的差别。先前是军事独裁的军事体制不如之前是是文官独裁的民主体制稳定，而总统制民主更可能脱胎于军事独裁。因此，对总统制民主更不稳定的解释是军事独裁和总统制之间的关联，而非总统制内在的制度特征。换言之，总统制民主的问题不在于它们是“制度上有缺陷的”，而是它们更可能存在于任何形式的民主都可能不稳定的社会里……严格从制度视角而言，总统制可以和议会制一样稳定。[67]

尽管从历史统计数据上看，军事独裁造成拉美总统制失败的论点颇有说服力，但是柴巴布及其合作者并没有论证其反命题——拉美军事独裁是如何产生的？总统制在其走向军事独裁的过程中是否发挥了推波助澜的作用？至少从拉美本身的历史来看，几乎所有军事独裁确实都是在实行总统制过程发生的。如果比较议会制转型

---

66 Cheibub, Przeworski and Saiegh, Government Coalitions and Legislature Success under Presidentialism and Parliamentarism, pp. 579-580.

67 Cheibub, *Presidentialism, Parliamentarism, and Democracy*, p. 3.

国家走向军事独裁的概率，或许能解释以上疑惑。另外，柴巴布等学者应该也不会否认，如果一个转型国家没有太多“路径依赖”，在“立宪时刻”可以自由选择宪法分权模式，那么议会制应该是更明智的选择，但议会制能否成功又取决于政党体制能否发育成熟。

四、半总统制的利弊

如果说总统制的表现总体上逊于议会制，同时具有总统制和议会制特征的“半总统制”能否“扬长避短”——在克服二者弱点的同时兼具二者的某些优点？半总统制可以比纯总统制更有灵活性，比纯议会制更有治理能力。[68] 政治学家萨托利也认为，半总统制比纯总统制好，半议会制则比纯议会制好；一盘散沙的纯议会制是脆弱、低效和不稳定的，因为作为主权的议会不能直接有效统治，譬如意大利就成天憧憬总统制。[69] 关键因素是政党结构和数量，政党林立而不团结，无论什么制都不管用。舒加特则认为半总统制中的总理总统制是最佳选择：总统任期固化不是那么突出，因为总统未必是行政首脑，而其任命的内阁必须获得议会多数支持，否则可解散议会、重新大选。多数主义、“胜者通吃”也不是那么大的问题，因为内阁须获得议会多数信任。原先行政—立法之间的双重主权问题转化为行政内部的正当性竞争，而总统在行政内部的地位很大程度上依赖联盟是否稳固；党外人士问题也不那么尖锐，因为如果总统并非同党领袖的话，总理会有更大的独立空间。[70]

1. 半总统制的弊端

林茨等人认为，半总统制并不比总统制更好，二元首脑可能和总统制一样存在制造僵局、冲突和不稳定等问题。三权分立导致分

68 Petra Schleiter and Edward Morgan-Jones, Citizens, Presidents and Assemblies: The Study of Semi-Presidentialism beyond Duverger and Linz, 8 *British Journal of Political Science* 871-892 (2009), p. 879.
69 Sartori, Neither Presidentialism nor Parliamentarism, pp. 112-115.
70 Matthew Soberg Shugart and John M. Carey, *Presidents and Assemblies: Constitutional Design and Electoral Dynamics*, Cambridge University Press (2002), pp. 50-51.

裂政府、责任不明，总统承诺受到国会阻碍，反之亦然，进而造成选民疏离和参与率下降。[71] 强总统可能会使议会边缘化，走向崩溃并导向威权主义。从数据上看，半总统制确实不如议会制稳定，议会政党也更分裂；最大党平均控制 46%的议席，而议会制的最大党控制 52%的议席。衡量政府稳定的标准是政府首脑和执政党任期，譬如意大利内阁看似走马灯一样换，但总理和执政党其实很稳定。1919-39 年，所有民主国家的议会制总理平均任期为 2.6 年，其中有直选总统的国家平均只有 1.7 年，没有直选总统的国家平均任期是 2.8 年。执政党的平均任期为 5.5 年，其中有无直选总统的国家平均任期分别为 2.1 与 6.1 年。1946-2006 年，所有民主国家的任期差别依然明显。议会制总理的平均任期为 4 年，其中有无总统的平均任期分别为 2.8 与 4.2 年；执政党的平均任期为 6.5 年，有无总统的平均任期分别为 4.5 与 7.2 年。[72]

另一种对半总统制的批评是对总统制批评的延续，认为实权总统会加大议会立场和选民立场的"代表差距"。代表差距包括中位选民和政府政策立场之间的差距，以及选民对代表质量的主观评价。实证研究表明，享有实权的民选总统会扩大代表差距，譬如代表差距在爱尔兰最小、芬兰和奥地利适中，在葡萄牙和法国则相当显著。另外，实权总统需要在全国形成超党派联盟，确实会削弱内阁和政党的关系。20 世纪下半叶，在 28 个国家的 438 个内阁中，议会制 96-98%的内阁受政党控制，但半总统制中有 1/6 总理和 1/4 外交部长不受政党控制。[73]

有人认为，议会制会造成内阁不稳和决策瘫痪，最终导致某些亚洲和非洲议会政体的崩溃；正是因为纯粹议会制不稳定，才导致

---

71 Charles B. Blankart and Dennis C. Mueller, The Advantages of Pure Forms of Parliamentary Democracy over Mixed Forms, 121 *Public Choice* 431-452 (2004), pp. 431-432.
72 Cheibub and Chernykh, Constitutions and Democratic Performance in Semi-Presidential Democracies, pp. 275-276.
73 Schleiter and Morgan-Jones, Citizens, Presidents and Assemblies: The Study of Semi-Presidentialism beyond Duverger and Linz, pp. 885-886.

东欧国家向半总统制过渡。[74] 但如果真是这样的话，芬兰、冰岛、葡萄牙等实际上的弱总统制应该会更不稳定，而事实恰好相反。1990-2000 年间，这些国家的内阁一直延续着；另外 7 国的总统权力更大，却平均变换了 3.1 个内阁。这似乎表明总统权力越大，内阁就越不稳定。半总统制为主的东欧国家平均变换 3.1 个内阁，而议会制却只变换了 1.8 个。[75] 1997 年，也是为了内阁稳定，波兰修宪限制总统权力。1996 年，鲁辛斯基赢得总统选举，承诺和主导议会的民主农民党合作。1998 年议会改选，其在议会的支持者形成联盟，保留了原总理，但次年初就关系恶化。他自己没有政党，形同“共同生存”(cohabitation)局面。3 月，他颁布公投法令，提议改为总统制，议会从 101 人缩小到 70 人，并变成混合选举制。这项提议得到半数以上的选民支持，但是遭到绝大多数政治力量反对。公投要有效，还需要获得议会多数的支持，但是从 2000 年夏开始，鲁辛斯基的议会支持陷入低谷。7 月，议会通过修宪案，反而采取了议会制。[76]

台湾地区实施的《中华民国宪法》一般被认为是半总统制，因而也可能产生立法僵局。虽然这部宪法既没有授权总统解散立法院，也没有授权立法院对行政院投不信任票，但是半总统制仍然在台湾地区引发了持久的僵局。2000 年，陈水扁以 39.4%的选票当选总统，却在立法院的 225 席中只占 70 席，勉强超过 30%。为了获得立法院的支持，陈水扁任命前国防部长唐飞组阁，但是唐在国民党内并无威信，因而行政院只持续了 134 天。2002 年，民进党赢得 87 席立委席次，2004 年又增加 2 席，但是国民党获得 79 席，亲民党获得 34 席，因而联合起来声称有权组阁，但是陈水扁仍然任命民进党人出任行政院长。面对立法院的反对，陈水扁很难让自己的政策生效。2004 年，陈水扁向立法院提出了 149 个重点立法建议，只有 23 个（15.4%）得到立法院批准。立法院却能压倒总统

74 Roper, Are All Semipresidential Regimes the Same? A Comparison of Premier-Presidential Regimes, p. 263.
75 Ibid., pp. 264-266.
76 Ibid., pp. 267-268.

否决，通过自己的立法。虽然立法院有权投不信任票，但是因为害怕倒阁之后总统解散，因而至今没有行使过这项权力。

2. 总理总统制和总统议会制

虽然半总统制看似不如议会制稳定，但这可能是半总统制这个类别中的总统议会制造成的，总理总统制未必有此问题。和总理总统制相比，总统议会制的二元代理可能产生协调问题。总统议会制的总统任命内阁，内阁同时对两个民主主体负责并被其罢免。总统和议会的对称罢免权会导致分支内部冲突，造成魏玛共和与1976-82 年葡萄牙的不稳定，甚至 1968 年秘鲁的军事政变。[77] 如果总统和议会对立而无法形成决定性多数，总统可能超越议会并钦点无党派部长，违背民主原则、削弱政府责任并加剧不稳定。

相比之下，总理总统制内阁只对议会负责，进而产生稳定的谈判结果，因而并无对称罢免权造成的不稳定。和总统议会制相比，总理总统制的民主持续性更强，自由指数也好。总理总统制的自由家园平均指数是 3，总统议会制为 3.9（指数越高，表现越差）。1991-93 年俄罗斯宪法属于总理总统制，总统无权解散议会，只是议会不得民心，并和总统严重对立。由于民意支持，叶利钦能够忽视宪法规则和议会制衡。不过这毕竟是极少数例外，而新的总统议会制也不像魏玛宪法那样把全部单方面行使的权力都赋予总统。总的来说，没有充分证据表明半总统制的共同生存导致不稳定，尼日尔是唯一造成民主崩溃的。分裂的少数派政府不一定对于民主转型国家致命，完全民主则除了奥地利第一共和之外都渡过难关。[78]

柴巴布等学者认为，如果内阁拥有主要立法权，半总统制并不会加剧僵局。1980 年代末期，法国社会党少数派内阁可以取得99.5%的立法通过率。半总统制的稳定主要取决于内阁和议会关系，而非总统如何选举。法国第五共和之所以变得稳定，不只是因为有了总统，而是内阁获得一系列权力，譬如中止辩论并强制投票、如

77 Schleiter and Morgan-Jones, Citizens, Presidents and Assemblies: The Study of Semi-Presidentialism beyond Duverger and Linz, pp. 879.
78 Ibid., pp. 880-881.

果在内阁发起的信任表决没有制裁动议就被认为通过等，致使法国众议院成为现代民主中最弱的议会。1919 年之后的宪法中，59%国年授权对特定立法提请信任表决、48%授权内阁控制预算过程、35%限制议会不信任表决的权力、37%禁止议员在内阁兼职、23%授权内阁提议紧急立法。[79] 如果总统拥有主要立法议程设置权，则可能产生行政协调问题。但是如果政党不够制度化，总统权力也可以促进公共物品的提供。1993-99 年，俄罗斯内阁没有议会联盟的支持，叶利钦保证了大规模私有化、控制通胀和法治改革。[80] 根据主人—代理学说，在这种情况下，总统的作用主要不是否决博弈者，而是作为全国单一选区选民的代表扮演行政行为人的民主角色。

和其对总统制的比较研究类似，柴巴布及其合作者一以贯之，并不认为半总统制本身或总统立法权会产生什么害处，尽管半总统稳定性表面上看确实不如总统制和议会制。恰好相反，他认为制度稳定性来自限制议员个人的立法权，而总统对立法议程的控制恰恰有助于稳定性。其总的结论是主张内阁控制主要立法权，否则容易产生僵局。不过，这也产生了一个衡量标准问题：是否稳定就好？会不会政府稳定，却反而容易走向独裁并崩溃？在稳定性上，总统议会制总的来说不如总理总统制。前者的根本特征是总统任免内阁，而后者的内阁同时向议会负责。即便内阁仍然享有议会多数支持，总统仍有权罢免之。在这一点上，俄罗斯、乌克兰和克罗地亚的总统确实可以和美国总统相提并论，甚至有过之无不及。

然而，按此定义，法国第五共和也是总统议会制，但是法国和俄罗斯体制显然不可同日而语。因此，我们并不认为“总统议会制”本身足以区分本质不同的混合制。事实上，俄罗斯等“总统议会制”的总统都不能被界定为“半总统”，而应更适当地被界定为某种“超总统制”。美国式总统制的特征是总统控制内阁（受制于参议院任

79 Cheibub and Chernykh, Constitutions and Democratic Performance in Semi-Presidential Democracies, pp. 295-296.
80 Schleiter and Morgan-Jones, Citizens, Presidents and Assemblies: The Study of Semi-Presidentialism beyond Duverger and Linz, pp. 889-890.

命），但总统和国会保持相对独立（受制于国会弹劾）；俄罗斯总统则不仅由选民直选产生并保持对内阁的控制，而且在某些情况下享有解散国家杜马的自由裁量，显然打破了“三权分立”为总统设置的常规权限。

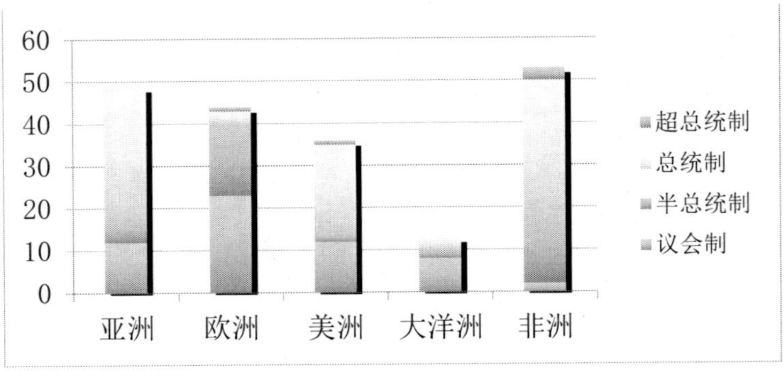

图 4.1：议会制与总统制地理分布（国家数量）
数据来源：“世界宪法制度指标”数据库。

五、议会制的利弊

如上所述，政治学界主流似乎认为，纯粹议会制比总统制或半总统制更优越。[81] 但和总统制或半总统制一样，议会制也是一个很大的“筐”，可分为许多不同种类。譬如首相或总理可以在内阁众人之上，如英国由首相任免部长；也可以只是众人之中的“首席部长”，甚至可以是和其他部长平等的普通一员。[82] 事实上，立法和行政关系本质上应该是决策和执行的关系；对于不同部门的执法，可以建立直选或议会选举而独立于议会的委员会。如瑞士联邦委员会由议会产生，任期固定，但不会产生僵局。但也有人认为，一盘散沙的议会制既不稳定，也没有效率；只有在内阁的有力领导下，才能保证议会的稳定性和立法效率。由此可见，即便认同议会

81 Blankart and Mueller, The Advantages of Pure Forms of Parliamentary Democracy over Mixed Forms, pp. 448-449.
82 Sartori, Neither Presidentialism nor Parliamentarism, pp. 107-109, 112-115.

制的优越性，也不能一概而论，而要分清哪种议会制才能充分发挥出优越性。

1. 议会制的种类

针对战后议会制国家的 27 个变量进行因子分析(factor analysis)，揭示了涉及议会制的几组相关变量。一是行政对立法的主导支配权，它和单选区制及反对党领袖的正式地位相关。二是议会制衡或融合(fusion)机制，包括多数主义(majoritarian)还是共治主义(consociational)、提前解散的难度、内阁兼容性、内阁对委员会主席的控制、委员会数量和制度化程度等变量。[83] 标准西敏寺体制的特点是高度行政主导、高度议会融合与决策的中央化，也包括爱尔兰、法国第五共和与希腊等国；德国、瑞典、挪威与荷兰恰好相反，丹麦、冰岛、芬兰等国则属于低度行政主导+高度议会融合，内阁稳定性依次排序。不存在高度行政主导+低度议会融合或决策分散国家，而高度行政主导只能和高度议会融合共存，但后者并不取决于前者。

因子分析还可以筛选出影响议会制的主要变量，主要有两种：内阁对议会的立法和非立法控制，其中非立法控制是立法控制的必要而非充分条件。虽然两个变量的高低组合会产生四种模式，但一般来说只有两种模式：或者二者都高，西敏寺模式是其典型；或者二者都低，如德国、荷兰或北欧。行政主导程度低而议会融合程度高的模式不稳定，反过来则不存在。[84]剩下两种模式分别对应于多数主义与共治主义：多数主义强调政党控制，适用于西敏寺模式；共治主义更适合分裂社会，要求不同政党分享议会与内阁权力。

2. 议会制与总统制的绩效比较

尽管上述分析显示议会制相较于总统制具有一定的优越性，但是不同制度的表现优劣还需要得到更全面的衡量，主要分为两个方面：一是议会制与总统制在制度运行方面表现的绩效，二是

83 Ibid., pp. 450-454.
84 Ibid.

两者在社会治理方面的绩效。

（1）制度绩效比较

在制度绩效上，议会制和总统制各有利弊。议会制产生更强大的政党、更中央化和政党导向的利益集团、更中央化的决策过程和等级化的行政结构。总统制所代表的分权体制引入更多的否决博弈者，使各级决策更为分散化。议会制更易于做出决策，总统制则使决定更坚定。议会制决策更为制度化，围绕政党为中心；总统制决策则更为个人化，以个体政治人和小型组织为中心。独立选举产生并具有决策权的总统会弱化政党团结，同党议员不一定绑定在一起投票，选民也未必忠于政党。团结和强大的政党可能促进民主责任和有效治理，但也可能使选民盲目，立法者更不容易达成妥协。[85]

一般认为，分权体制会促进形成高度分化的独立利益组织，有利于表达更多元的观点；每个利益集团保留独立于政党和国家之外的高度独立性，重要利益集团对立法行使非正式否决权，但决策群体代表的狭隘特殊利益可能否决一般利益，并鼓励政治行为人之间的背信弃义而非合作。总统制的官僚结构可能更为复杂，官僚有总裁和财务总监两个主人。权力分化可能促进官僚制衡，但也可能降低行政效率、模糊责任并削弱主人—代理联系。总统制有助于增加选举和结果之间的透明度，但议会制的联盟政府一般也是可预见的。总统制的分权制衡能够产生许多信息，不过相互攻击的负面信息对于政体稳定而言反而有害。分权体制使得议员对地方选民负责，议会制则有助于促进全国层次上的政党对选民责任。分权体制可能通过制衡促进政府对选民负责，但决

[85] John Gerring, Strom C. Thacker, and Carola Moreno, Are Parliamentary Systems Better?, 42 *Comparative Political Studies* 327-359 (2009), p. 330.

策机构过多将鼓励相互指责并模糊责任。严格的责任制未必导致良好治理，尤其是如果选民诉求是短视、离谱或简单错误的，譬如在关闭不需要的军事基地、对受保护行业取消贸易壁垒或预算平衡领域等涉及短期利益的决定，过于分散的分权制度可能更容易产生公共物品的政治滥划。[86]

分权体制有助于政治环境的稳定性，使政府能够对政策作出可靠承诺；议会制则有助于打破既得利益，使得政治更能灵活回应变化的社会需求。分权制的固定任期保证短期稳定，但行政稳定也可以让一个失去合法性或追求错误政策的总统继续留任。分权体制也为不同利益集团和新观念提供更多影响节点，但可能提出的多、落实的少。议会制的政治参与是高度制度化的，总统制则更为个性化，总统、议员、利益集团乃至官僚都相对于机构享有一定的个人独立性，每个人都对政策动议发挥一定作用，因而可能产生更多冲突。总统制的每个分支都代表不同选民利益，因而任何政策都要求高度共识；议会制则相反，一个政党就可以临时垄断立法权，政治冲突发生于选举而非选举之间。分权制下，所有政党都同时参与决策；议会制下，政党按选举结果和联盟协议轮流执政。有效否决越多，政策越倾向于私人化。但增加否决者也可能更能达成帕雷多最优或抵制特殊利益立法，防止多数暴政、民粹立法或低效再分配联盟。总统制可能导致难以决策和国家能力低下，鼓励机构争端、相互掣肘、部门单边主义乃至更高的赤字。[87]

虽然总统制确实有陷入僵局、难以决策和地方主义等倾向，但选举产生的不同官员可能扩大联盟，因而不能说议会制一定比

---

[86] Ibid., pp. 331-332.
[87] Ibid., pp. 333-335.

总统制优越。比较英国、日本、捷克等议会制集权国家和美国、台湾地区、波兰、拉美等分权体制，结论也并非一边倒。智利预算赤字之所以比其它拉美国家小，正是因为总统掌握有效否决权，而国会不能形成全面联盟并创造新的开支项目。[88] 捷克的国有企业私有化大刀阔斧，波兰的国企改革则在中央层次停滞不前，最后靠地方分权解决。政府分支或政党越多、内部越不团结，否决博弈者越多，决策交易成本越高，但决策也越稳定，更照顾私人利益。即便分权，但如果不同权力部门共享统一目标，还是可能合作。目标一致需要同样的多数党、同时选举、选举以全国性纲领而非候选人为中心，许多貌似总统制的问题其实是政党和选举制度的问题。[89] 总统的主动立法权或否决等反应性权力也能发挥一定作用，譬如阿根廷、智利、台湾地区预算须由总统提出，议会不得增加预算。总统律令权可能是危险的，但或许不如想象那么大；台湾地区总统没有律令权，但一般认为权力很大。政党集权和封闭名单等强化措施能解决一定问题，但也会带来政党腐败。[90]

除此之外，总统制和议会制国家还呈现出其它方面的差异，尤其是二者在选票—议席比例上差异明显。不论是发达还是发展中国家，议会制国家的票席比偏差不高于 17%，偏差高的几乎都是总统制国家。这主要是不同选举制度产生的差异。总统和议会选举制度本身可能不同，从而产生不同的选民图谱。联邦制的参议院更是会出现系统性的票席比偏差，而总统制的参议院往往享有平等立法权，议会制的参议院则一般权力更弱。如果要保证议

[88] Stephen Haggard and Matthew D. McCubbins eds., *Presidents, Parliaments, and Policy*, Cambridge University Press (2001), pp. 13, 16.
[89] Gerring, Thacker, and Moreno, Are Parliamentary Systems Better?, pp. 320-321.
[90] Ibid., pp. 322-324.

会和总统一致，最好采用一院制或使参议院的选举制度和总统选举一致。譬如一院制秘鲁以及哥伦比亚和菲律宾的参议院选举设置了单一全国大选区，选区公平划分的一席选区制合起来也和总统大选区一致。

通过选举制度加上选举周期是否同步、选举究竟以政党还是候选人为中心，舒加特构造了总统和议会之间的目的分离指数，发现 1986-90 年巴西最高，在满分为 10 的指标中达到 7，俄罗斯为 6，韩国、台湾和 1994 年之后巴西为 5，拉美多数国家的分离指数为 3 以下。[91] 总的来说，总统权力越大，目标分离指数越高；分离指数越低，则表明总统权力越小，而政党团结变得很重要。在总统与议会目标分离指数高的国家，议会制几乎注定不会运行很好。欠发达的议会制国家只有采用西敏寺体制，比例代表制下的多党合作几乎注定失败。总统制则可以授权全国选举产生的总统人选影响立法结果，譬如限制开支。

（2）社会绩效比较

统计分析表明，议会制在社会决策方面总体占优。议会制和官僚质量、电信发展、基础建设、低关税、投资、人均收入、人的发展正相关，在治理和经济方面的表现指标全面超越总统制。议会制的优越性可能体现在更强大的政党、共治主义的利益组织、官僚分支中更紧密的主人—代理关系、全国层次上的中央选举责任制、灵活的决策能力、更为制度化的政治互动和更有决策力的领导。议会制或许是更有效的协调机制，因而有助于解决共同决策陷阱、偷懒、公地悲剧、集体行动困难、囚徒困境、搭便

[91] Matthew Soberg Shugart, Presidentialism, Parliamentarism, and the Provision of Collective Goods in Less-Developed Countries, 10 *Constitutional Political Economy* 53-88 (1999), pp. 71-74.

车问题、交易成本难题等协调问题。议会制的选民更认同政党，总统制选民则还要看选区的具体候选人。[92]

舒加特对总统制和议会制国家所提供的“集体物品”(collective goods)进行的比较研究部分验证了上文结论，其中集体物品包括更低的财政赤字、工业去管制化、自由贸易、公平增长、普及教育和健康保险等惠及全民措施。在一般情况下，议会制确实对集体物品更有利，但在地区差异巨大的高度分层社会，总统制也许表现更佳，而采用总统制的拉美、前苏联和部分亚非国家恰好是这样的国家。现有赤字开支(deficit spending)、进口保护或规制扭曲体制的受益者必然会反对改革，因而迎合地方狭隘特殊利益的政客肯定不如全国性政党那样能提供全面改革。然而，如果没有全国性政党，总统制更有助于保护地方自治并捍卫地方利益，同时协调地方政治人为全国政策服务，因而比议会制表现更好。[93]

除此之外，二者在基尼系数方面也有明显不同的表现。南美总统制的基尼系数是最高的，其中巴西第一，高达 60（百分制）。东欧等议会制国家的基尼系数普遍较低，但议会制南非例外（58.4）。基尼系数高于 40 的国家中有 18 个总统制、6 个议会制，基尼系数在 40 以下的有 4 个总统制、15 个议会制。南非是最不平等的国家之一，幸而有全国性政党使议会制民主有效运行，得以实施较有效的平等化政策。但是除了墨西哥、哥斯达黎加和委内瑞拉之外，许多总统制国家却没有类似全国性政党。在这种情况下，总统权力部分解决了强政党缺位带来的问题，譬如巴西、

---

[92] Gerring, Thacker, and Moreno, Are Parliamentary Systems Better?, pp. 353-354.

[93] Shugart, Presidentialism, Parliamentarism, and the Provision of Collective Goods in Less-Developed Countries, pp. 55-56.

哥伦比亚、厄瓜多尔、秘鲁、菲律宾的强总统部分补偿了其碎片化的弱政党体制。在抑制不平等方面，如果不存在全国性政党，议会制反而不如总统制。[94]

舒加特通过拉美等国的社会状态，譬如不平等程度高、国家规模大、社会差异大等特点，说明全国性政党体制等因素的重要性。如果形成全国性政党有难度，那么议会制也不可行，或许还不如总统制。在这种情况下，总统权力必须足够大，才能主导议会立法。但他只是一开始宣称总统制可能更能促进集体利益，却没有对这个假定做统计分析。事实上，这类假设都可以通过统计分析加以验证。另外，他也没有探讨制度绩效和社会绩效之间的关系，譬如总统和议会之间的目的分离指数是否和不平等程度呈现正相关。这类研究或许有助于揭开哪一种体制表现更优的答案。[95]

3. 议会更发达、民主更强大?

无论是议会制还是总统制，议会都是最重要的国家机构。统计数据表明，议会是民主的引擎；议会更发达的地方，民主更强大。即便在总统制国家，议会和民主也是共生的。美国、墨西哥、乌兹别克斯坦同为总统制，但美国国会权力很大；相比之下，墨西哥国会权力小得多，乌兹别克斯坦国会则完全无权。俄罗斯、哈萨克斯坦、波兰、蒙古都是半总统制，但波兰和蒙古是议会主导；俄罗斯和哈萨克斯坦则属于总统主导制，议会被边缘化。对前苏联和东欧等 32 个转型国家的统计分析表明，议会权力指数和“自由家园”(Freedom House)指数的相关度很高。封闭政体制定的宪法很可能会产生弱议会，并把大部分权力集中在总统、执政党总书记或军事领

---

[94] Ibid., pp. 81-83.

[95] 对于民主和平等及其它社会绩效之间的关系，参见包刚升：《民主的逻辑》，社会科学文献出版社 2018 年版，第 266-284 页。

袖那里。[96]

然而，制宪之初的自由家园指数却和议会权力指数关系不大，说明二者的因果关系并非更自由开放的政体造就权力更大的议会，而是反过来。取 2003-05 年自由指数（0-1，越低越不自由）的差值，6 个退步国家的议会权力指数（0-1，越高权力越大）全都不到 0.6；14 个进步的国家中，11 个国家的议会权力指数超过 0.6，说明议会权力直接影响民主化。即便控制了经济发展变量，二者的统计关系仍然显著。转型之初，集权压力强大，而司法能力不足，因而需要议会控制行政权滥用。同时，议会羸弱会抑制政党发展，最终抑制政治竞争和政治参与。[97]

前苏联和东欧国家的转型经历颇为说明问题。1992 年末，波兰实施“小宪法”的时候即已经属于民主国家；另一个极端是乌兹别克斯坦，自由指数为 5.5，长期没有民主化。俄罗斯和保加利亚在二者之间，1991-93 年制宪时自由指数为 3.5，为“部分自由”政体。但二者随后分道扬镳，沿着相反方向发展。2005 年，保加利亚的自由指数降到 1.5，和希腊日本同类；俄罗斯则上升到 5.5，和埃及与巴基斯坦一样不自由，还不如也门和乌干达。

除了制度选择之外，俄罗斯和保加利亚在其它方面大致类似，因而并不能解释两国在转型之后出现的显著差异。在转型之初，俄罗斯的经济基础比保加利亚更胜一筹。1990 年，两国农业人口都是 14%；俄罗斯人均 GDP 为 3700 美元，比保加利亚的人均 1700 美元高得多。当然，保加利亚有加入欧盟的诱惑，而俄罗斯没有。另一方面，俄罗斯虽然边界变动较大，但周边环境稳定，保加利亚则被南欧这个“火药桶”包围着。两国多数国民都信奉东正教，也都有相当大的穆斯林群体。归根结底，两国的实质差别在于宪法模式选择：保加利亚选择了强议会，权力指数高达 0.78，总理权力大于总统；俄罗斯则选择了强总统，议会权力指数只有 0.44，对于内

96 M. Steven Fish, Stronger Legislature, Stronger Democracy, 17 *Journal of Democracy* 5-20 (2006), pp. 9-10.
97 Ibid., pp. 12-13.

阁形成和监督影响很有限，根本无力限制总统权力滥用。[98] 叶利钦和普京都严重滥用权力并操纵选举，普京更是垄断所有电子媒体为其宣传。相比之下，保加利亚总统的权力受到有效限制。1998年，退休了的首任总统 Zhelev 说他觊觎俄罗斯宪法和叶利钦的权力，却无可奈何花落去。强大的议会促进了保加利亚等转型国家的政党发展。保加利亚共产党转变成左翼的社会党，主要选民是农村和小城镇教育程度较低的人口；右翼则是民主力量联盟 UDF，主要代表大城市选民；“权利与自由运动”将土族人整合进国家主流政治，并制约极端民族主义。

由此可见，议会权力决定政党力量和国家民主的健康程度；如果宪法制度设计的议会权力大，那么民主政治会在议会实践过程中得到改良。俄罗斯和保加利亚等国之间的比较充分说明，议会权力是转型成功的制度关键；二者原来都是半总统制，制宪后却分道扬镳并收获完全不同的结果。2005 年，没有一个议会权力指数超过 0.6 的国家，自由家园指数高于 3。这其中包括贫穷的蒙古、马其顿和保加利亚，族群关系紧张的斯洛伐克和拉脱维亚，面临内乱的克罗地亚以及经历保证的阿尔巴尼亚和罗马尼亚。也没有一个议会权力指数低于 0.5 的国家，自由家园指数小于 3。强大的议会能够有效制约总统，并保证行政的横向责任，同时也为政党组织建设提供动力。政党力量和议会权力正相关，而强政党能够更有效地连接选民和官员，进而促进政府对人民的纵向责任。[99]

转型之后，“自由家园”指数和议会权力指数极高度相关，几乎呈完美直线，而俄罗斯又是处于倒数 1/3，只有白俄罗斯和中亚国家更低。超总统制不仅损害了政体合法性，而且抑制了公民参政热情。活跃公民比例和议会权力指数也正相关，阿尔巴尼亚就比俄罗斯高得多。[100] 同时，政治职业化程度低，国家机构脆弱，也直

98 Ibid., pp. 13-15.
99 Ibid., p. 8.
100 Ibid., pp. 216-227.

接削弱了腐败控制力度。[101] 1993 年以来，俄罗斯议会一直羸弱。参议院原先直选，2000 年以后变成由各省在总统影响下指定，因而变得更弱。1999 年底，想要削弱总统权力的各路人马纷纷准备竞选，没想到叶利钦自行辞职，扶植了一位年富力强的接班人，议会扩权也就一直搁置。2003 年议会选举，普京通过操纵和舞弊获得了议会支持。普京追求的是族群包容的大民族主义，统一党和政府高层都有少数族群人士。他的软肋是超总统制下的个人崇拜，而这和民主背道而驰；大概只有普京威望下降，俄罗斯才有希望重归民主。当下，议会羸弱，政党注定也弱，自民党变成了以支持换赏钱的傀儡，即便少数反对党也职业素质不高。俄罗斯总统确实很强大，但这不代表国家也强大，而其腐败也依然居高不下。[102] 不论是总统制还是半总统制，都需要一个强大的议会和政党体系。

4. 一院制还是两院制

最后，不论议会制还是总统制都需要回答一个议会设计问题——一院制还是两院制。2001 年，国际议会联盟承认 178 个议会制民主，其中 63 个两院制。新西兰、丹麦、瑞典已经撤销参议院，波兰、捷克和南非则建立了第二院。我们对 196 个国家或地区的最新统计表明，两院制国家的数量几乎和一院制旗鼓相当，分别为 88 和 108 个，而两院制和人口与地理规模具有显著相关性。一院制平均人口和版图分别为 2808.6 万人和 38.4 万平方公里，两院制平均人口和版图则分别为 4888.6 万人和 105.1 万平方公里。显而易见，国家版图越大、人口越多，采用两院制的概率越高。

由于人口和版图与联邦制也有显然的相关性，联邦制和两院制紧密相关。“世界宪法制度指标”的最新统计显示，单一制国家多达 154 个，联邦制国家只有 31 个，另外 11 个具有联邦特征的单一制国家或地区。单一制国家的平均人口和版图分别为 2491.1 万人和 35.7 万平方公里，联邦制国家的平均人口和版图则分别为 1.04

101 Ibid., pp. 230-242.
102 Ibid., pp. 266-269.

亿人和 239.1 万平方公里。表 2.2 说明，相当多的单一制国家（58 个）也采用两院制。相比之下，几乎所有联邦制国家都有第二院，只有密克罗尼西亚、圣基茨与尼维斯、苏丹和委内瑞拉是一院制的联邦国家，但前两个是特殊情形的微型岛国，苏丹 2019 年宪法只是一部表达了联邦意向的临时宪法，委内瑞拉“查韦斯宪法”的“联邦制”则徒有虚名，实质和中央集权单一制无异。因此，真正意义的联邦国家都是两院制，两院制可以说是构成联邦制的一个必要条件。

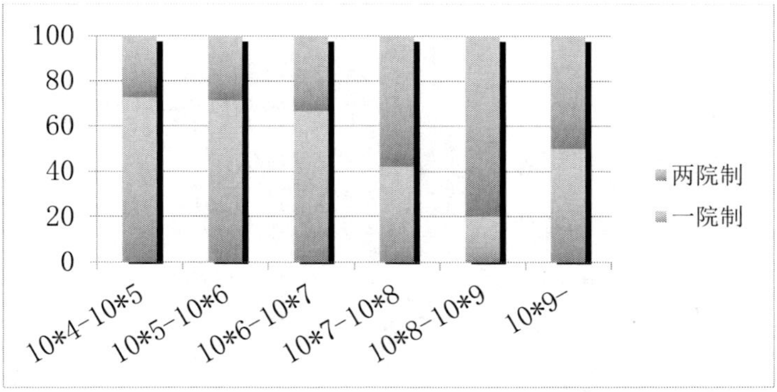

图 4.2a：两院制与人口的关系（国家数量占比）

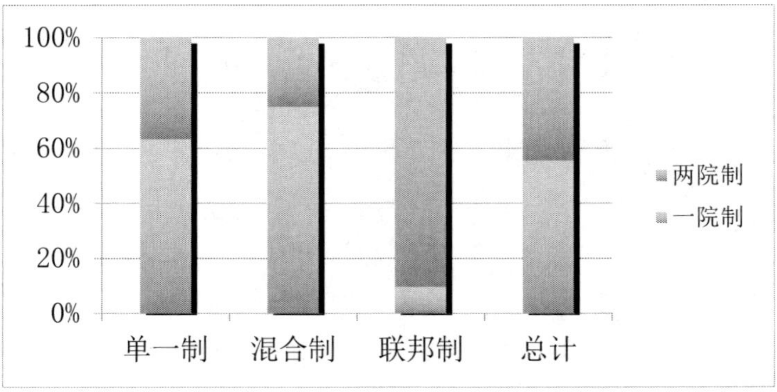

图 4.2b：联邦制与两院制的相关性（国家数量占比）

数据来源：“世界宪法制度指标”数据库。

拉塞尔认为，第二院大致有 4 种功能。一是代表和众议院不同的利益，二是在政党控制的众议院之外提供独立观点，三是在决策过程中发挥否决博弈的作用，四是分工和分担众议院的立法负担。和简单的多数主义模式不同，第二院是共治主义模式的要素，并显著增强了议会监督作用。两院制的起源是贵族制，譬如英国的上下院。[103] 后来演化为少数群体的保护机制，最早是 1922 年爱尔兰自由国；天主教多数控制下院，参议院则一半选举、一半任命，保证统一党的代表。上下院之间的不断分歧导致 1936 年废除参议院，1937 年宪法代之以建立在职业而非地理代表机制。1999 年之后，英国上院绝大多数为保守党的终身议员实质性退场，现在主要按行业资历来任命。和英国类似，加拿大参议院全部是任命产生的，也是从文学艺术、科学或社会服务等各行各业。由于上下院构成不同，英国和澳大利亚等两院制促进了共识政治。

如上所述，第二院和人口与地理规模显著相关，几乎所有大国都有参议院。据 1996 年统计，两院制国家的平均人口是 4700 万，一院制国家只有 2400 万。当时 22 个联邦制中，18 个是两院制；156 个单一制民主中，则只有 40 个两院制。这组数据基本符合我们的上述最新统计。无论联邦制还是单一制，参议院最通常的代表对象是地域。德国参议院由州政府成员组成，奥地利和印度由州议会选举产生，法国和爱尔兰参议院由地方议员占主导的选举院选举。[104] 参议院一般照顾人口少的州，譬如澳大利亚 6 州人口从 45 万到 600 万，但各州 12 名参议员；南非 9 州各 10 名，德国最大州是最小州人口的 30 倍，但参议院席位才 2 倍。不过从表决样式来看，无论是参议员投个人票还是投联票(block vote)，似乎都不能体现参议院的地域性。

绝大多数第二院的权力和第一院是不对等的。除了美国与澳大

---

103 Meg Russell, What Are Second Chambers For?, 54 *Parliamentary Affairs* 442-458 (2001), pp. 442-443.
104 Ibid., p. 444.

利亚，参议院权力一般不如众议院；内阁不对参议院负责，但也不能解散参议院。如果参议院没有通过内阁提出或众议院通过的法案，众议院一般可再次通过使法案生效。英国上院可延迟立法 1 年，爱尔兰只能延迟 3 个月，西班牙 2 个月。即便短暂的延迟也可能产生影响，如 1980 年代中期，法国参议院反对社会党内阁的国家支持私立学校立法，反对党成功煽起公众反对情绪，致使政策流产。尽管众议院立法权优先，但日本、法国等国要求修宪获得参议院批准，成本可能比公投或美加澳的各州批准要低。

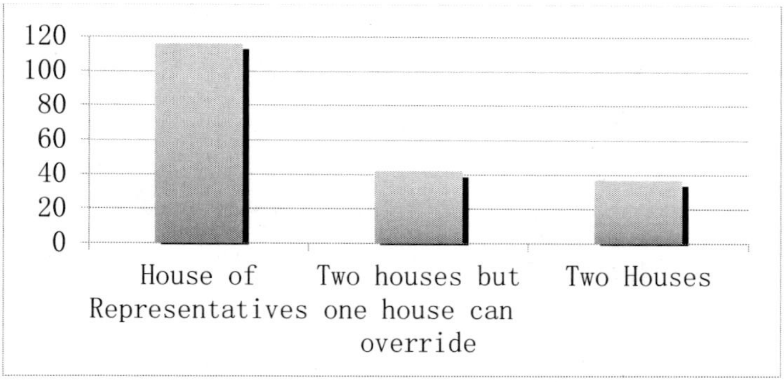

图 4.3：一院或两院立法权分布（国家数量）

数据来源："世界宪法制度指标"数据库。

和众议院相比，参议院的长处体现在其独立性、共识决策以及对内阁及其立法的监督，短处在于立法僵局或延误、低效率或重复劳动、无足轻重并被边缘化。意大利两院同天选举，产生方式几乎一样。两院权力几乎相等，参议院也有权不信任表决，只是规模更小、年龄更大。[105] 有效两院制的参议院应该有相当的权力、不同的构成和足够的民主正当性。第二院为多数主义决策带来了共治主义因素，但要比合作型内阁更为灵活。它也融入了总统制因素，可以放开批评政府，但不至于倒台。[106] 对于大国，参议院的存在无

105 Ibid., pp. 453-454.
106 Ibid., pp. 455, 457.

疑具有正当性与必要性。在积极方面，参议院的功能有融合族群和地区；在消极方面，参议院也有助于保护少数人权益、防控多数人暴政。至于年龄大、经验丰富、独立性更强，似乎并不足以为建立第二院提供充分理由。

六、结论

和议会制相比，总统制有三个主要特征：不对议会负责，因而一般任期固定；选民直选或选举院选举产生，行政向选民授权的个人负责。虽然美国总统可被国会弹劾，但弹劾是一种非常权力，不应被国会频繁使用。反过来，分权逻辑也禁止总统解散享有民主授权的议会，尽管某些"超总统制"国家并不遵守这一逻辑。相比之下，议会制的特征是责任内阁，权力经由议会从选民委托给行政。实际上，内阁通过政党纪律也对议会实施实际控制。然而，议会制并不能保证政党支持；如果没有多数党，政党也可以倒阁而不接受任何制裁。[107]

虽然在行政的立法成功率上，议会制全面超越总统制，不仅总体上 80.2%对 62.6%，而且无论多数少数还是联盟都压倒总统制，但是总统制的表现也相当不差，一党少数派的立法成功率仍有 61.3%，议会制更是 79.3%。因此，少数派执政并不是失败，而是和多数联盟一样立法成功。

议会制统计数据确实优于总统制，但制度原因还是经济或历史原因？比较研究表明，总统制未必造成立法僵局，僵局也未必导致崩溃。统计上，总统制的少数派政府比例确实更高，但议会制也不少，而少数派政府未必导致立法僵局。如果有效政党数处于中间，少数派总统概率最高，总统制似乎也高度不稳定，不论形成联盟与否。

三权分立意味着议会可以阻挡总统政策，因而绝大多数总统制国家赋予比美国总统更多的立法权，譬如拉美国家总统一般享有逐

107 Thomas Poguntke and Paul Webb eds., *The Presidentialization of Politics: A Comparative Study of Modern Democracies*, Oxford University Press (2007), pp. 2-3.

项否决权、紧急状态权和律令权。绝大多数总统制由总统负责立法和决策，国会则负责监督，因而总统近乎享有独裁权力。这就要求总统任期受到严格限制。绝大多数总统制宪法都规定了总统任期。1946-96 年，只有 18%纯总统制国家没有限制任期；另外 18%规定总统只能连任一次，只有 28.3%的总统才有连任机会。直到 1991 年，最常见的限制是总统不得连续连任。之后，阿根廷和巴西都像美国一样明确规定连任一次。1950-2000 年，没有规定任期限制的 22 位总统中，只有 6 位连任被击败，8 人顺利连任，概率 1.3。相比之下，议会制总理的连任概率只有 0.66。[108]

笔者以前一直认为，美式总统制差不多也就是美国能玩得转。但是从 2020 年以来的两次大选观察，总统制在美国也越来越玩不转了。民粹主义领袖川普的再度上台直接威胁了原以为十分稳固的美国法治，以至于离任总统拜登不得不特赦自己的儿子，[109] 甚至在考虑“预防性特赦”(preventive pardon)，以保护反川人士之后免遭迫害。拉美及许多非洲国家的总统制比美国模式更集权，也为害更烈，直接加速了这些国家的民主崩溃。当然，自 1990 年代林茨教授提出“总统制的危机”命题以来，总统制和议会制的比较一直是一个争议话题，但双方不争的事实似乎是，议会制的制度表现全面领先于总统制——尽管领先的原因究竟是否制度本身尚有争议，而多数国家由于历史路径依赖和社会大众心理等原因，并没有告别总统制、选择议会制的自由。为总统制辩护的学术观点多建立在制度绩效比较的统计分析基础上，但是对拉美和非洲总统制国家的个案观察不难发现，无论这些国家缘何选择了总统制，集权总统的个人独裁、民粹主义及其和议会产生冲突与死结的倾向显著增加了这些国家的转型难度，绝非中国未来的制度样板。

和这些国家相比，美国的民主与法治传统无疑要深厚得多，因而 2020 年大选尚能有惊无险，但是在任总统为谋求自己连任而有

108 Cheibub, *Presidentialism, Parliamentarism, and Democracy*, pp. 164-167.
109 张千帆：“拜登晚节不保？美国法治面临考验”， FT 中文网，2024 年 12 月 4 日，https://www.ftchineselive.com/story/001104957.

这么大的能量调动体制内外资源，也确实让人为它捏一把汗。即便有各大媒体监督、体制内分权掣肘、独立法院对选举合法性的维护，当时仍然无人能断言总统权力交接之前不会出更多的“幺蛾子”。不论是谁，一个人能有这么大的权力，以至连如此成熟的美国宪政体制都差点驾驭不住，这不能不说是美国“总统制的危机”。其实，即便没有此次危机，美国总统政治也不正常。每当我看到“天降伟人”台上大手一挥开始满嘴跑火车，台下则红山红海一片欢腾，厌恶之心发自本能油然而生。事实上，众多美国人也是如此：不论谁做美国总统，都会有近乎一半的美国公民怀有强烈的反感。从克林顿、布什、奥巴马到川普，数量几近相当的双方对几乎每一任总统的评价都是截然相反；恨他的恨得要死，爱他的爱得要命。除了洗脑体制下的极权领袖之外，我没见过有哪个人像美国总统这样同时收获这么多的爱和恨。为什么会这样？我只能找到一个原因，那就是这个人太重要了、权力太大了，人民太在乎他了，以至不论谁来做，总统这个人就在分裂他的国家并加剧政治极化。四年之后，拜登总统上任时承诺的结束美国分裂不仅没有实现，反而有所加剧，以至于一位被弹劾过两次并戴罪参选的民粹领袖再次重新当选总统，让世界各国的“吃瓜群众”都大跌眼镜。美国确实病了，而总统制是一个重要病因。

当然，总统制和“三权分立”是美国宪法的根本制度；问题再大的宪法制度一旦实施起来，尤其像美国这样实施了两百多年之久，必然带有巨大的历史惯性。加上联邦宪法本身的修宪难度，要美国改变总统制无异于天方夜谭。另外，“胜者通吃”的选举院制度不仅造成总统选举结果扭曲——获得选民多数票的候选人反而可能败选，[110] 也使双方选票接近的“摇摆州”结果对选举舞弊或计票错误更为敏感——有时甚至可能决定整个大选的结果。[111] 哪

[110] 譬如 2016 年总统大选，希拉里克林顿赢得的选民票比川普多了 2%，选举院票却以 232: 306 大比分落败。参见 2016 Presidential Election Results, *New York Times*, 9 August 2017, https://www.nytimes.com/elections/2016/results/president.

[111] 参见张千帆：“论美国总统大选中的宪政问题”，《中外法学》2001 年

怕选票只差了万分之一，就将失去该州全部的选举人票——这是美国当下48州的选举院体制，只有内布拉斯加与缅因两州例外。如果能像这两州那样按选民票比例分配选举人票，或能降低地区选举不规则对大选结果的影响及其对选举公正性引发的质疑，而州层级的选举院制度改革并不需要联邦修宪。尽管如此，选举院的技术改革并不能从根子上解决总统制度本身的"胜者通吃"。大选尘埃落定后，美国人应当开始思考这个问题了；否则，四年一度"胜者通吃"的大选只会继续加剧美国社会的分裂。

相比之下，以西敏寺模式为代表的英国或德国议会制会更加理性平和，因为没有"胜者通吃"。总理或首相固然重要，但是不如总统重要，内阁在很大程度上集体决策。即便像英国这样的两党制国家，内阁成员悉数由多数党出任，内阁仍须向多党构成的下议院负责。议会多一名工党、少一名保守党，甚至出现议会选举舞弊指控，固然也是一件事，但无需激动亢奋，因为不会改变议会多数的大局。多党制德国设置了一位总统，但几乎没有实权。既然连最大党都得不到过半数议席，内阁必须由最大党（目前基民盟）与其它党联合执政。利普哈特甚至提倡"共治"(consociational)模式，也就是内阁按议席比例实行政党大联盟，其普遍意义的可行性固然可以质疑，但是某些"深度分裂"(deeply divided)社会的政治实践似已证明共识模式行之有效。如果这类国家实行"胜者通吃"的集权总统制，必然会加剧族群、宗教、语言等维度上的社会分裂和政治极化，甚至很快退回到内战状态。

综合权衡总统制和议会制的利弊之后，本文的结论是议会制总体上优于总统制。这个结论对于中国有什么意义？如果说总统制国家因为制度惯性很难改弦更张的话，那么中国应当感到幸运：1982年宪法规定的人大制度还是不错的。事实上，人大制度和英国西敏寺模式本质上相似。虽然县级以上人大代表的间接选举可能带来问题，但至少县乡两级基层人大是选民直选产生的。如果能把基层选

第4期，第385-417页。

举落到实处，让基层人大真正发挥代议职能，那么不仅能有效解决官员腐败和公权滥用等基层治理问题，而且将有助于维护政权稳定。这意味着纵然人大选举和议事制度仍存在各种问题，但解决问题的基本方式是在现行宪法的制度框架下渐进改革，而不是改换成总统制或别的政体模式。[112] 即便等未来条件成熟要设计新宪法的时候，最佳也是最自然的选择仍然是议会制——当然，需要代表地方利益的第二院；参议院的权力未必需要和众议院完全对等，但可以借鉴德国模式，涉及地方利益的立法要求同时获得参众两院批准。如果需要设立“总统”，这个职位也应该和德国总统或中国的国家主席一样，只有象征性权力。

[112] 参见北京大学人民代表大会与议会研究中心：《世界各国代议制度与中国人大制度比较研究》，未发表。

第五章：政党与选举制度

以上讨论显示，议会制与总统制等立法—行政权力关系安排不仅会影响宪法制度的运行，而且可能关系到政体稳定性本身。其中最关键的因素是政党数量与政党内部的整合程度，而一个国家的政党结构很大程度上取决于它的选举制度。根据“杜瓦杰定律”(Duverger’s Law)，单一席位选区(single-member district)制（以下简称“单选区制”）倾向于产生两党制，政党结构稳定但议席—选票比扭曲；比例代表(proportional representation)制则倾向于产生多党制，政党林立多变而议席与选票比更为均衡。[1] 在两种纯粹选举制度之间，不同选举制度变量组合而成诸多中间变种，各国可供其具体情形和需要而妥善选择。

根据“世界宪法制度指标”课题对 196 个国家的不完全统计，各国对议会选举制度的选择确实呈现出极为多元化的样态。在我们目前力所能及的统计范围内，发现有 87 个国家或地区采用了单选区制，53 个国家或地区采用了比例代表制，43 个国家或地区采用了某种形式的混合选举体制。另有 11 个国家或地区的宪法或基本法规定的选举制度和职业相关，和族群、性别、宗教信仰相关的分别为 14、10 和 7 个，还有 4 国为弱势群体或低等种性保留议席。

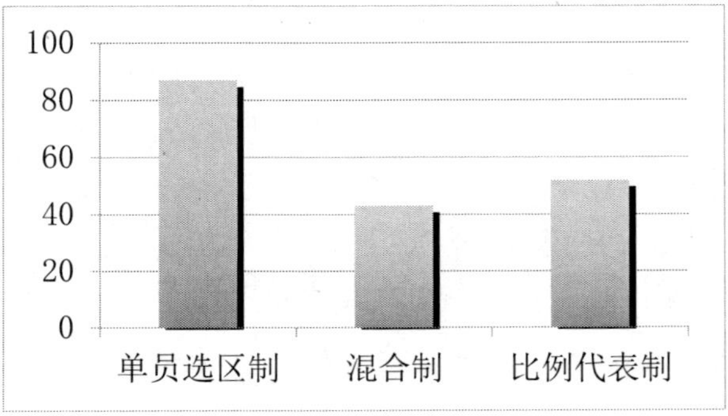

1 参见 Maurice Duverger, *Political Parties*, Wiley (1954).

图 5.1：各国选举制度统计（国家数量）

数据来源："世界宪法制度指标"数据库。

统计分析显示，选举制度和地域及文化具有显著相关性。譬如拉美和作为前英国殖民地的非洲国家更倾向于选择单选区制，尤其是作为前英殖民地的大洋洲和太平洋岛国基本上都选择了单选区制；作为前法国殖民地的非洲国家则更倾向于选择比例代表制或混合选举制，曾被德国殖民的布隆迪即选择比例代表制。另一方面，文化并不简单决定选举制度的选择，譬如也有受英国影响的非洲国家选择比例代表制或混合制；1996 年，议会体制和英国很相似的新西兰"倒戈"选择了混合代表制。

一、政体、政党与选举制度

政治制度不只是宪法文本规定的那几行字，也不可能在没有人的政治真空中运行。宪法规定的国家权力是由一个个活生生的人行使的，国家权力如何行使、行使到哪一步、不同权力之间如何互动，最终都取决于掌握国家权力的人和人、机构和机构、党派和党派之间的互动方式。现代民主中最重要的政治组织无疑是政党，选举和议会政治都是在政党组织和参与下展开的。不夸张地说，政党是决定任何国家民主成败的关键；没有良好的政党制度，议会制与总统制如同空中楼阁，抽象比较它们的优劣也就毫无意义。英国和德国议会制之所以能够运行，主要靠内阁和适应议会制的政党。如果总统制国家没有这样的政党制，即使换成议会制也是白搭。拉美国家多是如此，譬如巴西政党体制就是一团乱象，政客和政党就是相互租用的关系，频繁换党，而总统漂浮在权力真空上，一盘散沙的议会不可统治。智利、两党制的阿根廷或 1999 年之前的委内瑞拉也许适合议会制，但有了相对有效的政党制度，总统制也并非那么糟糕。[2] 由此可见，政党与选举制度设计甚至可能比总统制—议会制

2 Giovanni Sartori, Neither Presidentialism nor Parliamentarism, in Juan Linz and

选择更为重要。

近代以来，政党几乎成了民主的代名词。近代史上，政党政府源远流长。据说伯克是提倡政党政府第一人，里程碑事件是 1783 年，辉格党主导的议会对国王内阁投了不信任表决。但很快，英国内阁就控制了政党在议会的全过程。[3] 欧美政治历史表明，政党对于现代大众民主是不可或缺的。社会学者米歇尔指出，“无组织民主是不可想象的”。既然政党的作用如此重要，许多国家的宪法明确规定了政党制度。在“世界宪法制度指标”课题统计的 196 个国家中，有 115（59%）部宪法规定了组党自由，82 部宪法在正文中规定了多党制，41 部宪法规定了政党代表大众意志并组织选举的义务，57 部宪法规定了政党的合宪性要求，81 部宪法规定了自卫型民主机制。另外，41 部宪法禁止宗教、族群或区域政党，35 部宪法规定政党可被法院取缔。当然，也有 3 部宪法在序言、5 部宪法在正文中规定了一党领导。由此可见，建立在组党自由基础上的多党制已是大势所趋。

另一方面，政党的组织化“造成被选举者统治选举者、被授权人统治授权人、被委托者统治委托者”。[4] 政党的两面性也为其当代衰落埋下伏笔。随着第三波民主出现逆转，美日欧民众对政府的信心普遍减弱。年轻一代对政党认同度明显下降。这也许不是政党本身的错，而是新闻及其对政治丑闻的揭露导致民众对政客的普遍厌恶等因素。政党组织和财务在许多民主国家也确实存在严重问题，许多政党不再履行传统的代议和治理功能。[5] 政党的衰败对当代民主带来了挑战，其中之一是民粹主义(populism)的兴起。民粹主义一般起源于传统政党民主的失败，以及一些棘手的民生问题得

Arturo Valenzuela eds., *The Failure of Presidential Democracy*, Johns Hopkins University Press (1994), pp. 112-113.

3 A.-P. Frognier, The Normative Foundations of Party Government, in Jean Blondel and Maurizio Cotta eds., *The Nature of Party Government*, Palgrave-Macmillan (2000), pp. 25-28.

4 Robert Michel, *Political Parties: A Sociological Study of the Oligarchical Tendencies of Modern Democracy*, Free Press (1915/1949), pp. 21, 401.

5 Larry Diamond and Richard Gunther, *Political Parties and Democracy*, Johns Hopkins University Press (2001), pp. vix-xiii.

不到解决。在某种意义上，民粹主义也是民主的一个变种，其特征是直接民主、草根动员、过于简单化、崇拜魅力型领袖、不宽容，并具有走向领袖个人独裁的倾向。[6] 2016 年，特朗普当选总统被认为是民粹主义在美国上演的结果；执政四年，已造成美国政治的两极分化和巨大撕裂。2024 年，特朗普竟卷土重来再次当选，其今后四年对宪政民主的长期影响尚有待观察，而共和党精英悉数为其绑架背书，也昭示着美国政党制度趋于没落。

1. 政党的功能

政党研究的文献汗牛充栋，而不同的学者对政党的类别、性质和功能都有不同阐释。政治学者戴蒙德等将政党职能粗略分为两大类：代表(representation)职能和制度(institutional)职能。代表职能包括形成并整合社会利益，进而产生政策纲领；制度职能则包括雇用党内候选人与领导人，以及在政府内部组织议会和行政。[7]

针对不同的对象，政党的作用又可分为三个层次。一是对于选民，政党的作用在于简化选民选择、教育公民、制造身份标志和政治忠诚、动员选民参与；二是对于政党组织自身，政党的作用在于招聘政党领袖并谋取政府职位、培训政治精英、形成并整合政治利益。三是对于政府，执政党的作用在于形成议会多数并组阁，进而实施政策目标；反对党的作用则在于组织异议和反对力量，进而保证内阁负责、控制行政并维持政府稳定。[8]

戴蒙德等更细致地梳理了政党的七大功能：（1）为选举选拔和任命候选人，（2）为候选人动员选民支持并促进选民参与，（3）按不同问题取向塑造候选人竞争群体的选择结构，（4）代表不同社会群体，（5）将特定利益组合成更为宽泛的选举和治理联盟，（6）形成并维持政府，（7）并将公民融入国家及其政治过程。其中最核心的职能无疑是选拔精英并任命候选人、选举动员、形成议题，以及

6 参见 Yves Meny and Yves Surel eds., *Democracies and the Populist Challenge*, Palgrave Macmillan (2002).
7 Diamond and Gunther, *Political Parties and Democracy*, p. xxxi.
8 Russell J. Dalton and Martin P. Wattenberg eds., *Parties without Partisans*, Oxford University Press (2000), p. 6.

在选举和议会中代表社会、整合利益、形成与维持政府。如下所述，随着近年来政党功能弱化，各国政党的核心职能更多地围绕选举而非利益整合与政策形成。一个体现是左翼对新自由化的集体“投降”，澳大利亚、新西兰和绝大多数西欧工党或社民党都和右派一样主张去规制、私有化、减税减薪。[9]

按照其组织特征，政党又可分为五类：精英、大众、族群、选民、运动。[10] 精英党由社会精英作为骨干力量，又分为地方贵族党和附庸党。精英党没有党纲和意识形态，组织结构比较薄弱，只是为了选举而临时协调动员，一般招架不住对竞选丑闻的曝光。拉美、南欧以及美国北部大城市和南部农村都是这样。[11] 大众党的主体是普通选民，一般有明确的意识形态和政党纲领，意识形态分为社会主义、国家主义或特定宗教，组织方式则可以是多元包容或原始霸权。族群党的成员限于特定族群，一般没有复杂的组织结构，可以围绕某个领袖，也可以更为分散。选民党中有保罗万象型、纲领优先型或个人魅力型。[12] 如果说普通政党主要关注经济分配议题，那么运动党则一般是后现代超物质取向。运动党的组织特征处于运动(movement)和政党之间，左的如德国绿党，右的如奥地利自由运动和勒庞的民族阵线。其主要组织形式是草根松散网络，没有固定结构、等级或中央控制。后工业化时代的极右翼和纳粹一样服从领袖原则，而不问领袖的原则是什么，只是不像纳粹那样主张军事化并将左派当作敌人，而是反对政党和建制概念，具有强烈的排外和种族主义。[13]

政治学者纽曼(Neumann)提出了区分不同类型政党的三大标准：正式政党组织的规模及其行使职能的范围、多元宽容还是原始

---

9 Diamond and Gunther, *Political Parties and Democracy*, p. xvii.

10 Ibid., pp. xiv-xv.

11 Richard Gunther and Larry Diamond, Types and Functions of Parties, in Larry Diamond and Richard Gunther, *Political Parties and Democracy*, Johns Hopkins University Press (2001), pp. 14-15.

12 Ibid., pp. 26-28.

13 Ibid., pp. 29-32.

霸权、核心纲领和意识形态承诺，[14] 并据此将政党分为三类：个体代表党、社会整合党和彻底整合党。个体代表党的主要任务是形成特定社会群体的诉求，社会整合党的任务是为其成员提供各种服务以换取其在志愿竞选服务，彻底整合党则要求成员无条件绝对服从、夺取政权并极端改革社会。杜瓦杰曾提出过类似的“两个半”政党模型：由精英领导的干部党、拥有复杂大组织并全面动员选民的群众党以及列宁式“奉献党”。由于奉献党定义过于模糊，不能独立构成一类。[15]

总体上，政党职能包括代表(representation)、动员(mobilization)和组织(organization)三大方面，主要包括组织选民散户投票、为组织化利益提供渠道、参与议会立法过程、组织内阁并制定政策。[16] 事实上，政党不仅为选民提供一个政策明晰易懂的候选人组合，而且也对进入政府的胜选者进行有效监督。在民主授权从选民到议会、首脑、部长、公务员的逐级链条中，每一级授权都存在代理问题和问责，因而也都需要政治与法律约束，而政党纪律是一个重要约束机制。[17]

2. 政党团结的维护机制

既然政党对于民主来说仍然发挥着重要作用，即有必要考察政党发展壮大的机理。强有力的政党对于政府稳定仍然是必要的，其作用不仅在于组织投票并代表选民利益，而且也在于负责制定和实施政策并对政策后果承担公共责任。英国西敏寺议会民主之所以成功，秘诀就在于中央化、纪律严明和政策取向的政党。政党要发挥有效作用，不仅需要有相当数量来自外部的选民支持，而且必须有

---

14 Sigmund Newmann ed., *Modern Political Parties: Approaches to Comparative Politics*, University of Chicago Press (1956), p. 7.
15 Ibid., p. 5.
16 Stefano Bartolini and Peter Mair, Challenges to Contemporary Political Parties, in Larry Diamond and Richard Gunther, *Political Parties and Democracy*, Johns Hopkins University Press (2001), p. 339.
17 Kaare Strom and Wofgang C. Müller, Parliamentary Democracy, Agency Problems and Party Politics, in Daniela Giannetti and Kenneth Benoit eds., *Intra Party Politics and Coalition Governments*, Routledge Taylor and Francis (2009), pp. 26-27.

能力控制胜选人并参与政府内部的决策过程。一般认为，只有在有效政党数量有限、存在明确的多数党或至少是稳定的执政联盟、政党纪律严明和高度团结的体制，政党才能发挥有效作用，而这些要素和选举体制、议会内部的政党结构、分权模式等制度因素相关。总的来说，政党权力越大、资源越多，内部越团结。

首先，政党对于候选人的选择掌握不同程度的权力。政治人之所以寻求政党，是因为政党增加他们的胜选概率，并降低决策和交易成本。候选人之所以胜选前后都愿意服从政党，需要至少符合两个条件：一是政党必须为他们提供足够的利益，才能让他们服从组织纪律；二是胜选之后立法者之间的政策凝聚力必须足够强大、取向足够一致，才能让选民认为政党标签有用并有信息功能。[18] 在多数制，候选人任命权一般在地方党组。对于比例代表制，封闭名单(closed list)制可以有效排除政党不喜欢的候选人，因而政党高度团结；相比之下，开放名单(open list)制的候选人由选民选择，政党团结度下降。爱尔兰的选票排序转移制也由选民对不同政党或候选人进行排序，致使二战后原先在政党名单上的许多候选人成为独立候选人，数量上比其它 OECD 国家更多。[19] 对西欧 16 国的比较研究表明，发达民主国家的政党团结指数普遍很高；最低的芬兰也达到 88%，最高的爱尔兰则高达 100%，表明大党内部未曾出现重大争议。[20]

其次，候选人胜选之后，政党有必要继续维持对议员或阁员的控制。如果本党议员完全按个人利益或立场投票，屡屡违反政党的政策纲领，那么这样的政党可以说是名存实亡，不仅不能有效控制立法议程，而且连选举标签的功能都发挥不了。因此，政党有动机维持党内纪律并监控政府内本党官员的行为。政党把集体利益内在

18 Ibid., p. 29.
19 Ibid., pp. 38-39.
20 Sam Depauw and Shane Martin, Legislative Party Discipline and Cohesion in Comparative Perspective, in Giannetti and Benoit eds., *Intra Party Politics and Coalition Governments*, p. 105.

化，并监控党员、奖励合作、惩罚背叛。[21] 如果议会决策实行秘密投票，显然会削弱政党监控。既然有野心的候选人必然会在议会之内或之外寻求上升空间，政党对关键政府职位譬如阁员的提名权显然会强化政党对议员的控制。英国、爱尔兰等西敏寺政党模式对阁员遴选发挥很大作用，首先因为议员身份是入阁的前提；比例代表模式的阁员则可能来自议会之外，政党的遴选过滤作用受到削弱。[22] 总的来说，议员一般都想升迁，因而中央选择规则等掌握其命运或能给予其机会的体制会产生更强的政党凝聚力；反之，如果议员存在较强的个人投票动机，则势必削弱政党凝聚力。[23] 另外，信任投票和解散议会给内阁更多权力整合执政党，进而提高执政党的凝聚力。[24]

选举和立法是两个相互联系的政治“舞台”，对于二者关系存在不同认识。双舞台理论认为，选举舞台和立法舞台是相互关联的，选举舞台的动机决定立法舞台的行为。政党就是选举机器，政党的组织、标签、建议和财政控制最终都是为了帮助议员当选。单舞台理论则认为两个平台相对独立，议会政党的主要目的是形成政策。[25] 两个舞台虽然相互联系，但仍然是可拆分的；即便选举舞台衰败，政党仍然会在立法舞台发挥作用。譬如英国早期和欧盟议会经历表明，即便没有选举方面的考虑，议会还是会为了立法而组成党团。[26] 进入议会的党团会有许多立法资源，譬如参与委员会对于立法而言非常重要。许多大陆国家的委员会负责起草立法、审议并以“报告”形式提交大会，而大会提出的修正意见会尽可能由原委

---

21 Strom and Müller, Parliamentary Democracy, Agency Problems and Party Politics, pp. 30-32.
22 Ibid., pp. 36-37.
23 Depauw and Martin, Legislative Party Discipline and Cohesion in Comparative Perspective, p. 117.
24 Strom and Müller, Parliamentary Democracy, Agency Problems and Party Politics, pp. 38-39.
25 Shaun Bowler, Parties in Legislatures: Two Competing Explanations, in Russell J. Dalton and Martin P. Wattenberg eds., Parties without Partisans, Oxford University Press (2000), pp. 158-159.
26 Ibid., pp. 175-177.

员会解决。此外，党团对于约束议员个人行为、议程设置和控制内阁也都发挥重要作用。议员要单打独斗，很难取得成功，譬如议员个人提案的成功率远低于内阁提案。80%内阁提出的法案获得通过，议员私人法案通过率则只有 15%。1949-94 年，德国立法提案中 34%由议员提出，但在通过的法律中只有 18%是由议员个人提出的。[27]

再次，根据杜瓦杰定律，选举体制决定性地影响有效政党数量，进而影响议会的政党结构；如果选区有 M 个席位，政党数量不会超过 M+1。[28] 因此，实行单选区制的国家存在两党制的倾向。但事实上，只有存在强有力的全国性政党，且少数族群被分散在各地，多数制才产生两党制。[29] 二次大战之后，发达国家的有效政党数量有所增加，主要发生在 1970 和 1990 年代。[30] 发达民主国家的政党数量变化很大，澳大利亚、爱尔兰、西德等国只有 3 个，以色列以及意大利的第一、二共和则有平均 10 个之多。[31] 一般来说，政党数量越多，政党之间和党内冲突也越频繁。发达民主的党内冲突数量差别也比较大，最低的西班牙为 8 次、德国 11 次，最高的意大利 50 次、芬兰 44 次。大致趋势是政党之间的冲突在组阁后开始和任期结束之前较高，而党内冲突则随着新一届内阁的执政时间而递增。[32]

对于多党制国家，形成一党多数执政几乎是不可能的。西欧战后 17 国比较研究表明，只有 13%的内阁建立在议会的一党多数，63%是多党联盟；还有 23%并未取得多数联盟的少数党或少数派联

---

27 Ibid., pp. 163-169.
28 Strom and Müller, Parliamentary Democracy, Agency Problems and Party Politics, p. 44.
29 Diamond and Gunther, *Political Parties and Democracy*, pp. xviii-xix.
30 Kaare Strom, Parties at the Core of Government, in Russell J. Dalton and Martin P. Wattenberg eds., Parties without Partisans, Oxford University Press (2000), p. 193.
31 Depauw and Martin, Legislative Party Discipline and Cohesion in Comparative Perspective, p. 105.
32 Thomas Saalfeld, Intra-party Conflict and Cabinet Survival in 17 West European Democracies, 1945-1999, in Giannetti and Benoit eds., *Intra Party Politics and Coalition Governments*, pp. 179, 184-185.

盟执政，为部分反对党议员所容忍。[33] 虽然议会制的政党总的来说比总统制更为团结，但议会制本身情况也很不相同，两党制和一党多数执政的政党相对更为团结。执政联盟对于政客的凝聚作用和对于选民的信息节约作用都有所削弱，政治责任似乎也不明确；政治领导人是幕后交易的产物，不够公开透明，但也不乏成功和稳定的多党联盟。执政联盟的主要问题是政党领袖经常不在内阁乃至议会，如意大利和比利时，因而整合程度没有西敏寺高。联盟谈判过程中，政党领袖必须同时保持党内意见一致和政党之间达成协议，而党内压力容易造成政党谈判破裂。[34]

最后，政党力量也取决于取代政党的替代方案，包括经济利益之间直接协商的共治主义、独立于政党控制之外的议员对选民直接负责的多元主义、议员受民众直接制约的直接民主等。多数国家的公投只是建议性的，但否认公投效力的政治代价很高。发达国家中，瑞士公投数量最多，其次是 1975 年之后的意大利，其它国家则凤毛麟角。共治主义在 1970 年代达到高峰，后来有所衰减。[35] 虽然无党派独立议员有所增加，但并未影响内阁的构成；绝大多数内阁成员都是有党派的，无党派者寥寥无几。二次大战之后，政党对内阁的控制有所加强，但是从 1980 年代开始削弱。1950-95 年，因未获议会信任而倒阁的国家差异很大，最多的意大利达 16 次，丹麦 10 次，英国和澳大利亚则一次没有。因内部分歧而倒阁的仍然是意大利最多，也有 16 次；比利时和芬兰各 14 次，英国、澳大利亚和加拿大则一次没有。[36] 政党在外国的作用确实有所削弱，包括立法层次，独立议员的作用有所增长，但政党仍然保持对政府的控制，尽管未来可能越来越多地需要和议员个体户分享权力。[37]

---

33 Ibid., p. 169.
34 Strom and Müller, Parliamentary Democracy, Agency Problems and Party Politics, pp. 40-41.
35 Strom, Parties at the Core of Government, pp. 182-189.
36 Ibid., pp. 195-199.
37 Ibid., pp. 201-203.

3. 总统越强，政党越弱？

以上讨论显示，立法过程需要领导；各自为政的立法“自然状态”可能如此无序，以至普通议员一事无成，或完全是为了选民服务的私人利益。在理想情况下，议会最好由强大的政党领导；但是在政党碎片化、领导力羸弱的情况下，政党领导力量也可以由总统替代。问题是，长远来看，强总统是不是理想的制度选择？总统权力会不会成为政党发展的障碍？比较研究表明，这确实可以成为一个问题，强政党和强总统是负相关的可替代选择。如果议员已经独立当选并建立其服务于特定地方利益的名声，那么他们会让政党羸弱，以便他们继续提供目标狭隘的利益和服务，但建立固定任期的总统并授权其通过律令制定范围更宽的国家政策。相反，如果突然从威权秩序转型，立法者还没来得及有机会建立个人声誉，因而会依赖政党的集体名誉来扶持个人职业发展。他们会把决策权委托给自己的政党，行政授权则会较少。这样的国家一般会建立议会制，但也可能建立缺乏独立权力的总统制，否决权介乎二者之间。譬如巴西与俄罗斯将偏离既得利益的决策权交给强行政，议会则由被动弱势的党派组成；捷克斯洛伐克和 1980 年代的尼加拉瓜没有什么共同之处，却都出现了至少一个具有改革纲领的强政党。

转型国家尤其会面临政党领导还是总统领导的艰难选择，而选择结果往往是路径依赖的。所有立法机构都面临一个“麦迪逊悖论”：决策过程的代理必须足够能干，把主人要干的活干了，但又不能太能干，以至侵犯了主人自身的利益。[38] 总统如果有军警支持，有可能变得过于强势。这也是许多人反对总统制的缘由，但他们忽视了一个事实：正是这些议员不愿意接受议会制的强政党，所以才引入总统制。如果基层政治人希望发展个人名声，会选择一个主动进攻型总统；反之，如果基层政治人寻求发展政党名誉，会选择弱行政。虽然内阁控制议会，议会制行政是弱的，因为内阁控制

38 Matthew Soberg Shugart, The Inverse Relationship between Party Strength and Executive Strength: A Theory of Politicians' Constitutional Choices, 28 *British Journal of Political Science* 1-29 (1998), p. 9.

的前提是获得议会多数信任。[39] 如果基层政治人要平衡个人和政党名誉，会选择消极回应型总统制。

政治转型模式大致有两种：一是体制内主导的旧体制自由化或经历一段半竞争状态的渐变，譬如自我解压的巴西军事政权；一是体制外主导的政变或革命带来突变，旧体制被推翻。1964-85 年，巴西军政权维持了有效的议会，反对党仍然赢得不少议席。议会自我转化为制宪大会并起草了新宪法，并在解压阶段至少经历了一次大选。贝宁独裁期间没有选举，但 1991 年频繁抗议，独裁者任命由成立之中的政党代表组成的全国大会；大会宣布自己拥有主权并成为临时政府，进而举行多党选举并起草新宪。前者通常内部人主导，后者则一般体制外主导。[40] 如果是体制内主导的解压模式，政治人倾向于弱政党制，譬如爱沙尼亚、波兰、斯洛文尼亚；如果是体制外主导的解压模式，政治人倾向于强度适中的政党制。如果转型是突变，则不论体制内外主导，政治人都倾向于强政党制。[41] 在很大程度上，选举法的特征决定了政党强弱：是否控制候选人提名？是否控制提名顺序？是否有助于聚拢选票？是否多数党？

除了主导力量不明的解压型韩国与匈牙利之外，上述其它假设都得到了验证。在 22 个第三波转型国家中，16 个显示出政党和行政力量的反比关系，而不存在强政党—强总统和弱政党—弱行政组合。弱政党—强行政组合有巴西、哥伦比亚、俄罗斯、乌克兰，反之有贝宁、捷克斯洛伐克、洪都拉斯、尼加拉瓜、巴拉圭、秘鲁、罗马尼亚、西班牙。先前已经有过议会民主经验的国家没有体制内解压转型，可能是因为如果有过强政党促进的议会民主，那么外部运动发挥重要转型作用的可能性就会大得多，譬如华沙条约和波罗的海绝大多数国家。欧洲板块的中强政党国家都选了议会制，表明历史传统具有不可忽略的影响。[42]

39 Ibid., pp. 10-12.
40 Ibid., pp. 13-15.
41 Ibid., pp. 16-18.
42 Ibid., pp. 26-28.

4. 杜瓦杰定律

和“最大的胜者通吃”总统相比，议会是“唯一获得民主合法化的机构”，政党政治主要以议会为平台展开，因而议会选举尤其重要。衡量议会选举的标准有两条：稳定性和代表性，对应于效率与公平。作为代表选民利益的立法机构，议会的构成必须公平体现不同党派的力量，议席应当和党派规模成比例；另一方面，党派也不应太多，否则不仅会削弱政党力量，也会降低议事与立法效率。可惜，效率与公平二者“鱼与熊掌，不可兼得”，因而各国宪法设计不得不按自己的需要有所权衡。一个成功的选举制度需兼顾效率与公平，既能保证议会的代表性，也不至让政党数量失控。

如果选民只能在两党之间选择，那么效率很高，但代表性不够；如果选票上选择很多，代表性足够，但评估责任性并通过选票决定政府构成就变得困难。因此，政党选项的数量和选举决定性呈负相关。英国、新西兰议会的代表性不够，但责任性强，比利时和意大利则反之。希腊、西班牙、挪威、瑞典似乎平衡最好，但希腊 1980 年代后期接连两次两个最大党未能获得多数，也未能找到如意搭档。如果选民有两个代理——议会和总统，或许能同时实现代表性和责任性两个目标：议会选举以代表性为目标，总统选举则以责任性和可识别性为目标，而总统对内阁任命分享某些权力。当然，宪法必须清楚规定两个代理之间的相对权限，而选举制度则应当在保证代表性的前提下适度限制政党数量。

众所周知，“杜瓦杰定律”断言单选区加相对多数制倾向于产生两党制，“杜瓦杰假设”则推论多席选区加比例代表制倾向于产生多党制。杜瓦杰本人认为，民族和社会结果等因素对于决定政党数量更为重要，选举规则往往只是加速器或减速器，未必足以产生多党。[43] 利普哈特则认为，政党数量和重要问题的维度强烈相关。然而，他们都忽视了总统的作用。如果总统选举和议会选举同步进行，那么总统选举采取全国大选区的多数制，议会仍然可以采取比

43 杜瓦杰：“一个新的政体模式——半总统制政府”，第 3-14 页。

例代表制。二者的不同组合为政党数量和总统制带来了变数。

一般认为，单选区制有助于减少政党数量，却存在严重的“胜者通吃”问题；在另一个极端，以全国为一个大选区的比例代表制保证小党和大党公平竞争，却容易造成政党林立。事实上，比例代表制并不能解决全部问题。尤其是它能保证议席的公平分配，却不能保证权力的公平分配，小党未必能产生和议席成比例的政策影响。换言之，比例代表制有可能产生公平代表的表象。反过来，在单选区及其产生的两党制，小党也未必不能发挥作用，譬如美国茶党的复兴就对共和党产生威胁。2010 年，茶党一连在两个初选击败共和党候选人，只是在正式选举中未能取胜，迫使共和党不得不协调茶党的诉求。[44]

现实中，各国一般都不走极端，而是采用改良折中的选举制度。比例代表制的改良措施是规定政党按所得选票比例派送代表进入议会的“阈值”，典型的例子是德国的 5%规则。德国联邦众议院一共 612 个席位，选民投候选人和政党两张票。席位先按政党得票比例分配，政党候选人不到得票比例的再从政党封闭名单中调取；政党候选人超过该党得票比例的仍然保留，是谓“超额选票”。 各州选举体制大同小异，16 个州中 13 个实行个人化比例代表制，不来梅、汉堡、萨尔兰实行简单比例代表制，但也适用 5%规则。[45]

选区制的一个折中办法则是设计多人选区，台湾等地将之称为“大选区”。如果一个选区选 5 名代表，那么选举制度可以让选民投 5 票，既可以投给 5 位候选人，也可以全部投给某一位候选人。选举制度也可以让选民投票数少于所选人数，例如 5 人选区投 3 票。[46] 美国伊利诺伊州为了平衡南部县的民主党少数和北部县的共和党少数，规定一个选区选 1 位州参议员、3 位众议员，结果既

44 Mark Tushnet, Popular Constitutionalism and Political Organization, 18 *Roger Williams University Law Review* 1 (2013).
45 Donald P. Kommers, A. Moves toward Democracy: The Federal Constitutional Court: Guardian of German Democracy, 603 *Annals* 111 (2006).
46 James Thomas Tucker, Redefining American Democracy: Do Altenrative Voting Systems Capture the True Meaning of “Representation”?, 7 *Michigan Journal of Race & Law* 357 (2002).

改善了议席分配，又维护了议会稳定。但是小党的机会仍然很小，因为多人选区的一个缺点是强化政党精英控制，主战场从决选提前到初选。譬如为了维护两党格局，两党领袖幕后谈判，让自己的选民投多数党 2 席、少数党 1 席。

绝大多数总统制的议会选举都不采用简单多数选举制，美国与法国例外，而法国总统选举的两轮制有助于政党体制的稳定化。譬如俄罗斯、韩国、台湾、菲律宾都采用半比例代表制，拉美国家大都采用比例代表制，除了墨西哥和智利。一般认为，比例代表制会促进政党自律和意识形态化。尤其在名单封闭的比例代表制，政党领袖负责本党候选人的排名，更有助于强化政党纪律，但也使得政党候选人不对选民负责。[47]

5. 选举制度与民主转型

和分权模式类似，选举制度设计也影响民主政治转型的成败。政治转型是多个因素促成的，其中最相关的是经济发展。然而，经济和社会发展未必会必然带来政治民主。民主和发展甚至可以是一对矛盾，开明专制似乎有利于投资和发展，亚洲“四小龙”经济起飞的时候都是独裁体制。当然，独裁国家显然未必一定“成龙”。多数独裁体制不是停滞于军人干政，就是糟蹋资源。[48] 泽华斯基等学者对 1950-90 年 140 多个国家数据分析并没有肯定“现代化假设”，没有发现有哪个独裁体制绕不过的经济“拐点”。人均收入和民主转型没有统计上显著的相关性，但和民主巩固确实成正相关。人均收入 1000 美元以下的国家，民主走向独裁的概率是 0.12，政体平均寿命为 8 年；人均收入 1000-2000 美元之间的国家，民主的平均寿命为 18 年；而人均收入 4000 美元以上的国家，民主走向独裁的概率几乎为零。杭廷顿等认为，民主存在中等收入风险，超过一定收入后稳定性下降，但是进入高收入之后，民主体制会稳定下

---

47 Yen-Tu Su, Beyond Nightmare and Hope: Engineering Electoral Proportionality in Presidential Democracies, 30 *Journal of Legislation* 205 (2004).
48 Adam Przeworski et al., *Democracy and Development: Political Institutions and Well-Being in the World, 1950-1990*, Cambridge University Press (2000), pp. 3-4.

来。低收入国家的民主转型容易堕入“贫困陷阱”：社会穷，国家也穷，无能汲取资源并提供公共服务，因而很容易垮台。这并不意味着独裁+发展就是好模式，独裁式发展注定会造成巨大的社会成本。独裁和民主体制的经济增长类似，但模式不同：独裁体制增长的特点是低人权、低福利、高压榨，民主体制的特征则是高工资、人均收入增长快、人口增长率低。[49]

从前述俄罗斯转型失败的教训可见，选举制度设计不仅影响发达民主国家的治理表现，也会影响乃至决定发展中国家民主转型的成败。中东欧等国自 1990 年代初转型后并不顺利，民主化过程并不彻底，以至不少国家陷入处于民主和威权之间的“竞争性威权制”(competitive authoritarianism)——虽然有竞争性选举，但实质上仍然是威权体制。这样的体制能否进一步完成民主化，很大程度上取决于选举制度设计。对后共国家的比较研究表明，议会和政党力量对于转型成功至关重要。不是威权造成弱议会，而是反之，弱议会造成威权体制，因为弱议会造就弱政党，进而产生强人政治。俄罗斯就是这样，弱议会和弱政党不足以制衡强总统；保加利亚则恰好相反，其民主化就是强议会和强政党促成的。[50] 强议会和强政党是如何形成的？政治转型过程中，如何从一党制发展成多党制，而又不发生政党失控？这个问题至关重要，而它的答案很大程度上在于分权模式和选举制度。

东欧转型一开始都面临政党碎片化问题，即便立场相同的政治精英也没有动机合并。1993 年俄罗斯选举，十来个政党参与竞争，60%的地区席位由独立候选人获得。1994 年斯洛伐克选举，选票列了 18 人，但包括了 31 个党派形成的不同联盟。7 个政党名单获得议席，但一入席就分裂为 16 个政党和团体。次年爱沙尼亚选举也类似，9 个政党、8 个联盟竞争，后者包含超过 21 个独立政党。[51]

---

49 Ibid., pp. 270-271.
50 Ibid., pp. 20-21.
51 Olga Shvetsova, Institutions and Coalition-Building in Post-Communist Transitions, in A. Reynolds ed., *The Architecture of Democracy*, Oxford University Press (2002), pp. 60-62.

政党合作之所以面临协调博弈或“囚徒困境”等不合作问题，主要原因在于议会—行政分权和选举制度所采取的混合制。

首先，总统制和议会制的混合可能加剧政党分裂、抑制政党联盟，因为候选人又多了一层希望。1991 年保加利亚总统选举有 21 位候选人，1995 年波兰总统选举有 17 位候选人；1996 年俄罗斯总统选举有 78 人获得 100 万提名，11 人入选。候选人大都只有三四十岁，计划竞选若干届总统，而且都想和表现糟糕的现体制切割。1991 年波兰总统选举，团结工会领导人个个野心勃勃，导致工会分裂，产生了十来个政党，但都在竞争同一拨选民。假如维持团结，他们本来可以获得四五十个议席。1995 年选举也同样没能形成联盟，因为个个都有占山为王的想法；合并的话，谁来做头就摆不平。最后，各大政党都提出了自己的候选人，17 个候选人参与竞选。1990 年代，总统直选的国家注册政党数平均为 37，无总统直选的国家平均为 19，有效政党数分别为 7.5 和 6，获得 1%选票的政党数量分别为 12.7 和 10.7，未过门槛的政党获得投票分别为 23%和 14%。[52]

其次，比例代表制和选区制的混合进一步加剧了不合作。一般来说，大党喜欢单选区制，小党更喜欢比例代表制，二者妥协可能产生混合制。德国、意大利、日本、台湾、委内瑞拉、墨西哥、塞内加尔、匈牙利、马其顿、立陶宛、俄罗斯、乌克兰、哈萨克斯坦等国均采用混合选举制，但情况并不完全相同。混合制有两种，一种是绝大多数后共国家采取的比例代表和选区制的两票独立体制；另一种则是德国、意大利、匈牙利代表的名义混合制，最终结果和比例代表制很接近。东欧国家经验表明，混合制反而比纯粹的比例代表制更容易产生分裂，因为比例代表的门槛促使小党合并，但选区制则无门槛。意识形态类似的政党只要协调好选区，就没有必要合并。1990 年代的中东欧选举中，各国都有二三十个注册政党，但选区制获选的政党数均多于比例制政党数。纯比例制国家的平均

52 Ibid., pp. 68-72.

政党数是 24，混合制国家则是 29，有效政党数分别是 5.4 和 8，至少获得 1%选票的政党数分别是 10 和 14.3，未过门槛的政党所获选票比例分别 12%和 31%。[53]

东欧转型国家大都采用比例代表制或混合制。东欧八国中，实行比例代表制的有波兰、捷克、斯洛伐克、匈牙利、罗马尼亚 5 国，俄罗斯和保加利亚采用混合制，后者改为比例代表；乌克兰一开始采用单选区制，后来也改为混合制。俄罗斯、波兰、捷克、罗马尼亚两院制，其中三个国家的两院选举制度不同。[54] 混合选举制造成后共转型的普遍特征：政党很脆弱，选举结果高度不确定，进而对俄罗斯和东欧的民主化造成障碍。

另一方面，纯粹的选区制对于转型国家来说也未必是福音，单选区制的“胜者通吃”特征可能会增加转型风险。一个例子是 1966 年独立的莱索托，独立前即举行高度竞争的选举，保守的巴索托国家党以微弱多数战胜民粹的国会党。早在 1960 年，即已进行地方议会选举。1965 年按西敏寺单选区制选举国会。但是两次选举都发生了的暴力冲突，反对党都认为受到欺骗，因而民主并未得到深化或巩固。1970 年的选举，国家党预料要输，所以索性冻结选举、实行党禁、中止宪法和司法，开始了长达 16 年的一党专政，国王流亡荷兰，直到 1986 年发生军事政变。如果实行比例代表制，也许国家党不会下这招险棋，因为还能期待继续在议会发挥作用。[55] 1999 年，莱索托举行协商会议讨论选举体制改革，绝大多数支持混合体制。国会 118 个席位，其中 78 席按一员选区制产生，40 席按比例代表从政党名单产生。2002 年，按混合席位比例代表制(MMP)选举，国会民主党获得 55%的选票和 77 个席位，国家党获得 22.4%的选票和 21 个政党席位，各小党也都有代表，社会冲突平息，慢

53 Ibid., pp. 64-67.
54 Sarah Birch, Frances Millard, Marina Popescu and Kieran Williams, *Embodying Democracy: Electoral System Design in Post-Communist Europe*, Palgrave Macmillan (2003), p. xii.
55 Khabele Matlosa, Electoral System Design and Conflict Mitigation: The Case of Lesotho, in *Democracy, Conflict, and Human Security: Further Readings*, pp. 98-99.

慢变得更加宽容。[56]

二、兼容还是整合？“深度分裂社会”的选举制度设计

对于陷入内战等严重冲突的社会来说，选举制度设计还承担着弥合社会分裂、促进国家团结的特殊使命。这些国家的失败首先是民主制度的失败，其制度重建的重点在于设计稳定而公平的选举制度，使严重对立的社会群体愿意在同一个民主政治框架下解决争端、恢复互信。宪法设计学家霍洛维茨断言：“如果说 19 世纪是基督教传教士的时代，那么 21 世纪则可能是宪法传教士的时代。”[57] 然而，宪法“传教士”的使命依然任重道远。自 1974 年葡萄牙开启“第三波民主”转型以来，尤其经历了 1990 年代初的苏东剧变，原以为转型国家会在“民主深化”(democratic consolidation)之路上高歌猛进，没想到 1990 年代中期以来，有些国家的民主转型即遭遇瓶颈而不断“浅化”，主要原因是这些国家因宗教或族群冲突而陷入深度分裂，而宪法设计者未能建设性地处理社会冲突。国际组织的和平建设也乏善可陈，平均有一半从动乱中来的国家又回到动乱中去。[58] 1997 年，联合国监督了利比里亚选举，但 2004 年这个国家又重回冲突状态，接着是新一轮国际干预。2004 年 2 月，海地经历了十年国际援助之后又陷于混乱和绝望。伊拉克、阿富汗、科索沃等国制定了新宪法，却仍然处于日常性的宗教或族群暴力和持续不稳定状态之中。如果不能改善国内政治环境，国际和平建设难以为继，即便提供技术性的选举支持和制度能力建设也很难奏效。合理有效的宪法制度设计可以极大促进政治转型的成功，帮助后冲突(post-conflict)国家创造共同的愿景并提供路线图。

---

56 Ibid., pp. 104-105.

57 Donald L. Horowitz, Constitutional Design: Proposals versus Processes, in A. Reynolds ed., *The Architecture of Democracy*, Oxford University Press (2002), p. 16.

58 Kirsti Samuels, UN Reform: Post-Conflict Peace-Building and Constitution-Making, 6 *Chicago Journal of International Law* 663 (2006), pp. 663-664.

在理想状态下，法治国家应该是一个不同肤色、族群、宗教、语言和文化和平共存的“大熔炉”，国家立法、行政和司法均必须保持“色盲”姿态，[59] 不得基于这些因素而歧视生活在同一个国家的公民。然而，现实是灰暗的。对于刚经历过族群或宗教严重冲突的“深度分裂社会”(deeply divided societies)，不同社会成员之间缺乏基本互信；立法、行政乃至司法往往由某一派把持，动用国家权力歧视甚至迫害其它派别，族群或宗教利益冲突愈演愈烈，以至重新点燃了社会动乱之火。事实上，密尔早在十九世纪即断言，不同族群在一起搞民主是几乎不可能的，不同语言则完全不可能。[60] 尤其在宗教或族群构成比例悬殊的分裂社会，绝对多数派（或强势派）没有理由自我约束，绝对少数派（或弱势派）则没有自我保护的能力和希望；双方相互歧视、相互指责、互不合作，陷入无力自拔的恶性循环。

如果不同族群（或宗教）的聚居地相对集中，那么实现族群多元共存的一个重要方案是联邦制。族群联邦制(ethnic federalism)的基本单元是按族群划分的地域，不同族群在其管辖范围内实行高度自治，典型的例子如瑞士和比利时。族群联邦制在全国建立多个权力中心，使得全国范围的少数族群成为地方的多数族群，提升了少数族群的宪法地位和主权归属感，改善了不同族群之间的紧张关系。族群联邦宪法一般会保障少数族群的自治权，包括联邦不能单方面改变的立法权限和财政资源，设立能有效代表族群自治体的参议院，并明确承认多民族、多语言特征，譬如伊拉克 2005 年宪法。一般认为，联邦制的“强度”取决于两院制强度、司法审查强度、宪法刚性度和央行独立程度等要素，而联邦强度越高，越能保护少

59 取自美国宪法是一部无视肤色的“色盲(color-blind)宪法”，参见哈兰大法官(J. Harlan)在“车厢隔离案”中的反对意见：Plessy v. Ferguson, 163 U.S. 537 (1898).

60 Sujit Choudhry, Bridging comparative politics and comparative constitutional law: Constitutional design in divided societies, in Sujit Choudhry ed., *Constitutional Design for Divided Societies: Integration or Accommodation?*, Oxford University Press (2008), pp. 37-38.

数族群利益和自主权。[61]

更广义地说，族群联邦制是一种复合主权结构的地域多元主义(geographical pluralism)，但地域多元主义未必采取联邦形态。某种意义上，英国、北爱尔兰、西班牙、丹麦等单一制国家也属于地域多元主义。单一制的地域多元安排往往是不对称的，多数族群仅在中央议会获得代表；少数族群则受到特别保护，除了在中央层次上得到代表之外还有自己的政府。譬如坦桑尼亚的桑给巴尔有自治政府，丹麦的格林兰有自治地位；英国的北爱尔兰和苏格兰有自治议会，而英格兰和威尔士则只有西敏寺议会。[62] 如果自治结构镶嵌于宪法或国际条约之中，这种不对称关系才构成联邦，因为任何一方都不能单方面改变这种关系。

族群联邦制或地域多元主义虽然有助于实现族群和睦和国家团结，却并非放之四海而皆准的万灵药。首先，建立族群联邦制的人口地理条件可能不存在。许多国家不存在分界明晰的族群聚居结构，不同族群混居在一起，建立在地域多元基础上的族群联邦主义显得无的放矢。其次，虽然联邦制可能带来诸多好处，但是联邦组成单元以族群为界是否可取，学术界并非没有争议。例如政治学家李普塞认为，联邦边界应该“交错切割社会结构”，“民主需要在语区或族群内部而非之间切割边界。”[63] 再次，一部按族群划界的放权宪法究竟会促进统一还是加剧分裂，也不能一概而论。比较研究似乎表明，如果放权发生得早且痛快，加上谨慎联系中央和地方人民，很可能会促进团结、缓解分裂；但如果放权晚而“抠门”，则可能进一步削弱互信并加速分裂。[64] 最后，联邦制只是处理族群

---

61 只是平等两院制不适合议会制，也和“一人一票”的平等原则冲突，Arend Lijphart, The Wave of Power-Sharing Democracy, in Reynolds ed., *The Architecture of Democracy*, pp. 52-53.

62 威尔士有一个在有限情形下修改法律的国会，John McGarry, Brendan O’Leary, and Richard Simeon, Integration or Accommodation? The Enduring Debate in Conflict Regulation, in Choudhry ed., *Constitutional Design for Divided Societies*, pp. 64-66.

63 Seymour Martin Lipset, *Political Man: The Social Bases of Politics*, Anchor Books (1963), p. 81.

64 Donald L. Horowitz, Constitutional Design: Proposals versus Processes, in A.

关系的纵向分权机制，并不排除也不能替代其它权力分享模式，尤其是在中央政府内部的权力共享，譬如议会的比例代表制、按族群比例分配行政职位和公共资源等中央层次的合作决策机制。

事实上，自 1990 年代开始，对于深度分裂社会的宪法制度设计就出现了“整合”(integration)与“兼容”(accommodation)两大派之争，其代表人物分别是霍洛维茨与利普哈特，其争议范围则涉及多数(majoritarian)主义与共治(consociational)主义、总统制与议会制以及一员选区制还是比例代表制等重大制度设计的不同思路。兼容派认为，深度分裂社会的宪法制度设计必须考虑“特殊国情”，接受这些国家不同群体之间缺乏互信的现实，按主要群体的人数分配统治权，尤其是议席和内阁职位，通过不同族群的权力共享实现和谐共治。整合派则认为，以族群比例为标准的“共治”会不断提醒族群的政治重要性，反而会加剧族群之间的偏见和矛盾，因而不如通过族群中立的选举制度设计实现政治统一与国家整合。

1. 共治兼容模式

利普哈特认为，在一个多元社会，胜者通吃的多数制是行不通的。[65] 如果采用威敏寺传统的简单多数主义规则，即便是拜里(Brian Barry)建议的“合作但不撮合”改良方案，那也意味着北爱尔兰占多数的新教徒将永远掌权，属于少数的天主教徒将永远只能甘于做“忠诚的反对派”；伊拉克的管理委员会多数将一直被温和什叶派占领，逊尼派和库德人则将永远被排除在外。[66] 利普哈特创始的“共治”理论主张，分裂社会的成功治理取决于两大要素：权力共享(power sharing)和群体自主(group autonomy)。群体自主要求不同族群有权管理自己的内部事务，尤其是文化和教育；权力共

Reynolds ed., *The Architecture of Democracy*, Oxford University Press (2002), p. 25.

65 Arend Lijphart, Back to Democratic Basics: Who Really Practices Majority Rule?, in Axel Hadenius ed., *Democracy's Victory and Crisis*, Cambridge University Press (1995), p. 144.

66 Arend Lijphart, Constitutional Design in Divided Societies, 15 *Journal of Democracy* 96 (2004), pp. 97-98.

享则要求主要社群共同参与政治决策，尤其在行政层次上实行共治，否则无以解决分裂社会的群体互信问题。

概言之，利普哈特的共治模式是要“分享、分散、分离、分割、下放并限制权力”，[67] 其要素包括主要族群代表的大联合执政、立法和行政职位的比例原则、联邦制或群体自治。简化版的共治模式主张主要族群对政治决策的分享权力，以及在教育和文化等领域的群体自主权。为了获得少数族群的拥护，议席分配可以采用比例代表或对少数族群进行特别照顾，或通过准联邦安排要求决策获得地方或族群同意。[68]

在群体自治方面，共治模式要求在教育、文化、语言等领域采取地域多元主义。如果采用联邦制，则需要设立有权能和族群代表的参议院，但是参众两院权力不能均等，否则内阁同时要获得两院信任，政治难度太大并容易产生执政危机。例如 1975 年，澳大利亚参议院拒绝通过财政预算，想藉此迫使获得众议院坚定支持的内阁辞职，结果导致宪法危机。[69]

除了群体自治之外，共治理论的“标配”是比例代表制、议会制与行政大联盟(grand coalition)。虽然比例代表制主要运用于议会分配议席，内阁作为最高行政机构应该保持政治中立，但实际上内阁也是决定资源分配的重要决策机构。在议会制国家，“责任内阁”对议会负责，但在获得多数信任期间主导着议会立法决策，因而少数族群按比例参与内阁是兼容共治的一个重要标志。事实上，密尔早已提出内阁实行比例代表制的可能性。这是为什么利普哈特的共治理论并不满足于议会制与比例代表制的经典组合，而是坚持内阁职位也按族群力量比例进行分配并采用共同决策原则。尤其在教育、文化等对于少数族群而言十分重要的内部事务领域，共治模式要求对少数族群代表赋予政策否决权。[70]

---

67 Sujit Choudhry, Bridging comparative politics and comparative constitutional law, p. 3.
68 Ibid., pp. 18-20.
69 Lijphart, Constitutional Design in Divided Societies, p. 105.
70 Choudhry, Bridging comparative politics and comparative constitutional law,

共治模式是建立在族群比例代表的基础之上，显然支持比例代表的选举制度，反对多数主义尤其是单元选区制。比例代表制可大致分为两类：一是开放名单选举，也就是由选民直接选举政党候选人；二是封闭名单选举，也就是由政党提名自己的候选人。利普哈特认为，封闭名单制度有助于强化领袖权威和控制，因而更便于维持合作协议。另外，共治兼容派还可能赋予否决权，要求每个合作方对影响其基本利益的立法或宪法修改具有一票否决的权力。例如伊拉克修宪要求公投获得多数通过，且未被什叶派、逊尼派和库德人三大管辖区的 2/3 多数否决，相当于授权库德人、逊尼派和什叶派各自享有否决权。[71]

行政权的共享至少有比利时和南非两种模式。比利时的荷兰语区和法语区代表平分议会和内阁职位，南非则规定所有选票超过5%的政党都有权进入内阁。1994 年，南非对族群代表问题争论得很厉害，一时达不成共识，因而采用了有门槛的政党比例代表方案。103 既然兼容派主张行政层次的族群共治，显然会支持议会制、反对总统制，因为总统选举是最大的“胜者通吃”；一国只能有一个总统，任何族群的成员当选都会对其它族群产生疏离感甚至仇恨。即便是总理有实权的半总统制，也无法克服总统制的弊端。例如到 1989 年，黎巴嫩总理的权势直追总统，而总统由议会间接选举产生，但是总的来说总统权势仍然更大。法国第五共和虽然采用半总统制，但实际上总统权力很大，某种意义上比美国式的纯总统制权力更大，俄罗斯等二元首脑国家甚至可被认为是“超级总统”。

因此，共治模式主张，宪法最好不要设立独立选举产生的国家元首。即便设立总统职位，也务必保证总统只是象征性的“虚君”，且必须保持政治和族群中立，譬如南非总统基本上就是总理。澳大利亚从君主制变成代议制之后，拟采用总统由总理和反对党领袖共同提名、议会 2/3 多数任命的方式，保证总统不带有党派政治色彩。

---

pp. 37-38.
71 Ibid., pp. 58-60.

[72]

无论在发达国家还是发展中国家，共治模式都能发现广泛应用，许多族群多元国家直接按比例分配议会、行政乃至司法职位。20 世纪初期以前，西欧议会选举经常采用以下的排序转移制，但发现这种选举制度对于族群、宗教或语言分裂的社会表现不佳，绝大多数换成了比例代表制，并将其扩展到内阁，譬如比利时宪法规定阁员在荷兰语和法语中平分。行政分权一般适合议会制，但也适用于行政委员会制度，譬如瑞士的“神奇公式”基本上按比例分配联邦的集体总统制席位。加拿大联邦采用胜者通吃分配议席，但是对魁北克采用了比例代表制；联邦最高法院 9 人，其中 3 人来自魁北克。共治模式一般让群体决定自己的政治组织，并按人数分配权力，譬如南非按政党力量决定副总统和内阁席位。[73]

印度宪法为了保护历史上受到歧视的“贱民”有效参与政治，按人口比例为他们分配议席。第 330、332 条规定，联邦和地方议会按比例分配席位给表列种姓和部落，人口分别占 15%和 7%。既然表列种姓和部落席位超过 20%，各大政党都有意愿在他们中间发展候选人，他们也有动力提出超越社群的诉求，因而在一定程度上促进了族群融合。印度国大党统治期间，内阁是一党制，但基本上按比例分配到不同的语区、省和 12%穆斯林及 2%锡克教。[74]

塞浦路斯是实行族群共治的典型，1960 年宪法规定了严格的族群代表制。议会 50 名议员，实行希腊族和土耳其族七三开，希族 35 人、土族 15 人。正副总统分别由希土两族选举产生，希族任总统、土族任副总统，各自负责任免本族的部长。内阁 10 人，其中希族 7 人、土族 3 人。两族还各有自己的社群议会，负责教育、宗教、个人事务立法。不过这种体制显得过于僵化，最后两边谁都

72 但是这个方案在 1999 年公投未获通过，Lijphart, Constitutional Design in Divided Societies, p. 104.

73 McGarry, O'Leary, and Simeon, Integration or Accommodation?, pp. 46-49, 61-62.

74 Yash Pal Ghai, Constitutional Asymmetries: Communal Representation, Federalism, and Cultural Autonomy, in Reynolds ed., *The Architecture of Democracy*, pp. 147-148.

不满意；希族认为对土族授权过多，土族则憎恨希族总是主导。希族想修改宪法，但遭到土族杯葛。[75]

如果塞浦路斯族群共治的特点体现于正副总统之间的分权，那么波斯尼亚—黑塞宪法则规定了 3 名总统，波斯尼亚人、克罗地亚人和塞尔维亚人各 1 名。宪法承认波斯尼亚、克罗地亚和塞尔维亚构成“人民”，议会由各自选举的 5 名议员组成，法定人数各为 3 人。三大族群掌握了绝大部分权力，联邦权力限于对外主权。1996 年，三大族群都选出最极端的政党作为执政党。[76] 政治完全是族群政治，所有政党都是族群政党。在选民看来，唯一的利益就是族群利益，选举政治高度族群化。

族群共治的另一个典型是黎巴嫩，它从建国开始就在基督教和穆斯林之间均等分配议席。1926 年宪法是在法国政府监护并任命委员会起草、民选代表委员会通过的，经历了 90 年腥风血雨的考验。这部宪法是法国第三共和与奥托曼体制的奇怪组合，公职分配机制则采用共治型准联邦模式。建国宪法是基督教、穆斯林逊尼派和什叶派三方谈判妥协的结果，宗教团体地位总是在个人自由和权利之上，至今仍然主管个人地位和教育。黎巴嫩模式的特征是中央政府很弱，主要权力掌握在宗教自主团体手里。根据 1932 年的人口普查，黎巴嫩当时 110 万人，基本上一半基督教、一半穆斯林；穆斯林中逊尼派人数稍占优，但权力比什叶派大得多。[77] 《国家协议》正式规定总统归基督教，总理归逊尼派，议长归什叶派。1943 年，法国退出，但各方继续维护共治模式。[78] 制宪的时候，法国作为保护国偏袒基督教社群，公职在基督教和穆斯林之间的比例为 6:5。尽管基督教人口不断减少，这个比例却长期不变，为后来的

75 Ibid., p. 146.
76 Ibid., p. 149.
77 穆斯林人口是法国从叙利亚挖出的一块，当时质疑这种分割的正当性。Asli Bali and Hanna Lerner, Constitutional Design Without Constitutional Moments: Lessons from Religiously Divided Societies, 49 *Cornell International Law Journal* 227 (2016).
78 Bali and Lerner, Constitutional Design Without Constitutional Moments, pp. 269-271.

长期动乱埋下伏笔。

2. 共治兼容模式的局限性

共治兼容模式拥有众多的模式实践国，也有良好的成功记录，譬如 1943 年以来的瑞士、1970 年以来的比利时、1955-69 年的马来西亚、1958-73 年的苏里南，以及 1945-66 年的奥地利、1917-67 年的荷兰和卢森堡等族群或宗教分裂国家。另外，1947 年以来的印度、1958-74 年哥伦比亚、1994 年以来南非也可以算作是共识模式相对成功的国家。[79] 至于黎巴嫩共治的失败，或许不应归罪于大联盟体制本身，而是叙利亚、巴勒斯坦、以色列等国际力量争斗和干预的结果，而且名额分配本身也和宗教人口不成比例，存在一定的改进空间。

另一方面，共治模式确有不少失败的案例，跨族群大联盟的政治代价尤其高昂。批评者认为，黎巴嫩、马来西亚、苏里南和荷兰的安提力斯等发展中国家都算不上成功的共治模式。[80]
尼日利亚第一部宪法即采用族群共治模式，授权最大的族群豪萨成立一省，但不久失败并引发内战。北爱尔兰兼容模型也不算成功，因为永远都是多数的新教徒构成“独裁”。对于族群构成比例失衡的国家，利普哈特的共治理论不能解释政党领导进入联合体的动机，因为一旦掌控 60%的选票，大党即用不着担心外族反对党产生“相互摧毁的危险”。

黎巴嫩是共治模式失败的一个典型案例，宪法权力在不同教派之间的分配一直存在紧张关系。1975-89 年间，政教矛盾终于引发内战，最后在美国、沙特、叙利亚、阿拉伯联盟的调停下达成协议。基督教和穆斯林双方同意平等分配议席，行政权则从基督教总统转移到逊尼派总理。15 年之后，争议焦点转移到穆斯林内部。逊尼派总理遭刺杀后，什叶派被认为是伊朗支持的叙利亚阿萨德的盟友。2008 年，针对什叶派的 2 条法令导致其退出内阁，并引发西

79 Lijphart, The Wave of Power-Sharing Democracy.
80 Horowitz, Constitutional Design: Proposals versus Processes, pp. 20-21.

贝鲁特巷战，最后产生了《多哈协议》，内阁取消法令。此后，重大决定必须获得所有主要宗教团体的同意，等于赋予什叶派否决内阁决定的权力。[81]

总结起来，对于共治模式的主要批评在于以下几个方面。首先，共识模式的决策机制不民主，主要协议都是群体或政党领袖闭门谈判达成，平民未能有效参与，也不能改善不同族群之间的成员关系。如果能像黎巴嫩、北爱尔兰、波斯尼亚—黑塞和南非那样成功实施协议，固然一时阻止了暴力冲突，但这类协议一般不受任何一方欢迎。二是联合执政的行政大联盟造成政府内部受不同族群相互牵制，几乎无法决策，最后可能导致崩溃，如 1963 年的塞浦路斯和 1975 年的黎巴嫩。因此，权力共享的行政通常很脆弱，如果一方退出即面临解体，形成和实施决定也阻力重重。最后也是最重要的，正式的行政权力共享虽然往往能维持和平，却不能调和政党之间的深层分歧，反而固化甚至加剧族群割裂和极化。在分享权力阶段，北爱尔兰、斐济、波斯尼亚和黑塞等国的极端政党数量均明显增加。[82] 事实上，行政分权造成不同族群并无谈判和妥协的动机，反而人为提高族群意识及其政治敏感度。[83]

共治模式的主要思路是促进族群合作共赢，为此采用比例代表制甚至族群代表制，并赋予少数族群自治权，以此化解族群矛盾并提高少数族群对政治体制的认同度。然而，和一员选区制相比，比例代表制是否真的更能融合少数族群？经验研究对此并无定论。一国选举体制符合比例代表的程度和众议院的有效政党数量成正比，而有效政党数量增加往往体现于少数族群议席增加。1990 年代中期对 53 个民主国家的研究表明，议会有效政党数在选区制国家是 3.1，在半比例代表（混合）制与比例代表制国家分别为 3.9 与 4，[84] 可见比例代表制确实总体上鼓励多党制，但是未必能转化为少

81 Bali and Lerner, Constitutional Design Without Constitutional Moments, pp. 272-273.
82 Samuels, UN Reform, pp. 673-675.
83 Lijphart, The Wave of Power-Sharing Democracy, pp. 40-45.
84 Pippa Norris, Ballots Not Bullets: Testing Consociational Theories of Ethnic

数族群对政治体制的支持度和信任度。例如 1990 年代，新西兰采用比例代表制后，毛利人等少数族群对政治体制的态度有所好转，但信任没有提高，表明对政府的不信任未必随着议席的增加而有所改善。[85] 与比例代表制和族群代表制类似，族群的文化自主权赋予身份感和道德凝聚力，但同时也加剧族群的资源竞争和紧张关系，进而影响国家团结。如盖亚希教授指出：

> 如果宪法承认文化或宗教，它往往是多数族群文化，造成其凌驾于其它文化之上，譬如在在斯里兰卡和马来西亚。分门别类的文化体制也是赋予社群某些成员对他人特权的一种方式，通常是男性的传统精英或富人。[86]

3. 多数整合模式

如果说共治兼容模式的基本思路是“适应”当下的族群割裂现状，基本策略是通过比例代表制、议会制、大联盟和族群自主权的制度设计来安抚少数族群，那么雄心更大的多数整合模式则要通过族群中立的制度安排来造就族群中立的政治环境，进而形成不同族群和睦相处的政治“大熔炉”。如霍洛维茨指出，共治模式的特点是认可并包容族群的多元构成，依靠精英在选举后的谈判联盟达成政治协议；整合模式则将妥协政治提前到选举过程，依靠选民的自愿选择而非人为设置族群名额发挥政治整合作用。兼容派主张文化多元主义和族群自主权，使族群政治国家化和制度化；整合派则反对任何以群体为中心的政治动员，主张族群和文化差异的“私有化”，对于促进交流和信任有必要的语言权利等特殊制度安排除外。总的来说，整合派并不反对族群共享政治权力，但是坚持不按族群划线的自愿权力共享效果更好，更有助于形成包容型政府并化解族群矛盾。即便实行某种比例代表制，也不要按族群分配议席。譬如南非和乌干达的权力共享并非按照族群或宗教划线，而是按照政党

Conflict, Electoral Systems, and Democractization, in Reynolds ed., *The Architecture of Democracy*, pp. 207, 211-213.
85 Ibid., p. 215.
86 Ghai, Constitutional Asymmetries, p. 169.

力量强弱，从而削弱了族群的政治重要性。[87]

在整合派内部，又分为左中右三个派别。在右翼，自由整合派强调个人的自由和选择，主张国家制度应保证强化个人而非集体的社会条件。在左翼，社会主义整合派认为阶级才是关键要素，围绕族群、宗教、语言等因素的政治掩盖了阶级本质，认为当务之急是促进分配正义。在中间，共和整合派推行政治集权、行政放权。在制度设计上，共和整合派反对自由整合派的联邦分权，主张单一制和单一主权概念、简单多数决和单选区制、有助于国家建构的直选总统制或强总理制，反对联邦制和司法审查等限制人民主权表达的制度。自由整合派则反对不受限制的大众主权，强调人权保障和政治竞争、公正中立和职业主义，尤其是法官、公务员、警察和军队的职业化，支持地域联邦制但坚决反对族群联邦制，认为那样会导致地方多数人暴政并鼓励分离主义。[88] 社会主义整合派批评不负责任的“色盲”理论，强调纠偏行动的必要性，但也有的社会主义者不主张纠偏行动，而是主张普适的社会平等政策。

值得注意的是，“整合”并非“同化”(assimilation)。族群同化是指强制消除族群文化差异，迫使少数族群在文化上融入多数族群的主流文化。整合则是要保留族群文化多元的私人生活，在此基础上促进共同的政治身份。当然，法国、土耳其等某些奉行共和整合的国家可能走得更远，坚持严格的世俗主义，禁止在学校等公共场合佩戴宗教标志或服饰，因而和同化派相当接近。[89] 一般意义的“整合”并不会走得那么远，而仅限于通过制度设计促使族群摒弃前嫌、走到一起，按自己的实际利益而非族群身份参政议政。

霍洛维茨代表的整合策略是设计选举制度，使分裂社会的政治人(politicians)不仅依赖本族的选票，而且也需要争取其它族群成员的选票，进而创造通过谈判与合作实现共赢的政治环境。在分裂社

---

87 另外，共治模式坚持议会制，整合模式则不局限于议会制，也可以用于总统制。Choudhry, Bridging Comparative Politics and Comparative Constitutional Law, pp. 21-22.
88 Ibid., pp. 45-49.
89 McGarry, O’Leary, and Simeon, Integration or Accommodation?, p. 47.

会，政治人的对话和谈判往往会被本族成员视为一种示弱，因而自然动机是走向两极分化。传统的多数制或优胜制是一种零和游戏，候选人把焦点放在扩大自己的基本盘，并限制对方在自己地盘的竞选活动，而赢得选举的多数变得越来越小。在族群分裂国家，选民不可能在把选票投给外族候选人，族群大小直接决定了只有最大族才是优胜者，而顺位制则为其他族群候选人提供了次选获胜的机会。[90] 然而，如果没有哪一个族群绝对独大，或者在大党内部存在势均力敌的竞争，那么候选人需要选票最大化，族群内的选票就不够用了。在这种情况下，如果选票上不是非此即彼的简单选择，而是允许选民对不同候选人按亲近程度进行排序，那么“次优选择”就可能脱颖而出并实现一定程度的共赢。[91] 在这个意义上，排序投票制带有一种“向心力”，促使分裂社会的极化党派走向温和。

实现这个目的最好的办法是排位选票转移制(Alternative Voting)，具体操作流程如下。假设选民对五名候选人进行排序，其投票结果按第一选择排序是 A-E，同时假定他们当中没有任何人获得超过半数的第一选择。作为末位的 E 首先被淘汰，但是首选投 E 的选票会按照其第二选择被分给剩下的 A-D，或者说将其第二选择进位为第一选择，以此类推；如果还是没有产生绝对多数，然后再次实行末位淘汰和选票转移，直到产生第一选择超过半数的候选人。排序转移制的关键词是选票的“排序”和“转移”，通过第一选择的末尾淘汰和其余选择的递进转移，最后产生综合民望最高的候选人。霍洛维茨认为，多数族群的候选人为了获得来自第二选择的选票转移而赢得绝对多数，很可能会寻求少数族群的支持而采取温和包容的立场。假设 A 和 B 都是多数族群的候选人，他们不仅需要取悦于本族群的选民，而且都需要竞争第二选择的选票，因而应该都有意愿笼络其它族群成员。

这样，虽然排序转移制仍然是一种多数主义选举制度，因而也

90 Benjamin Reilly, *Democracy in Divided Societies: Electoral Engineering for Conflict Management*, Cambridge University Press (2001), pp. 171-172.
91 Ibid., pp. 6-7, 10-11.

带有“胜者通吃”的效果，却可能巧妙利用这一效果实现族群整合，一如一员选区制可能帮助实现政党整合。多数选举制其实包含若干个变种，并不一定要求得票过半数者当选，譬如优胜制(plurality 或 first past the post)和联票制(block vote)均不要求绝对多数当选。优胜制是世界最通行的选举制度，适用于一员选区制的议会或行政选举，包括英美、印度、加拿大和绝对多数英联邦国家。联票制适用于多员选区，亚洲和中东地区某些国家使用；新加坡使用政党联票制，选民选择政党而非候选人。绝对多数制最通常的方式是二轮决选，适用于总统选举以及绝大多数前法国殖民地及前苏联某些地方的议会选举。法国议会选举采用多数制变种，所有选票超过 12.5% 的候选人都可以进入第二轮选举，最多票者胜出，不论是否多数。

排序转移制属于绝对多数制，一般适用于一员选区制，目前适用于澳大利亚和斐济的议会选举以及爱尔兰的总统选举。理论上，排序转移制也可以适用于多员选区制，第一个席位选举方式如一员选区制，其它席位将当选者的选票按首位以下次序分为其余候选人。由于这一体制容易造成大党胜者通吃，只是在 1919-46 年澳大利亚参议院选举被适用过。另一种绝对多数制是补位投票制(supplementary vote)，相当于排序转移制和二轮决选的综合，曾用于斯里兰卡总统选举和 2000 年伦敦市长选举。如果第一轮投票无人获得多数，则仅保留前两名候选人，将其余候选人的选票按首位以下的次序分给他们，因而不需要二次选举就能确定胜者。[92]

最后，排序转移制也可以被用于比例代表制，这时它通常被称为“单票转移制”(single transferable vote)。在几个变种当中，霍洛维茨首选一员选区的排序转移制。单票转移制会削弱排序转移制度的向心力，但是作为没有办法的办法，也比没有向心力的纯粹比例代表制更好。排序转移制的整合向心力恰恰来自一员选区的“胜者通吃”压力，多数族群的候选人为了赢得绝对多数而不得不争取其它族群选民的支持，而排序选票转移的选举方法将跨族群支持变

92 Ibid., pp. 15, 21.

成选票上的优势。长期采用排序转移制也有助于克服囚徒困境，通过重复博弈建立稳定的对等互惠关系。[93]

运用排序转移制的国家不多，但巴布亚新几内亚、斐济、爱沙尼亚、北爱尔兰族群分裂国家的经历表明，排序转移制确实具有促进政治温和的作用。巴布亚新几内亚的经验还表明，二者的作用对于族群分裂的社会是不同的。选民的第一选择无疑是给自己的同族人，基本盘面有限的候选人就必须走出族群之外去争取选票，尽量使自己成为“第二选择”。1972 年的巴新选举促进了合作政治策略和行为，候选人可能和对立族群或其候选人结成竞选联盟，使之敦促本族人投自己的票。[94] 这些国家采用排序转移制后，都促进了精英之间的合作谈判和对等交易。1998 年北爱选举按照《受难节协议》，产生了行政权力共享。爱沙尼亚采用单票转移制之后，促进了多族群政治。在澳大利亚等非分裂国家，排序转移制的作用是帮助整合政治利益，促进大党寻求政治中间地带，并从议会代表中排除新兴极端运动。

4. 排序转移制的适用及其局限性

如果说简单多数制或优胜制不公平，比例代表制则缺乏向心力，那么排序转移制不失为一种扬长避短的制度设计。虽然适用于一员选区的排序转移制也和优胜制一样存在“胜者通吃”现象，例如 1948 年加拿大阿尔伯塔的社会信用党以 58%的选票赢得了全部议席，但一般情况下选举结果介于优胜制和比例代表制之间，有时甚至比西班牙、韩国等国的比例代表制更成比例。有人说不成比例的多数制或优胜制选举浪费太多选票——有可能 49%的选票都是功亏一篑，选举结果完全不体现这部分选民的偏好。但排序转移制不存在这个问题，因为如果选民看到自己的第二选择当选，显然不能说选票被浪费了。[95]

---

93 Ibid., p. 173.
94 1975 年，巴新几内亚改变选举规则，又重新回到传统敌对政治。Ibid., pp. 168-170.
95 Reilly, *Democracy in Divided Societies*, pp. 174-176.

排序转移制的主要优势在于巧妙利用多数制，为族群政治整合创造向心力。分裂社会一般会涌现出多党制，但政党林立、一盘散沙，缺乏有效的政党政治和足够大的执政党，形成不了多族群联盟。选择投票制的向心力有助于政党合作并按照共同利益归并，并在选举之前而非之后促进政党联盟。如果某极端政党突然变得激进，更温和党派拒绝谈判和交换选择即可使之就范。排序转移制的缺点是对“老三”不公，但正是如此才会给边缘党派带来中心化压力。排序转移制还会对族群合作产生社会心理影响，为政治精英的谈判合作创造条件。如果各方对选举结果存在不确定预期，那么谈判与合作规范就会得到日常化巩固。当然，如果族群构成决定了总是一方独大，就不会有妥协动机。[96] 在这种情况下，排序转移法不仅未能实现比例代表，而且也未必促进族群之间的相互投票。[97]

换言之，和共治模式一样，排序转移制的整合作用也是有条件的。如果某个族群构成足够强大的多数，第一轮即毫无悬念赢得选举，那么排序转移制根本没有用武之地。2010 年，斯里兰卡在战胜泰米尔猛虎军、终结 26 年内战之际实行总统选举，现任总统以 58% 选票轻松连任；虽然选举规则采用整合模式，但总统在泰米尔地区只获得 1/4 选票，参与率也只有 20-30%。总统和激进僧伽罗人联盟，排斥泰米尔能够接受的人选。[98] 事实上，在严重两极分化的情况下，排序转移法很可能适得其反，导致极端政党上台。2000 年，塞尔维亚共和国试验了排序转移制，结果激进塞族候选人取得决定性胜利，因为波斯尼亚人宁愿把票投给没有希望的波斯尼亚党派，也不愿意越界投给温和的塞族候选人。2002 年，塞尔维亚又改回比例代表制。[99]

总的来说，族群越多越分散，排序转移制的选票聚拢效果越明显。向心力发挥作用的前提是族群多元化构成，巴新是族群分散的

---

96 Ibid., pp. 178-184.
97 Ghai, Constitutional Asymmetries, pp. 150-153.
98 A. McCulloch, *Power-Sharing and Political Stability in Deeply Divided Societies*, Routledge (2014), pp. 1-2.
99 Samuels, UN Reform, pp. 676-678.

极端例子。最糟糕的情形是族群按地域聚集，每个选区的族群构成都高度同质。排序转移模式与共治模式的要求恰好相反，共治模式的主体不能太多，向心模式则至少需要三四个以上的主要党派。总统选举貌似有助于提高向心力，因为在全国范围建立了一个“大选区”。[100] 但实际上，似乎没有什么证据表明总统选举具有现实向心力。唯一的希望是精准划分议会选举的选区，使尽可能多的选区实现族群多元化。总之，族群数量越多越好，譬如巴布亚新几内亚；分布越分散越好，譬如斐济。另外，族群内部越分化越好，譬如土著斐济人和印度斐济人都分割为好几个政党。斯里兰卡的辛哈儿人占绝对多数，但是他们在选举中也要争取占人口 12%的泰米尔族和穆斯林等族群的选票。

和非洲国家相比，亚洲国家更适用排序转移制，因为亚洲族群分布一般比较分散，如巴布亚新几内亚、印尼的新巴布亚省、所罗门群岛等。非洲国家虽然族群数量多，但多数集中聚居。有人计算了“族群聚集指数”（最高为 6），亚太国家平均只有 4，孟加拉国的印度人、印度的穆斯林、马来西亚的华人和印度人、新加坡的马来人和印度人都相当分散。相比之下，西欧为 4.9，北非和中东为 4.8，撒哈拉以南的非洲则高达 5.1，只有坦桑尼亚例外。在亚太地区、中亚、波罗的海国家、东欧和前南、加勒比海国家、黎巴嫩和以色列等中东国家、毛里求斯和塞舌尔等印度洋国家，多数整合模式大有用武之地。[101]

最后，排序转移制的本意是要让少数族群的选票影响促使多数族群代表少数利益，进而改善族群关系、促进族群整合，但是这个模式的运行本身即建立在族群之间存在基本信任的前提之上。[102] 如果不满足这个条件，那么即便族群分布满足自然地理条件，也未必产生政治向心力。事实上，批评者指出，即便并未发生族群两极分化，似乎也没有证据表明排序转移制的向心力足够强大，以至能

---

100 Reilly, *Democracy in Divided Societies*, pp. 185-186.
101 Ibid., pp. 187-193.
102 Horowitz, Constitutional Design, pp. 23-25.

够产生族群融合的结果。相反，它在澳大利亚参议院选举产生了严重的不成比例结果。[103] 利普哈特等据此认为，排序转移制对于多族群社会来说很危险。不如采用实践中更容易为少数族群接受的共治模式，通过全方位的比例代表制，让少数族群直接掌控国家机关职位来保护自己。[104]

5. 多元和睦的宪法制度设计

综上，共治模式的标准主张是比例代表、行政分权、族群自治和否决权。整合模式则通过选举规则促使政治人超越族群分界，主要主张多数主义选举规则、总统选举的地方选票阈值、中央化联盟和联邦安排。在某种意义上，可以将共治模式视为一种"直接分权"，也就是不同族群的政党联盟；整合模式则是一种"间接分权"，也就是通过多数主义选举机制对不同族群产生向心力。哪一种模式更为有效，取决于适用情境。共治模式有助于深度分裂社会的政治稳定，尤其是让小族获得安全感，在北爱尔兰、布隆迪、波斯尼亚等国比较有效。但是如果族群规模过小，共识模型也帮不上。黎巴嫩等国家的人口结构因为迁徙或出生率而发生显著变化，也会造成不稳定。另外，共治模式还需要妥善处理难民回迁、安全部门的设置等问题才能稳定。[105] 整合模式则往往不足以克服离心力，甚至加剧族群冲突和不稳定，少数族群对不能选举自己的代言人不满，因而在斐济、斯里兰卡等国都失败了。[106] 尼日利亚的整合模式发挥了一定作用，但也是因为军队在那里才镇得住。

比较研究显示，深度分裂国家的制度设计并没有一个简单的标准方案。共治兼容模式和建立在多数制基础上的整合模式都能各自适合的情境下解决一定问题，但是不仅效果未必彰显，而且可能好

---

103 Reilly, *Democracy in Divided Societies*, pp. 21-22.

104 由于封闭名单的比例代表制会削弱选民对候选人问责，有的学者推荐开放名单的比例代表制。例如波斯尼亚—黑山采取的开放名单让选民决定名单上谁当选，妇女代表则可采取配额制。参见 Samuels, *UN Reform*, p. 679.

105 A. McCulloch, *Power-Sharing and Political Stability in Deeply Divided Societies*, Routledge (2014), pp. 4-7.

106 Ibid., pp. 144-147.

心帮倒忙。共治模式主张的比例代表制应该比简单多数制产生更高的选民参与，但并没有确凿证据表明它能提升少数族群的参与率。整合派也批评兼容派依赖反民主的精英政治，把公权力拱手让给了利益集团；大联盟不仅使得选民无法认定任何党派为决策负责，而且也完全破坏了反对党政治，使得政府失去了反对党监督。

更严重的是，共治模式可能固化和凸显族群政治，甚至人为加剧族群冲突。1975-89 年黎巴嫩内战一般被认为是基督教和逊尼穆斯林占了太大的便宜，造成其它教派尤其是人口正在增长的什叶派严重不满。苏联、南斯拉夫、捷克斯洛伐克的多元主义或族群联邦也以没有必要的方式凸显族群身份意识，以至一放开就兴起了分离主义。1963 年塞浦路斯、1974 年北爱尔兰的共治模式都失败了，波斯尼亚—黑塞则是靠国际力量才得以维持着。尼日利亚、马里、埃塞俄比亚、喀麦隆等非洲国家以及巴基斯坦、马来西亚、缅甸等亚洲国家或者未能维持稳定，或者未能保持民主。兼容派则认为，苏联等共产联盟之所以失败，并不能归咎于共治模式，而是因为他们实行一党专制而非真正的民主多元联盟。况且这些国家正是在重新中央化的整合过程中崩溃的。苏联解体是在针对戈尔巴乔夫的共产政变，捷克解体则是因为要把中央化的新自由主义强加于斯洛伐克。[107]

反过来，建立在多数制上的整合模式或能在族群混合地区促进温和派当选，例如黎巴嫩的基督徒在混合地区需要求助于穆斯林群体，给予妇女等群体的名额则似乎有助于促进参与而不会固化族群分裂，但是对于一族独大地区亦无济于事。整合模式的后果很难预测，在某些情况下可能反而把票分给更为极端的党派。北爱尔兰采用多员选区的单票转移制，选举结果似乎比简单多数制更温和平衡，但是不如比例代表制稳定。排序转移制也可能会鼓励策略投票(strategic voting)现象，譬如支持《受难节协议》的温和政客曾动员选民把票投给反对协议的统一党，而不是支持协议的温和社民自由

107 McGarry, O'Leary, and Simeon, Integration or Accommodation?, pp. 72-75.

党，以人为增加自己所得的选票。

兼容派对整合派的主要批评是多数制的不公平。和共治模式相比，西敏寺的多数决体制未必产生有效的反对派政治，而“胜者通吃”的选举制度却很容易削弱反对派的议会代表。1987 年，加拿大新不伦瑞克省的自由党只有 60%选票，却赢得了省内每一个选区的议席。相比之下，1999-2002 年，北爱尔兰四大党联合执政，赢得议会 108 席中的 89 席，但剩下五党仍然占有 19 席，不能说完全抹杀了反对党政治。兼容派确实对参与式民主保持警惕，因为在族群分裂国家，过度参与反而会使得深层矛盾表面化。在这种情况下，不如更多依赖精英谈判，而比例代表制恰恰能保证精英确实能代表自己的群体。[108]

深度分裂国家往往会陷入两难：政治整合势在必行，但至少短期不可行；共治兼容可以缓和族群纷争，但族群投票很容易锁定在族群政治而不能自拔。 如果社会没有在族群、宗教或语言层面上深度极化，或已存在相当程度的异质多元混合，那么整合模式更为适合，譬如印度和瑞士的语言或宗教族群相互交合。如果少数族群人数少而分散，整合模式也有帮助。反之，集中的少数族群不会接受整合模式，而更容易接受地域多元共治。如果少数族群在地理上分散、政治上极化而有足够影响，共治模式更有帮助，譬如布隆迪的图西族畏惧胡图族的人数和军事优势，自然不会满足于平等公民权和多数决政府。对于历史上微弱或新来的少数，政治方案一般是整合；对于抵制同化足够强大、取得独立又不够强大或统一的族群，则似乎更适合共治模式。[109]

族群纷争其实是前现代专制国家的产物，和政权连接在一起的族群压迫产生了持续的社会矛盾。在一个成熟的宪政国家，族群或身份不应该决定人的命运，族群身份没有必要和政治利益勾连在一起。事实上，政治制度衍生的族群党争正是政治冲突的根源。这是为什么整合派坚决禁止族群政党，要求政党成分多元化。国家政策

108 Ibid., pp. 83-84.
109 Ibid., pp. 85-88.

应该保持中立“色盲”，不同族群也就不会把族群身份当作分配权力的决定性标准。然而，族群中立的理想却未必适应族群纠结的现实。共治派认为，族群政党在现实中不可避免，简单禁止只是把他们从体制内赶到大街上。在社会分裂的转型国家，族群融合应该是努力方向，但共治不妨作为权宜之计。至于具体策略是共治还是整合，取决于族群相对力量的具体分布，每一种办法都有适用限度。国家宪法通常既有整合因素，也有兼容因素。开始制宪也许不可避免必须适应族群政治，但是成熟之后可以逐步向整合模式过渡。南非制宪时采取了政治上整合、经济上兼容（保留白人优势）的安排。[110] 当然，对于力量对比悬殊的社会，压倒性的多数力量没有动机和少数族群共治，可能哪一种办法都不好用。

三、选举基本原则

选举的宗旨是通过选票体现真实的多数民意，把代表多数选民利益的代表选入议会，进而制定符合多数人利益的立法。要构成真正意义的“选举”，选举必须符合某些基本条件。第一，“一人一票”，选举权必须是普遍的，凡是达到法定年龄并具有正常理智的公民都有权投票；同理，被选举权也必须是普遍的，不得受到任何力量的人为限制或操控，以保证选民有真实的选择余地。第二，选举必须是直接的，也就是直接选举产生立法者，而非由自己选举产生的人间接产生立法者；选举越间接，民主责任的链条越容易断裂。第三，选举必须是自由的，不得受到任何力量的胁迫或非法因素的诱惑，自由选举才能真实体现选民意志；这意味着选举必须是秘密的，否则选民很容易受到恐吓。最后，回到“一人一票”，选举必须是平等的，每一张选票必须具有同等分量；如果选区划分不均等，选民产生立法者的话语权畸轻畸重，实际上已侵犯普选权。以上四项构成了民主选举的基本原则。

110 Choudhry, Bridging Comparative Politics and Comparative Constitutional Law, pp. 27-28, 34-36.

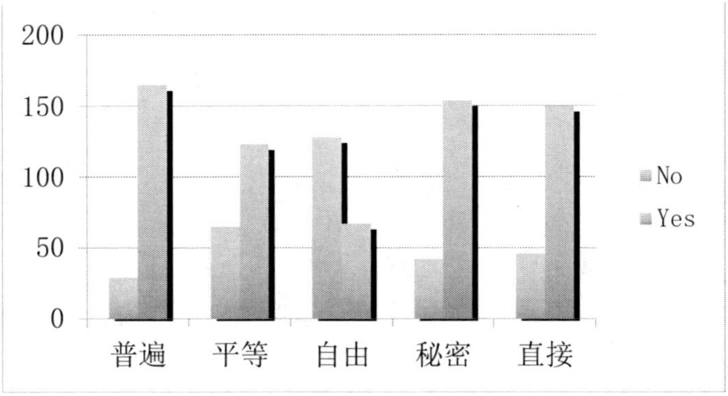

图 5.2：各国宪法明确规定选举原则的数量比例

数据来源："世界宪法制度指标"数据库。

1. 普遍选举

选举权应该是普遍的宪法权利，具备选举资格的选民主体相当广泛，否则所谓选举就不能代表所有人的利益。只有基于令人信服的公共利益的理由——如主要由年龄表征的发育状态不足以使之参与有意义的政治决定，才可以通过法律剥夺任何人的选举权。虽然凡是公民即应普遍享有选举权，但是选举资格还是存在法律某些限制，譬如 19 世纪初期的美国各州将选举权限于拥有财产的男性白人，妇女、有色人种和无产者是没有选举权的。这些限制以后逐步取消，但是针对黑人的政治歧视直到 1870 年的第 15 修正案才正式取消，针对妇女的政治歧视则直到 1920 年的第 19 修正案方才取消。美国有些地方剥夺某些罪犯的选举权，但是这类规定也被最高法院判决违宪。在 1985 年的"州禁罪犯表决案"中，[111] 美国阿拉巴马州的宪法规定：凡是犯有"道德败坏"(moral turpitude)之罪的人，一律被剥夺选举权。鉴于这项规定对黑人公民的不均衡影响，联邦最高法院判决州宪条款违反了第十四修正案的"平等保护"。

[111] Hunter v. Underwood, 471 U.S. 222.

当代对选举权的限制有三类：共同体成员及其个人切身利益、行为能力与自主性。[112] 首先，公民身份是选举权的普遍要求。在一项针对 64 个国家的比较研究中，48 个国家要求公民身份，但不少英联邦国家允许英国或其它英联邦成员公民在本国投票。新西兰允许永久居民投票，有的国家允许居住达到一定年限的居民投票，如智利仅要求 5 年、马拉维 7 年、乌拉圭 15 年。18 个国家规定了选民在选区居住的最低期限要求，通常是几个月。18 个国家规定了选民投票前在国内居住的最低期限，平均为 1 年，德国仅要求 3 个月，马拉维和圣卢西亚则要 7 年。但只有 14 个国家对公民有此要求，智利、萨摩亚等国只是对永久居民有此要求。40 个国家允许海外居民的投票权，其中法国、菲律宾、马里、委内瑞拉等 30 个国家的这项权利无限期有效。新西兰公民离开本国 3 年后失去投票权，永久居民离开本国 1 年后失权；德国公民离开 10 年后失去投票权，但如果居住在欧洲理事会国家则无限期有效。玻利维亚和巴西海外居民仅有权选举总统，葡萄牙的海外居民则仅有权参与议会选举。意大利、捷克、斯洛伐克、巴巴多斯、马耳他、圣卢西亚等国要求海外居民回国投票，海外工作的意大利公职人员可以报销所有差旅费，海外工作的普通公民则只能报销火车票。

其次，在所调查的 64 个国家中，59 个国家规定了 18 岁的年龄限制，占 94%，只有巴西规定了 16 岁年龄限制。亚洲国家年龄偏高，日本、韩国和台湾地区规定了 20 岁的年龄限制，马来西亚、马尔代夫、巴基斯坦、萨摩亚等国规定了 21 岁年龄限制。1995 年之前，玻利维亚还区分已婚未婚，未婚者须达到 21 岁才有选举权。[113] 精神病人一般没有选举权，加拿大、爱尔兰、意大利、瑞典例外。剥夺选举资格通常需要经过法院裁决，但也有的国家仅基于精神病史即可剥夺。

另外，有些国家禁止正在服刑的囚犯投票。在 64 国中，英国、

---

112 Louis Massicotte, André Blais, and Antoine Yoshinaka, *Establishing the Rules of the Game: Election Laws in Democracies*, University of Toronto Press (2004), p. 15.

113 Ibid., p. 17.

印度、葡萄牙等 23 个国家禁止囚犯投票，德国、瑞典等 16 个国家允许。比利时的规定最为严苛，对于服刑超过 5 年的罪犯，终生剥夺政治权利；对于服刑 3-5 年的罪犯，剥夺 12 年选举权；服刑 0.3-3 年的罪犯，剥夺其 6 年选举权。在菲律宾，对于服刑超过 1 年的罪犯，出狱后剥夺其 5 年的政治权利。[114] 对于罪犯占人口比例高的国家，剥夺罪犯选举权甚至可能影响选举结果。美国关在监狱里的 200 万囚犯不能投票，其中黑人比例超过其他种族，高达约 1/10 的 20-29 岁之间的黑人被关押在监狱，而他们几乎是清一色的民主党票仓。[115] 中国 1982 年宪法 34 条规定："年满十八周岁的公民，不分民族、种族、性别、职业、家庭出身、宗教信仰、教育程序、财产状况的居住期限，都有选举权和被选举权；但是依照法律被剥夺政治权利的人没有选举权和被选举权。"根据 1979 年制定的刑法第 34 条，"剥夺政治权利"是三种"附加刑"中的一种，选举权可以因为严重犯罪而遭到限制。

和选举权相比，被选举权往往需要符合更多条件。候选人资格一般都要求最低年龄和公民身份，但一般没有最高年龄限制，譬如戴高乐 67 岁当选总统、阿登纳 74 岁当选总理、里根和普朗普均 70 岁当选总统。贝宁例外，规定候选人年龄不得超过 70 岁。64 国的议员法定最低年龄平均为 21 岁，加拿大、澳大利亚、新西兰、德国、丹麦、瑞典、荷兰、西班牙、葡萄牙、匈牙利、南非的议员最低年龄是 18 岁，密克罗尼亚为 30 岁，但这只是例外；多数议员最低年龄偏高国家的只是规定 25 岁，且限于欠发达国家。总统法定最低年龄平均为 34 岁，接近美国宪法规定的 35 岁；圭亚那和斯洛文尼亚为 18 岁，贝宁、保加利亚、立陶宛、智利、菲律宾、台湾地区为 40 岁；蒙古最高，为 45 岁。[116]

所有总统选举和几乎所有议会选举都要求国籍，只有菲律宾和南美等五国要求议员必须土生土长。55 德国、意大利、葡萄牙等

---

114 Ibid., pp. 19-25.
115 Ibid., p. 8.
116 Ibid., pp. 42-53.

欧陆国家认为，立法者代表的并非选区地方利益，而是全国利益，因而不应要求候选人在选区的居住年限。印度和孟加拉国甚至允许候选人在不同选区同时参选，当选后只能选择担任一个地方的议员。只有巴西、智利、巴拿马、台湾地区、菲律宾、特尼达多巴哥要求议员在当地居住，阿根廷、厄瓜多尔、巴新几内亚则仅要求不在选区出生的候选人在当地居住的最低年限。加拿大、澳大利亚、印度等所有联邦国家都规定了全国和州省选举职位的不兼容性，葡萄牙、菲律宾、塞浦路斯等 17 个国家以及加拿大的阿尔伯塔和魁北克等省也明确禁止同时在央地担任选举职位，法国、荷兰、玻利维亚、巴新几内亚、台湾地区则不禁止同时在国家和地方议会同时任职。[117]

此外，候选人或政党还可能被要求缴纳一定数量的选举押金。对于议会选举，要求和不要求押金的国家在数量上平分秋色，各为 31 国；28 个国家规定，如果候选人的选票达到了一定的最低数量，选举后可退还押金。所有前英殖民地和多数制国家都要求候选人缴纳押金，只有圭亚那和纳米比亚例外；法国、西班牙、葡萄牙及其南美殖民地国家则都不要求押金，比例代表制国家一般也不要求押金。对于总统选举，64 国中 20 个国家不要求候选人缴纳押金，8 个国家要求押金，其中 7 个国家在选举后可退还押金。荷兰仅要求上届选举未曾赢得议席的政党支付押金。退还押金一般要求候选人所得选票达到一个最低比例，平均要求为 10%。以色列只要求候选人获得 1.5%的选票即可退还押金，印度和巴哈马则要求 16.7%。南非和拉脱维亚规定，政党只有至少赢得一个席位才能退还选举押金。加拿大规定，如果候选人获得了 15%以上选票，退还一半押金，另一半在提交选举开支报告后退还。采用混合选举制的拉脱维亚规定，在选区竞选的候选人必须赢得选举才能退还押金，政党押金则仅需获得 5%以上选票即可退还。台湾地区规定，在选区竞选的候选人只需要获得 10%的选票即可退还押金，海外和政党名单候选人

117 Ibid., pp. 57-60.

则需要赢得选举才能退还押金。对于总统选举的押金返还，保加利亚仅要求候选人获得 1%以上选票，贝宁、纳米比亚、马达加斯加则要求 10%以上选票。立陶宛候选人如获 2 万选民的联名支持，可退还押金。台湾地区的独立候选人须先交纳前期押金，获得 1.5%的选民联名后可以退还；然后所有候选人再交押金，获得 5%选票后可获退还。[118]

最后，所调查的 64 国中有 11 个国家要求总统候选人必须获得一定数量的选民提名。圣多美仅要求 250 个选民提名，波兰和罗马尼亚则要求 10 万人提名。保加利亚、智利、纳米比亚、台湾地区仅要求独立候选人获得联名提名，其中保加利亚要求 1.5 万人，智利和台湾地区分别为 0.5%和 1.5%的登记选民提名，纳米比亚则要求在 10 个大区内每个有 300 人提名。16 个国家的总统选举未要求候选人获得选民提名，但爱尔兰要求候选人获得 20 名国会议员或 4 个县议会或 1 名前总统的支持，法国则要求候选人在 3.6 万名选举管理官员中获得 500 人的支持。所有总统直选的欧洲国家都要求候选人获得联名支持。相比之下，南美国家较少要求联名支持。非洲国家则各参半，贝宁、马里、马达加斯加等法属殖民地国家并没有这项要求。事实上，没有什么能保证提名人真的会选候选人，有的候选人得票甚至没有达到自己的提名人数。另外，候选人需要雇用义工收集签名，实际上构成变相的不可退还押金。不少国家还有教育程度和语言能力要求。[119]

2. 直接选举

为了保证选举真正代表民意，选举应尽可能是直接而非间接的。所谓“直接选举”，就是政策制定者直接由选民选举产生，例如美国的联邦众议院和现在的参议院；所谓间接选举，就是由人民选举的代表进一步选择最终决策者，例如在 1913 年通过的第 17 修正案之前，美国的联邦参议员是由各州议会代表决定的。目前美

118 Ibid., pp. 61-63.
119 Ibid., pp. 63-64.

国总统的“选举院”（Electoral College）制度在名义上是间接选举，即由各州先产生选举人，然后由选举人选择联邦总统，但选举人的选择实际上受到严格限制，因而美国总统的选举很接近直接选举。就和直接民主一样，直接选举虽然成本可能要比间接选举高，但它显然更为民主，且对统治者构成更有效的监督。一般地，任何监督都不可能是绝对有效的，且每增加一个环节，监督效率就相应下降。因此，在 1913 年以前，要监督联邦参议院，美国选民只有通过监督各州众议院，而实践证明这种监督不可能很有效，因为它产生了严重的贿选现象。因此，选举越是间接，代表选代表的层级越多，选举的控制与监督效率就越低。

德国《基本法》要求联邦众议院通过“直接”选举产生。既然这是德国人民直接行使选举权的唯一机会，这项权利禁止任何中间机构去代替人民进行选举。因此，人民必须通过投票直接决定众议院议员。这类问题通常出现在政党名单上的比例选票。在 1953 年的“州党名单案”中，[120] 州的选举法允许政党为了填补新出现的议员空缺，在选举后增加名单上的提名候选人。联邦宪政法院指出，第 38 条规定的直接选举不仅意味着选民选择其政党，而是直接选举其代表。候选人的最终选择权必须取决于选民意志，但这项法律却允许政党在选民表决后自行提名候选人，因而违反了直接选举原则。1957 年的“替换候选人案”表达了类似原则。[121] 在联邦选举后不久，自由民主党议员辞职。自民党指定在政党名单上的候选人接替，但他不是第一、而是排名在后的候选人。宪政法院再次判决这种做法违宪：

> 直接选举原则确实要求，任何中介的选举团体必须被禁止；但它并不因此而得到满足。它还禁止任何分离选民和其候选人的选举程序；这类程序授权其它机构来选择代表，并在以后通过选票，允许选民批准这些选择的可能性。直接选举原则所要求的选举程序，乃是每项表决都针对一个特定或可识别的

[120] State List Case, 3 BverfGE 45.
[121] Nachrucker Case, 7 BVerfGE 77.

候选人；在选举后，没有任何中介力量可有裁量权来选择代表。只有选民最终决定，他们的话才能算数。只有到在这种情况下，选举才能说是直接的。

中国以县级为分界线，各级人大的选举采用直接与间接相结合的方式。1982 年宪法第 97 条规定：“省、自治区、直辖市、设区的市、自治州的人民代表大会的代表，由下一级人民代表大会选举；不设区的市、市辖区、县、自治县、乡、民族乡、镇的人民代表大会的代表，由选民直接选举。”和直接选举相比，间接选举更容易导致贿选。由于地方人大代表人数较少，贿选成本较低、回报较高，贿选内幕不容易暴露，因而往往容易得手。要杜绝贿选，根本之道在于扩大民主范围、实现直接选举；否则，只是靠个案的清理整顿，难免“头痛医头、脚痛医脚”，不可能从根本上遏制全国各地的选举违法行为。

3. 自由与秘密选举

有意义的选举显然应该是一个选民根据自己的理性判断自由投票的过程，而不能受到强迫或操纵；否则，“选举”就完全失去了意义。因此，德国《基本法》第 38 条要求选举自由，而自由选举首先意味着选民不受官方、政党、社会或其它第三者的压力；选举必须是一个开放的过程，国家不得运用特权进行干涉。自由选举还代表着多元主义和多党竞争的制度，要求政府保障言论、新闻和集会自由，使公民能平和理性地交换意见，并且自由形成公共意见(public opinion)。自由选举一方面承认多数统治的民主原则，另一方面要求保障居于少数的党派通过自由辩论和公正的表决程序，获得成为多数的现实机会。而要切实保障少数的合法权利，又必须具备独立的司法机构，才能把多数政府有效地控制在宪政与法律范围之内。

在 1977 年的“官方宣传案”中，[122] 联邦宪政法院不仅讨论了自由选举原则，而且阐明了《基本法》对现行政府在选举中的行为

[122] Official Propaganda Case, 44 BVerfGE 125.

限制。在 1976 年的联邦选举中，德国出版和信息局等官方机构利用政府资金，发布了 600 万份传单，揭示现任行政机构所授予的公共利益。其中在“镜报”上的一幅政府资助的广告称：“总而言之，这个政府给你们带来了更多的自由”。这些用来宣传现政府政绩的经费，来自原来分配给行政机构发布信息的资金。而近 60%的广告被社民党和自民党联合政府占有，反对党基督教民主党只获得 0.26%。基督教民主党在宪政法院启动“组织争议”程序，宣称政府的这些开支违反了《基本法》第 20 条规定的议会民主原则、第 21 条保障的政党平等原则及第 38 条的自由选举原则。宪政法院第二庭维持了宪法诉愿，并指出：

> 政府必须保障民主合法化——即议会代表选举——的基本过程之完整性。通过采取在第 20 条第 2 款意义上的表决，人民意愿得以自下而上地产生：从人民到宪法机构，而非反过来。不错，这些宪法机构的所作所为，对形成选民的意愿和见解具有相当强烈之影响；它们的行为本身在选民决定中发挥作用。但宪法机构不得以其官方权能，为了控制这些机构而试图在选举中利用特殊手段来影响大众意愿之形成。在竞选时，宪法禁止宪法机构把自身和政党等同起来，并以公共基金去支持或反对政党。它们尤其被禁止去通过广告来影响选民决定。另外，限制联邦众议院和联邦内阁任期的宪法原则，也不允许现存联邦政府以宪法机构的权能去寻求重新获选，从而促使自身成为“未来政府”。

自由选举要求投票是无记名与秘密的，以防政客对选民施加压力。早在 19 世纪，美国实行两党分开投票，致使选民投哪个党候选人的票昭然若揭，即便是无记名投票也形同虚设。进步党改革后，美国采取了“澳大利亚”选票制度，也就是将所有党派的票箱合并为一个，并将所有候选人都打在一张选票上。这样，即便行贿者站在投票箱旁边看着也无法知晓选民是否投了他的票，行贿起不到预期的作用也就推出历史舞台了。因此，和直接选举一样，秘密与自由选举也是杜绝贿选的良方。

自由选举不仅对于选民重要，对于候选人也同样重要。对于候选人来说，获得提名并将自己的名字写上选票是决定胜选的关键一步。尤其在多数制造成的两党轮流执政格局下，写上选票对于第三党的发展意义非凡，但是两大党很快联合起来终结威胁既得利益格局的发展。为了控制党内派系竞争，以免让黑人等弱势群体渔翁得利，美国两大党都诉诸各种“锁位”策略，而最高法院却听之任之、无所作为。政党对党内初选的控制有时也会剥夺候选人的竞选自由。美国各州一般都采用“封闭初选”(closed primaries)，但是华盛顿与阿拉斯加例外。封闭初选被认为造成了候选人和选民的极端化，开放初选(open primaries)或有助于政党及其候选人走向温和立场。这两个州的开放初选允许选民对不同的职位选择不同的政党，譬如共和党州长和民主党司法部长。路易斯安那州的开放初选更进一步，让所有选民逐个选择候选人，然后在每个职位的头两名之间进行决选，而不说明政党属性。[123] 开放初选是选民对党内和政府控制的反叛，旨在提高选民参与，但是和政党的自主决定相冲突。由于联邦最高法院已认定这是属于政党自由，[124] 各州立法既不能要求关门选举，也不能要求开门选举。然而，政党的自主决定却是没有多少道理的，因为政党的主要作用表现于为政府职位输送候选人，而这一切都发生在国家组织、国家调控和国家限制的大环境中，国家当然可以对政党如何把候选人放上选票设置条件。

和美国相比，德国法院对政治竞争的监督有力得多。在涉及选举代表的立法时，议会自由裁量受到严格约束，法院适用选民平等和政党机会平等原则，有力保护了竞选自由。在“选票准入案”，德国大党候选人要上选票，只需要得到州党执行委员会的批准，但未能在联邦或各州议会中得到代表的小党候选人则要求 500 人联

---

123 Samuel Issacharoff, Private Parties with Public Purposes: Political Parties, Associational Freedoms, and Partisan Competition, 101 *Columbia Law Review* 274 (2001).

124 皮德斯：“民主政治的宪法化”，田雷译，载张千帆主编：《哈佛法律评论•宪法学精粹》，法律出版社 2005 年版，译自 Richard Pildes, The Supreme Court 2003 Term－Foreword：*The Constitutionalization of Democratic Politics*, 118 *Harvard Law Review* 29-154 (2004).

名推荐。德国法院撤销了这一要求，判决其干扰了公开和公正的政治竞争。同时期的美国法院则维持了要求独立候选人提交 5%选民签名的申请。美国法院更注重个体政治权利的保护，但是这样做的后果是削弱了政党竞争和政治市场的活力。

4. 平等选举

最后，选举权应该是平等的，每张选票都应大致代表同样的分量（“一人一票”原则）；否则，和其他选民相比，某些选民就被不适当地剥夺或限制了选举权。根据广义解释，选举权的平等也包括了普遍性要求。如果某类人口被剥夺了选举权，那么问题自然是这种剥夺是否构成了对基本权利的歧视。不论是选举权遭到完全剥夺还是选票分量遭到削弱，都是对选举平等的侵犯，最后的结果都是扭曲选举结果并违背多数主义民主原则。

对于选举平等，美国宪法最重要的规定是第 14 修正案规定的“平等保护”条款:“各州不得在其管辖区域内对任何人拒绝[提供]法律的平等保护(Equal Protection of Laws)。”1870 年通过的第 15 修正案特别禁止联邦或各州政府对选举权进行种族歧视:“合众国公民的选举权不得被合众国或任何州以种族、肤色或从前的奴役状态为由而否认或剥夺。”两条修正案构成了对公民选举权的最早保护，中国 1982 年宪法第 33、34 条与之类似。

对于议会选举，最关键的问题是选区划分。选举权利不仅是公民投票的行动自由，它还意味着公民有权要求公正的选举结果。如果选区划分不公，那么有些选区少量选民就能选举一个代表，有些选区大量选民才能选出一个代表。这样，每张选票的份量就出现了差别，某些选区的选民在议会获得利益代表的机会就受到了歧视甚至剥夺。出于故意或疏忽，美国有些州不顾几十年来人口分布的巨大变化，仍旧沿用 20 世纪初的选区划分机制，从而使得不同地区的选民人数和代表比例显著失调。在 1964 年的“选区重划第二案”，[125] 最高法院正式确立了“一人一票”原则。

---

[125] Reynolds v. Sims，377 U.S. 533.

阿拉巴马州议会选举在 60 年代的选区划分，仍然按照 1901 年的宪法规定。但 60 年来的人口分布变化，使得选举结果极为不公。该州议会虽然提议对此进行改革，但程度极为有限。选区人口和代表席位的比例，在不同地区差异显著。例如根据 60 年代的联邦人口统计，有的选区超过 60 万人，却只有 7 个众院、1 个参院席位；而有的选区不过 1.5 万人，却也有两个众院、一个参院席位。选区代表比例的最高与最低之比在州参议院达到 41:1，在州众议院亦达 16:1。结果，参众两院多数议员都只代表阿州的 1/4 人口。这一选举机制受到选民团体的挑战，并被联邦地区判决违反了第十四修正案的“平等保护”条款。最高法院肯定了地区法院的决定，沃伦首席大法官(C. J. Warren)的法院意见指出：

> 无论在联邦抑或各州选举，合众国宪法均保护一切有资格的公民之选举权……选民有权自由选举自己所选择的候选人，乃是民主社会的要旨；且对这项权利的任何限制，都将触及代议制政府的核心。就如同全然禁止选举的自由举行，对公民选票份量的贬低与削弱也可同样有效地剥夺选举权。我国代议制政府的基本原则是：不论种族、性别、经济地位或州内的居住地点，同样人数的人民必须获得同等代表。
>
> 立法者代表人民，而非树木或田亩。立法者被选民所选举，而非农场、城市或经济利益。只要我们的政府仍然具有代议形式，且我们的立法机构仍然是人民直选并直接代表人民的政府工具，那么以自由和不受削弱的方式选举议员的权利，就是我们政治体制的基石。
>
> 在一个基于代议制政府的社会，逻辑的要求是州的多数人民选举州的多数议员。既然立法划分选区的基本目的，乃是取得公正和有效的公民代表，平等保护条款保障所有选民在州议员选举中的平等参与机会……在立法选区划分争议的决定中，人口必然是考虑的起点和首要标准。一个有资格投票的公民，并不因为他生活在城市或农场而有所不同……平等保护条款至少要求，居住各地、任何种族的所有公民，在州议会获得基

本平等的代表。

当然，“一人一票”原则并非总能保障平等的选举结果。事实上，通过现代计算机处理人文地理数据，州政府可以在几乎严格满足“一人一票”的基础上，通过滥划政治选区(Political Gerrymanding)来歧视少数族群或党派。这类选区划分法律当然不会明言歧视意图，因而法院必须从政府的具体行为和选举结果来决定“歧视目的”是否存在。典型的例子是 1960 年的“选区滥划第一案”。[126] 阿拉巴马州的法律把原为四方形的塔斯克基市(Tuskegee)，变成一个 28 边奇异图形。结果排斥了该市选区内 99%的黑人，而保留了全部白人居民。最高法院依据第 15 修正案，判决阿州重划选区法案无效。法兰克弗特法官(J. Frankfurter)认为：“州法完全是考虑把白人和有色人种隔离，通过拒黑人公民于市门之外剥夺他们先前的地方表决权。”

在某些情况下，政府故意将选区划得奇形怪状，但目的却是照顾而非歧视少数族群等政治弱势群体得代表。譬如鉴于少数种族在政治过程中遭受歧视的历史，美国有些州开始通过选区划分以促进少数种族选举自己的代表。但教育和其它领域的纠偏行动判例表明，这类选举纠偏行动也受到第十四修正案的平等保护条款之限制。在 1993 年的“北卡善意滥划第一案”，[127] 北卡罗兰纳州的选民比例大致为 78%白人、20%黑人以及 1%的亚裔和印第安人，其中黑人分布比较分散。在州的 100 个县里，黑人占多数的只有 5 个，而没有一个在 11 个国会选区中占多数，因而黑人自内战后重建时期开始至今就没有国会代表。根据 1990 年的人口统计调查，北卡州获得了联邦众议院的一个额外席位。州众议院制定了选区重划方案，将北部一个黑人占多数的一个地区划为国会选区。在联邦司法部长根据 1965 年的《选举权利法》反对这项方案后，州众议院通过的新方案又创造了另外一个黑人占多数的选区。两个选区的边界都高度不规则，其目的几乎公开是为了囊括了足够多数的黑

[126] Gomillion v. Lightfoot, 364 U.S. 339.
[127] Shaw v. Reno, 509 U.S. 630.

人：第 1 号选区的形状是长钩型，像一个大问号；第 12 号选区则是极端的狭长形，长达 160 英里（256 公里），像一条蛇形高速公路。新的区划将有史以来第一次在北卡产生两名黑人国会议员，但北卡共和党和一些选民认为州议会的选区重划方案构成了基于种族的违宪滥划。联邦地区法院判决北卡州的第 12 号选区构成了基于种族的归类，且并不严格适合于促进令人信服的利益。在 1996 年的"第二案"，[128] 最高法院维持了地区法院的判决。判决虽然坚持选举平等原则，但是结果却延续了黑人缺乏议会代表的现状。

四、选区如何划分？主体、标准与绩效比较

俗话说，"细节决定成败。"民主的细节在选举，选举的细节在选区。尤其对于实行单选区制的国家，选区怎么划、由谁划至关重要。众所周知，议员是选举产生的；通过"一人一票"的选举，立法者向多数人负责。然而，选举制度又是立法规定的。选民在选举法划定的选区，按选举法规定的时间、地点和方式进行投票。为了保证"一人一票"，多数国家在每隔几年（通常十年）的人口普查之后重划选区。在和比例代表制(proportional representation)相对的多数制(majority)国家，选举结果很大程度上取决于选区划分的主体与方式。一次选举上台之后，议会多数党完全可以操纵选区划分，使下一次选举结果有利于本党，进而达到"永久执政"的目的。换言之，议会和选举存在着"鸡生蛋、蛋生鸡"的问题：议会由选举产生，而议会立法又决定了选举的方式乃至结果；特定党派占多数的议会完全可能以滥划选区的方式，为本党在下次选举获得不正当优势，充当自己案件的立法者。

滥划选区的危险并非理论虚构。近几十年来，一些美国国会议员之所以连选连任，正是通过滥划选区，把自己的选区变成不受反对党候选人实质挑战的"安全选区"。事实上，美国众议院选举中

---

[128] Shaw v. Hunt, 517 U.S. 899.

真正受到挑战的选区只有 10%。[129] “安全选区”的普遍化加上党内封闭初选，使得政党候选人出现了不断极端化倾向。2011 年 7 月，德克萨斯共和党州长签署了共和党占多数的州议会关于重划国会选区的计划，要划成 26 个共和党占优的选区和 10 个民主党占优的选区，而就在 2008 年，民主党总统奥巴马还在德州获得了高达 44%选票。[130] 由此可见，虽然民主党在德州是少数党，但其所应获得的国会席位远多于共和党的选区重划方案。方案公布后，一时诉讼满天飞。只是在民主党和少数群体提出了 20 多项宪法诉讼之后，专门负责选举诉讼的华盛顿特区法院才在司法部敦促下禁止该计划的实施。事实上，这不只是德州的孤立现象。在 2010 年的选举周期中，41 个州共提出了 190 多起诉讼，其中 11 个州的选区重组方案被法院撤销，9 个州的选区方案被法院重划。

选区划分的美国模式是独特的，确实可以说是构成了“美国例外”，因为世界上其它所有自由民主国家都是通过独立委员会而非政客决定选区，而法院发挥的作用微乎其微。另外，平等基数并不那么严格，而其它标准也相当重要，譬如尊重政治单元、利益共同体和地理特征；少数族群代表有时被忽视，有时通过明确带有族群意识的机制解决，有时通过多成员选区加特别投票规则实现，而非通过广泛的草根诉讼和中央行政审查。[131]

1. 谁来划分选区？

选区划分的第一个也是首要问题是决定选区的主体。今天，世界上几乎所有民主国家都通过政治上相对中立的机构和过程来确定选区，但是这项权力在美国仍然归属于各州议会这个政治机构，从而加剧了选区划分的政治化。虽然选区划分争议也受制于司法审查，但如下所述，选区划分一旦政治化以后，司法控制似有力不从心之感。

---

129 参见皮德斯：“民主政治的宪法化”。

130 Nicholas O. Stephanopoulos, Our Electoral Exceptionalism, 80 *University of Chicago Law Review* 769 (2013), p. 770.

131 Ibid., pp. 770-772.

由于选区划分的政治意义显而易见，各大党派一旦执掌议会即争着抢做这门“生意”。19 世纪，欧洲及其自治殖民地均采用议会划定选区边界，选区的政治滥划在所难免。19 世纪至 20 世纪初，英国的选区重划被执政党视为促进自身利益的利器。1872-1964 年，加拿大的九次选区重划也是高度政治化的。1980 年之前，爱尔兰的选区划分也大同小异。1994 年之前，日本由议会决定选区，而法院不止一次介入以监督其公正性。2010 年之前，法国的选区重划也由议会决定、受宪政院监督。[132] 然而，随着民主的深化，政治人逐渐淡出选区重划过程，而让位于独立委员会。[133] 譬如澳大利亚最近的一次选举改革是 1983 年，选举改革委员会引入了政党财政立法，并设立了独立的选举委员会。联邦选举委员会全权管理选举事务，各州和地方政府无从插手，并在政治上保持完全中立。[134] 各国选区划分机制的大趋势是从议会政治模式走向去政治化的委员会模式。所有主要的英联邦国家都已采用独立委员会制度，譬如英国、澳大利亚、新西兰、孟加拉国、印度、巴基斯坦、尼日利亚。阿尔巴尼亚、白俄罗斯、德国、印度尼西亚、立陶宛、墨西哥、乌克兰也采用这种体制，法国、日本、爱尔兰则在 1980-90 年代转变成委员会制度。

今天，只有喀麦隆、吉尔吉斯斯坦、马来西亚、新加坡等威权国家的选区划分才由政治分支决定。自由民主国家已经不再这么做，除了美国之外都采用了委员会制度。作为几乎唯一的例外，美国的选区划分仍然采用议会模式，具体表现为选举产生的州议会负责划分本辖区的选区边界，而州议会方案受制于严格的联邦司法审查。事实上，美国在各州层次上也在发生变化。2010年，加州决定让独立委员会划分选区，纽约、德州和俄亥俄也在考虑中。现在，

---

132 Ibid., pp. 781-783.

133 Lisa Handley, A Comparative Survey of Structure and Criteria for Boundary Delimitation, in Lisa Handley and Bernie Grofman, eds, Redistricting in Comparative Perspective 265 (Oxford 2008), pp. 266-267.

134 Amanda Kelley Myers, Importing Democracy: Can Lessons Learned from Germany, India, and Australia Help Reform the American Electoral System? 37 *Pepperdine Law Review* 1113 (2010).

美国有13州的委员会决定本州选区的划分，7个州采用委员会决定联邦选区划分，其中绝大多数委员会由两大党共同构成，伊利诺伊与加州的委员会更具有独立性。比较各州模式，委员会的选区划分决定比州议会更为公正。委员会决定的选区划分方案有76%受到法院维持，而议会决定的选区划分方案则只有65%受到法院维持。[135] 相比之下，联邦虽然也有选举委员会，权力却相当有限，甚至还没有南非有效，因为选委会只有通过多数表决才能启动制裁听证，而选委会的6名成员一般是共和民主两党平分，往往打个平手、不了了之。

在 87 个被调查的国家中，有 60 个国家划分选区。不划分选区的国家都采用比例代表制，譬如墨西哥以外的南美国家都不划选区。欧洲的比例代表制国家也划选区，只是其边界不那么重要，通常也不发生周期性改动。[136] 在划分选区的 60 个国家中，43 个国家的选区由选举委员会划分选区，14 个国家由立法机构划分选区，其中 6 个国家采用比例代表制，还有意大利、韩国、吉尔吉斯斯坦、巴拿马等混合制国家。只有美国采用单选区制，并由议会对决定选区边界发挥主导作用。[137] 总体上，大约过半数国家要求议会对选区划分做出最终决定，其中包括 6 个欧洲比例代表制国家，其选区边界并不发生周期性变动。

在 43 个国家由选举委员会确定选区的国家中，边界委员会(boundary committee)和选举委员会两种模式大致平分秋色。绝大多数英联邦国家的边界委员会仅负责选区设计，选举委员会则一般负责监督整个选举过程。但二者的区分并不是绝对的，譬如澳大利亚的边界委员会不仅组织公投和参众两院选举、维持选民名单，而且每年还组织近 700 场三年一度的工会选举。[138] 英国采用专门的边

135 Stephanopoulos, Our Electoral Exceptionalism, pp. 777, 780.
136 Lisa Handley, A Comparative Survey of Structure and Criteria for Boundary Delimitation, in Lisa Handley and Bernie Grofman eds, *Redistricting in Comparative Perspective*, Oxford University Press (2008), pp. 266-267.
137 Ibid., pp. 268-269.
138 Louis Massicotte, André Blais, and Antoine Yoshinaka, *Establishing the Rules of the Game: Election Laws in Democracies*, University of Toronto Press (2004),

委会确定选区之后，加拿大、澳大利亚、新西兰及加勒比岛国等前英殖民地国家也纷纷效仿，目前有 22 个国家采用边界委员会模式。边委会一般由 3-7 名委员组成，譬如英国有 4 名委员，新西兰和德国各 7 名委员。阿尔巴尼亚的边界委员会成员最多，有 9 名委员。另外 21 国采用选举委员会模式，其中墨西哥、波兰、立陶宛等国的选委会相对独立于立法与行政，肯尼亚、尼日利亚和坦桑尼亚等国的选委会则不够独立。

在 21 个采用选委会模式的国家中，16 国授权选委会对选区划分做出终极决定，选区方案的实施并不需要议会批准。相比之下，在 22 个采用边委会的国家中，14 国都要求议会批准，只有澳大利亚、新西兰、印度等 8 国编委会享有终极决定权。不过，虽然英国、加拿大等国要求议会批准选区方案，但基本上只是一个程式而已，一般不会更改委员会制定的选区划分方案。马来西亚、毛里求斯和巴新几内亚等国则仅允许议会批准或否决委员会的选区划分方案，而不得修改方案。

如果说独立委员会是划分选区的去政治化方式，那么议会划分选区注定是政治化的，而为了控制政治滥划，独立司法必须发挥有效作用。美国法院之所以频繁介入选区划分，正是为了保证“一人一票”，也就是各选区的选民基数平等。如下所述，美国选举诉讼中，基数平等几乎是司法审查的唯一原则，且审查力度极为严格。因此，选区设计的政治化和司法化高度正相关，选区划分的政治化同时造成这一问题的司法化，而全球趋势是把决定权从政治与司法分支转移到独立委员会。

2. 选举委员会的组织结构

选举委员会的组织结构大致有三种模式：部长负责制、任命官员一人负责制和选举委员会多人负责制。一人负责制难以得到所有党派的认同，因为负责人的党派属性非此即彼，难以平衡。部长则自己就是政治竞争者，部长负责显然涉嫌自己做自己案件的法官。

---

pp. 100-101.

尽管如此，仍有一定数量的国家规定了部长负责模式，通常由内务部长主管，譬如英国、法国、比利时、卢森堡与丹麦，爱尔兰则是由环境部长负责。[139] 其中 16 国部长任期和议会同步，23 国规定了固定任期，平均 5 年。

加拿大、新西兰、巴哈马、智利、塞浦路斯、牙买加、密克罗尼西亚、巴新几内亚、圣文森特、萨摩亚等 10 国规定了一位选举官负责的选举体制，其中有的选举官由议会任命，如加拿大和密克罗尼西亚；有的则由内阁任命，如塞浦路斯与牙买加。新西兰的首席选举官由司法部长任命，后者又由内阁任命的 4 人国家公务委员会任命。自 1920 年以来，加拿大只有 5 名首席选举官，直接对议会而非内阁负责；某些任命得到了反对党领袖的首肯，例如最近的任命得到了两个反对党同意。首席选举官监督内阁任命的首席助理选举官，后者领导 100 多名工作人员，竞选时期有所扩充。只有选举委员书面同意，才能起诉选举违法行为。加拿大选举管理体制的最高层严格奉行政治中立，工作人员按公务员程序任命产生。

43 国采用委员会集体负责制，其中荷兰、意大利、马耳他、印度、孟加拉、台湾地区的委员会由政府单方面提名并任命，尽管马耳他要求总理和反对党领袖磋商后决定；澳大利亚和巴西的委员会由内阁提名、独立司法机构任命，玻利维亚和菲律宾的委员会则由议会任命，捷克与巴巴多斯要求其它政党也参与任命过程。匈牙利、蒙古等 9 国的委员会全由议会任命，其中乌拉圭、委内瑞拉、佛得角要求议会 2/3 多数通过，以保证反对党的意见得到尊重，纳米比亚则要求 5 名委员全部是法官。罗马尼亚的选举委员会多达 23 人，其中 7 人由最高法院院长从大法官中抓阄选出，其他 16 人为政党代表。德国、西班牙、葡萄牙、贝宁、马里的选举委员会由多元主体选出，瑞典的委员会则由掌握人口数据的 10 人国家税务局主管。[140]

必须说明的是，单一制国家一般有一个全国选举委员会统一管

139 Ibid., pp. 83-93.
140 Ibid., pp. 94-95.

理选举，联邦或某些实行高度自治的国家则可能存在不同层次的选举委员会。譬如法国、日本和新西兰由一个委员会设计所有选区，美国、英国、加拿大、澳大利亚则由多个委员会分别负责设计不同层次的选区，譬如英国共有英格兰、苏格兰、威尔士和北爱尔兰 4 个边界委员会。澳大利亚选举委员会也是联邦和各州分开，但是二者共用一套选民名单。委员会主席是联邦法院法官，但和另一名统计官一样是兼职，真正管事的全职是副部级的首席委员。下一层次是副首席委员和各省一位选举官。以上都由总督按总理建议任命，任期 7 年、可以连任。[141] 因此，虽然澳大利亚存在联邦和州两个层次的选委会，但是二者之间存在相当程度的关联。相比之下，美国选举委员会则完全是地方化的。几乎对于每一个选举参数，各州乃至各县市都有变化。这样容易造成选民的意识混乱（如 2000 年大选），或让选民对投票箱望而却步（如 2004 年大选），或因为选举机器失灵而让选民排长队（如 2008 年大选）。为了解决 2000 大选出现的危机，国会制定了《帮助美国人投票法》，但是除了竞选资金之外，其它问题只是涉及了一些皮毛。

3. 选区划分标准

选举委员会的一个重要任务是保证选区的公平划分，而何谓“公平”？“一人一票”显然是划分选区的普世标准，但并非唯一标准。事实上，要实现选票与议席比例平等，“一人一票”只是必要而非充分条件。严格的比例平等只有在比例代表制下才能实现，譬如以色列国会 120 个议席在一个全国大选区选举产生，议席和选票完全成比例，荷兰、秘鲁、纳米比亚和塞拉利昂的众议院也大致如此。[142] 但是在多数制国家，这样的要求是不现实的，“一人一票”也需要和划分选区的其它标准相权衡，包括地方行政边界、自然地理状态、族群等利益群体分布等因素。

---

141 Ibid., pp. 97-100.

142 David Samuels and Richard Snyder, The Value of a Vote: Malapportionment in Comparative Perspective, 31 *British Journal Political Science* 651 (2001), p. 654.

由于人口流动，选区必须在人口普查基础上定期重划。57%的国家要求周期性重划选区，但没有什么标准间隔。如塞舌尔规定，如有必要每隔 3 年重划选区，法国则只需要 12-14 年重划即可，多数国家要求 10 年重划一次。1/3 的国家没有规定特定间隔，通常是在人口普查之后或达到某个限度的选票和席位比例偏差，譬如马其顿规定比例偏差达到 3%即须重划选区，但是将近 3/4 的国家没有明确规定必须重划选区的比例偏差上限。规定比例偏差上限的国家则差异甚大，采用比例代表制的马其顿和美国一样近乎零容忍，捷克、德国、新加坡则容许比例偏差分别达到 15%、25%、30%。[143] 1944 年，英国曾规定 25%的上限，但两年后即撤销了这一规定，现在仅规定“尽可能平等”，因为“一人一票”还要和行政地界及“特殊地理情况”相权衡。

因此，如何划分选区？按什么标准划分选区？这是选区制国家首先要解决的一个问题。除了“一人一票”之外，2/3 国家将地方行政边界作为考虑因素，近 1/3 的国家规定了利益共同体(community of interest)标准，例如德国选举法规定选区应形成利益“连贯”的区域，澳大利亚选举法要求考虑经济、社会和区域利益，尼泊尔、巴基斯坦和巴新几内亚等国则要求考虑利益共同体或多元化、社群同质性或异质性等因素。12 个国家规定人口密度也是考虑因素，如马来西亚要求保证地广人稀的农村地区获得过多代表。[144] 另外，不少国家要求选区划界要维持地理上的连续性和完整性，美国立法则从 1929 年起就撤销了这类规定，但奇形怪状的选区可能构成滥划(gerrymandering)。

在权衡选区划分的不同标准过程中，其它国家对“一人一票”的要求远没有美国那么严格。譬如美国一般只允许 10%的选区人口偏差，乌克兰和白俄罗斯则允许 20%的选区人口偏差，德国和捷克允许 30%的人口偏差，津巴布韦和巴布亚新几内亚允许 40%的人

143 Lisa Handley, A Comparative Survey of Structure and Criteria for Boundary Delimitation, pp. 271-272.
144 Ibid., pp. 273-274.

口偏差，加拿大和立陶宛允许 50%的人口偏差，某些加拿大北部省甚至允许 100%的人口偏差。加拿大最高法院认为，划分选区不仅需要考虑“一人一票”，还需要考虑“地理、社群历史、社群利益和少数群体代表”。英国上诉法院则直截了当表明，选区人口平等必须服从于行政区划完整的要求，英国区县的边界基本上不得受到侵犯。[145] 如下所述，这样做的一个好处是限制选区滥划，并有助于促进选区内的同质化和选区之间的多元化。严格要求“一人一票”的美国模式容易造成选区形状的不规则，鼓励出于政治目的的选区滥划。

事实上，美国制度设计本身也并非以“一人一票”作为唯一标准。参议院一般照顾小州或少数群体，比例偏差通常很高。虽然日本、墨西哥等国的参议院没有否决预算等重要权力，但美国、阿根廷等不少国家的两院权力基本对等。有的国家甚至可能出现两院比例偏差“互补”的现象，譬如众议院过多代表城市、参议院过多代表农村。一项对 78 国议会的比例偏差研究发现，众议院比例偏差介于 1%-26%之间，平均值为 7%。参议院的比例偏差介于 0-49%之间，平均值是 21%。[146] 澳大利亚、加拿大、巴西、俄罗斯等大国的比例偏差偏高，因为存在较多地广人稀、过多代表的地区。统计分析表明，联邦制、国家规模和一员选区制都是比例偏差的相关变量。一员选区制由于席位不能灵活调整议席数，比例偏差高于多员选区制，且选区边界和立法者的切身利益更为攸关，因而选区重划面临更大的政治阻力。

总体上，发达国家的比例偏差较低，众议院平均值是 4%。欠发达和新兴民主国家的比例偏差高于平均水平，其中包括 22 个拉美国家中的 12 个、14 个非洲国家中的 7 个国家。[147] 在 20 个比例

---

145 Stephanopoulos, Our Electoral Exceptionalism, pp. 809-812.

146 Samuels and Snyder, The Value of a Vote: Malapportionment in Comparative Perspective, p. 662.

147 7 个比例偏差高的非洲国家当中，六个都是英殖民国家：冈比亚、加纳、肯尼亚、马拉维、坦桑尼亚、赞比亚。由于前法国殖民地国家的比例偏差相对较低，部分抵消了英殖民地国家的比例偏差，因而非洲国家的比例偏差低

偏差最高的国家中，15 个是 1975 年之后转型的新兴民主国家。但新兴民主国家的比例偏差有可能促进更为保守的政治转型，因而未必是坏事。在许多情况下，选区之间的人口比例偏差有利于地广人稀、更为保守的农村，或有助于维持更为威权的地方政治。如果快速推行“一人一票”，新兴民主国家或许难以承受代价高昂的市场经济改革。对于这些国家来说，对“一人一票”的偏离可被视为人口密集的城市和人口稀少的农村之间的一种政治协议，或能在国家构建过程中促进团结。[148]

严格要求“一人一票”还会对选区利益结构和议会政党政治产生深远影响。美国模式使每个选区的人口结构、社会经济地位和意识形态很多元，而由此产生的议会却很同质；反之，尊重政治单元边界、交通便利和人口密度的标准会使各个选区内部很同质，而所产生的议会却很多元。同质化选区的优点是限制选区滥划、提高选民参与、便于议员代表相对单一的选区利益，也促进议员相对于政党的独立性并控制议会两极分化。如果代表多元利益，那么议员会更依赖政党，议会也更为两极分化。2005-10 年的国会投票记录表明，在 100 个最异质和最同质的选区中两党差距达 25%。[149] 异质化选区促进对话、辩论和竞争？但证据表明，同质选区内部竞争反而更为激烈。异质选区的选民更倾向于退出政治、不信任邻居，因而有利于连任而非挑战者。[150] 伯克认为，议员是委托而非代表，因而在异质选区更为超脱，不易被民粹绑架。问题是，异质选区的议员更隶属于政党，而政党的影响导致忠诚可靠的议员当选，导致议会异质和极化。最后，多元化标准防止政治隔离？少数族群集中的选区往往在其它方面很异质，不同社会和经济地位的同一族群被拼在一起。[151]

于拉美。Ibid., 658-659, 664-666.

148 Ibid., pp. 668-671.

149 Stephanopoulos, Our Electoral Exceptionalism, pp. 773-774, 825-826.

150 Ibid., pp. 828-829.

151 Ibid., pp. 830-832.

4.　少数族群代表

选区划分的另一个难题是如何保证少数族群的代表比例。由于单选区制的“胜者通吃”，即便按“一人一票”公平划分选区，如果选民投票是沿着多数族群—少数族群轴线，即便占人口比例相当大的少数族群也未必能在议会中得到公平代表；在这种情况下，只有为少数族群保留席位或划分少数族群占多数(majority-minority)的选区才能保证少数族群得到代表，但是如果为了少数族群而刻意划分选区，又有可能构成选区滥划。

首先，美国的解决办法是在禁止族群滥划的基础上，鼓励形成少数族群占多数的选区。1965 年制定、1982 年修订的《投票权利法》禁止通过分而治之的方式稀释少数族群投票份量，第 2 条授权达到一定比例的少数族群聚居地申请建立少数族群占优（“少优”）的选区，第 5 条规定了少数族群代表的最低水平。划分少数族群占多数的选区要求证明不仅少数群体足够大、地理分布完整并形成选区中的多数，而且少数族群必须政治上团结，而多数族群集体反对少数族群所倾向的候选人并导致其通常败选。联邦司法部有权审查各州的选区划分方案，少数群体的代表水平所引发的选区划分争议可诉诸司法诉讼。[152] 由于法律不可能具体规定少数族群究竟能获得多大程度的代表，这在实际操作中很大程度上是诉讼决定的。1982-2005 年，针对第 5 条的诉讼有 653 起之多，司法部阻止了 626 次对州选举法的修改，成功实施少优选区的强制措施有 105 次。

尽管美国少数族群的议员比例仍然过低，《投票权利法》的措施显著改善了少数族群的代表水平。黑人占人口 13.2%，黑人多数的选区只占 6%，而黑人国会议员占 9.7%。西裔人口占 15.1%，西裔多数选区只占 5.8%，而西裔国会代表占 7%。乌克兰、巴拿马和一半的加拿大省都采取美国模式，人为划分少数族群聚居选区。相比之下，英国、法国、澳大利亚等单选区制国家对于少数群体的代表不采取任何人为保障措施，结果自然是严重的过低代表。譬如澳

152 Ibid., pp. 770-771.

大利亚土著只有一人进入众议院，英国和法国少数族群分别占人口的 9.5%和 12.6%，但议会成员却只占 2.3%和 0.4%。[153]

《投票权利法》的局限性在于其仅适用于高密度聚居的少数族群，对于分散居住的少数族群并无帮助。如下所述，要保证包括分散居住在内的所有少数群体都有代表，只有通过明确带有族群意识的选举制度或政党名单机制。另外，《投票权利法》第 2、5 条要求的少优选区一般是族群异质的。2000 年选举周期中，美国有 26 个黑人占主导社区，平均黑人比例接近 60%。黑人比例最高的选区是伊利诺伊第二选区，黑人占 69%。少数族群占优选区通常要把不同少数群体结合到一起，譬如美国南部选区通常合并城市和农村黑人加郊县白人，形成城市黑人贫民、农村黑人和市郊富裕白人的综合体，因而划分少优选区可能会加剧选区异质化及其所带来的问题，甚至鼓励政党滥划选区。[154]

历史上，《投票权利法》对美国的种族融合发挥了积极作用。长期以来，南部是民主党的一党天下，直到 1965 年民权运动才开始变化。1990 年代，南部才出现完全竞争性的两党政治。这很大程度上归功于 1982 年的《投票权利法》第 2 节修正案规定了考虑种族因素的选区重划，以及 1986 年的最高法院判决。[155] 遗憾的是，部分由于选举制度出现的问题，美国政治目前又重新进入“超极化”状态。按 2014 年统计，92%的共和党人比中位数民主党人更激进，94%的民主党人比中位数共和党人更自由；在此 20 年之前，这两个数字分别为 64%、70%。坚定自由派与保守派而非混合立场的选民从 10%上升到 21%，左右两端激进的人数增长了一倍多。[156]

其次，保证少数族群代表比例的更直接办法是为其明确保留议席。60 国中，10 个国家明确规定少数族群代表。譬如实行比例代表制的克罗地亚为为塞族保留了 3 个议席，并为匈族、乌族、德意

---

153 Ibid., pp. 833-834.
154 Ibid., pp. 815-818.
155 Thornburg v. Gingles, 478 U.S. 30 (1986).
156 Richard H. Pildes, Romanticizing Democracy, Political Fragmentation, and the Decline of American Government, 124 *Yale Law Journal* 804 (2014).

志、奥地利、捷克和斯洛伐克等族都保留了选区。新加坡、巴勒斯坦、毛里求斯等联票制(block vote)国家明确为少数族群保留席位；加沙西岸分为 16 个多员选区，其中 4 个选区的 6 个席位保留给基督教。印度和巴基斯坦都是单选区制国家，印度在每个邦按人口比例为表列种姓和部落保留名额，只有这些种姓和部落的候选人可以竞选；巴基斯坦国会有 3 类席位：272 个一般的单选区席位，60 个妇女席位按政党在各省得票比例分配，10 个保留给印度教和基督教等非穆斯林席位则以全国大选区按政党比例分配。约旦和巴勒斯坦都是多席选区制国家，对基督教等人群按比例保留了名额。新西兰和斐济则为少数族群设计了更为复杂的不同选区地图。新西兰有两张全国选区图，划分了 63 个一般选区和 7 个只有毛利人才能投票的毛利选区，使得毛利代表和其 15%的人口比例不相上下。斐济议会的 71 个席位分为 25 个所有选民可以投票的开放席位、23 个斐济土著席位和 19 个印度族席位，全国划分了 5 张选区图，其中 4 张只有斐济人和斐济印度人等族群才能投票，一张是所有人都有权投票；每个选民投两张票，一张针对自己族群，一张针对所有族群。[157]

再次，某些国家要求政党在其提名的候选人名单中必须包括少数族群，譬如新加坡要求参加群组选区竞选的政党必须包括印度、马来、欧亚或其它官方承认族群的一个候选人，才能参与大选区竞选。黎巴嫩要求政党提名候选人必须说明其宗教成分，英国和加拿大政党则主动提名少数族群候选人。保留议席和政党名单等显性措施很有效，但是有违“色盲”(color-blind)原则；划分选区或设置低门槛的多员选区等隐性措施更为微妙，但未必能保证少数族群的议席比例。[158] 另外，在单选区制保留名额还会涉及少数族群的地理分布问题，比例代表制和平行混合制的政党名单则和地理分布无关。

157 Handley, A Comparative Survey of Structure and Criteria for Boundary Delimitation, pp. 275-278.
158 Stephanopoulos, Our Electoral Exceptionalism, pp. 836-842.

最后，从宪法平等视角来看，多席选区加排序转移投票制等隐性方法更好，有限投票和累计投票制对保证少数族群代表也比单选区制更为有效。虽然多员选区仍然涉及选区划分，但其数量和重要性都有所下降，而且可能促进竞争、提高参与和选民动员。[159] 阿富汗、印尼参议院、约旦、科威特、西班牙参议院、日本、韩国和台湾采用多员选区的有限投票，澳大利亚参议院和某些州、爱尔兰、马耳他、新西兰地方选举、北爱地方和欧盟选举、苏格兰地方选举采用排序转移投票法，斐济和巴新几内亚则采用一员排序转移制。[160]

事实上，美国有些州也尝试了类似选举制度。例如伊利诺伊实施了长达一个多世纪的累计投票制，允许选民以任何方式投票，1980-90 年代为阿拉巴马、新墨西哥、纽约、南达科达、德州和西弗吉尼亚等州所借鉴。目前，宾州、北卡、阿拉巴马等州采取了多席选区的有限投票制，辛辛那提、纽约等州则实施排序转移投票制，并为麻塞诸塞和明尼苏达州所借鉴。[161] 在所有这些州，都有黑人或西裔候选人首次胜选的先例。有人担心选民对此类制度太陌生，但绝大多数选民自己似乎并不这么认为。还有人担心，偏离单选区制可能导致多党制和立法分裂，但这种担心只有在选区席位达到 10 人以上才成为现实，对 3-5 人的小选区则不必担心。在过去一个多世纪，伊利诺伊州一直采用 3 席选区，但至今仍然是两党制。恰好相反，多元选区制反而促进了州议会层次的两党政治，拓宽了两党的政策视野和重叠疆域，使其无需为了争夺中位数选民而发生两极分化。[162]

五、谁有权选举？选举权、被选举权及义务

美国是一个选举社会，美国的各级选举比世界上任何其它国

159 Ibid., pp. 848-851.
160 Ibid., p. 840.
161 Ibid., pp. 833-835.
162 Ibid., pp. 854-855.

家都多。选举产生的立法和行政官员大约总共 50 万，平均每 485 人中有一名选举产生的官员，包括保险委员、下水道委员、公立医院委员会、社区大学委员会、地方教育委员会。[163] 虽然许多选民对各种地方选举并无热情，但至少他们被赋予诸多（也许是太多）的选举权利。其它民主国家虽然没有那么多的选举，但最重要的选举无疑都是宪法基本权利。另一方面，即便是选举权也并非没有例外，尤其是服刑者的选举权在许多国家都是一个问题。在某些国家，选举甚至不只是一项权利，也是公民应尽的法律义务。

1. 选举权及其限制

虽然选举权是普遍的，但这项权利也并非没有法律限制。对选举权的限制有三类：共同体成员及其个人切身利益、行为能力与自主性。[164] 首先，公民身份是选举权的普遍要求。在一项针对 64 个国家的比较研究中，48 个国家要求公民身份，但不少英联邦国家允许英国或其它英联邦成员公民在本国投票。新西兰允许永久居民投票，有的国家允许居住达到一定年限的居民投票，如智利仅要求 5 年、马拉维 7 年、乌拉圭 15 年。18 个国家规定了选民在选区居住的最低期限要求，通常是几个月。18 个国家规定了选民投票前在国内居住的最低期限，平均为 1 年，德国仅要求 3 个月，马拉维和圣卢西亚则要 7 年。但只有 14 个国家对公民有此要求，智利、萨摩亚等国只是对永久居民有此要求。40 个国家允许海外居民的投票权，其中法国、菲律宾、马里、委内瑞拉等 30

[163] Pildes, Romanticizing Democracy, Political Fragmentation, and the Decline of American Government, p. 804.
[164] Louis Massicotte, André Blais, and Antoine Yoshinaka, *Establishing the Rules of the Game: Election Laws in Democracies*, University of Toronto Press (2004), p. 15.

个国家的这项权利无限期有效。新西兰公民离开本国 3 年后失去投票权，永久居民离开本国 1 年后失权；德国公民离开 10 年后失去投票权，但如果居住在欧洲理事会国家则无限期有效。玻利维亚和巴西海外居民仅有权选举总统，葡萄牙的海外居民则仅有权参与议会选举。意大利、捷克、斯洛伐克、巴巴多斯、马耳他、圣卢西亚等国要求海外居民回国投票，海外工作的意大利公职人员可以报销所有差旅费，海外工作的普通公民则只能报销火车票。

其次，在所调查的 64 个国家中，59 个国家规定了 18 岁的年龄限制，占 94%，只有巴西规定了 16 岁年龄限制。亚洲国家年龄偏高，日本、韩国和台湾地区规定了 20 岁的年龄限制，马来西亚、马尔代夫、巴基斯坦、萨摩亚等国规定了 21 岁年龄限制。1995 年之前，玻利维亚还区分已婚未婚，未婚者须达到 21 岁才有选举权。[165] 精神病人一般没有选举权，加拿大、爱尔兰、意大利、瑞典例外。剥夺选举资格通常需要经过法院裁决，但也有的国家仅基于精神病史即可剥夺。

最后，有些国家禁止正在服刑的囚犯投票。在 64 国中，英国、印度、葡萄牙等 23 个国家禁止囚犯投票，德国、瑞典等 16 个国家允许。比利时的规定最为严苛，对于服刑超过 5 年的罪犯，终生剥夺政治权利；对于服刑 3-5 年的罪犯，剥夺 12 年选举权；服刑 0.3-3 年的罪犯，剥夺其 6 年选举权。在菲律宾，对于服刑超过 1 年的罪犯，出狱后剥夺其 5 年的政治权利。[166] 对于罪犯占人口比例高的国家，剥夺罪犯选举权甚至可能影响选举结果。美国关在监狱里的 200 万囚犯不能投票，其中黑人比例超过其他种族，高达约 1/10 的 20-29 岁之间的黑人被关押在监狱，而他们几

[165] Ibid., p. 17.
[166] Ibid., pp. 19-25.

乎是清一色的民主党票仓。[167]

2. 选举的义务

选举不仅是一种宪法权利，而且也可能是一种法律义务。1835年，瑞士圣加仑州首创强制投票制度，1893年比利时、1924年澳大利亚先后借鉴采纳了这种制度，不投票者构成刑事犯罪。荷兰、西班牙、捷克斯洛伐克一度采纳，但后来放弃。二战之后，强制投票运动有所消停，大概是因为看到参与率高未必一定是好事，二战之前参与率高的德国即走向法西斯，参与率低的英美却仍然维持了自由民主。不过，强制投票措施确实有效提高了投票率。1924年之前，澳大利亚的投票率只有59%；之后，投票率提高到95%左右。澳大利亚工党和民主党中，确有不少人没有强制就不会出来投票；相比之下，自由党和国家党等联盟党则不论如何都会参与投票。澳大利亚不仅惩罚不投票行为，同时也致力于选举的简单便利。选举一般安排在周六，投票站的位置也比较方便。[168]

在所调查的64个国家中，45个国的宪法或法律没有规定强制投票义务，占71%。18个国家规定了强制投票义务，但其中7个国家并未对不投票行为规定具体的制裁措施。规定制裁的国家除了澳大利亚之外，还有阿根廷、比利时、卢森堡、塞浦路斯、菲律宾、玻利维亚、巴西、智利、厄瓜多尔、乌拉圭十国。绝大多数国家的制裁措施是罚款，屡犯者罚款加码。阿根廷规定，不投票者三年内不得担任公职；菲律宾的不投票者不得担任下次选举的候选人，次年也不得担任公职，但70岁以上老人均免罪。巴西规定，连续三次不投票者，将被取消选民资格。意大利不投票

---

167 Ibid., p. 8.

168 Amanda Kelley Myers, Importing Democracy: Can Lessons Learned from Germany, India, and Australia Help Reform the American Electoral System? 37 *Pepperdine Law Review* 1113 (2010).

者不会受到处罚，但会在身份证上连续显示 5 年，据说这样会影响其就业机会。[169] 值得注意的是，绝大多数规定强制投票的国家都有天主教传统，或许是因为其教义认为公民不仅对上帝而且也对国家有义务。西班牙、葡萄牙及原先是其殖民地的所有国家都规定了强制投票义务，其中葡萄牙没有规定制裁，西班牙则 1907 年一度规定了制裁措施。[170] 直到今天，仍有 30%的民主国家规定强制投票，且这个数量并没有下降趋势。

3. 被选举权——竞选资格

和选举权相比，被选举权往往需要符合更多条件。候选人资格一般都要求最低年龄和公民身份，但一般没有最高年龄限制，譬如戴高乐 67 岁当选总统、阿登纳 74 岁当选总理、里根和普朗普均 70 岁当选总统。贝宁例外，规定候选人年龄不得超过 70 岁。64 国的议员法定最低年龄平均为 21 岁，加拿大、澳大利亚、新西兰、德国、丹麦、瑞典、荷兰、西班牙、葡萄牙、匈牙利、南非的议员最低年龄是 18 岁，密克罗尼亚为 30 岁，但这只是例外；多数议员最低年龄偏高国家的只是规定 25 岁，且限于欠发达国家。总统法定最低年龄平均为 34 岁，接近美国宪法规定的 35 岁；圭亚那和斯洛文尼亚为 18 岁，贝宁、保加利亚、立陶宛、智利、菲律宾、台湾地区为 40 岁；蒙古最高，为 45 岁。[171]

所有总统选举和几乎所有议会选举都要求国籍，只有菲律宾和南美等五国要求议员必须土生土长。55 德国、意大利、葡萄牙等欧陆国家认为，立法者代表的并非选区地方利益，而是全国利益，因而不应要求候选人在选区的居住年限。印度和孟加拉国甚

---

[169] Massicotte et al., *Establishing the Rules of the Game: Election Laws in Democracies*, pp. 33-35.
[170] Ibid., pp. 37-38.
[171] Ibid., pp. 42-53.

至允许候选人在不同选区同时参选，当选后只能选择担任一个地方的议员。只有巴西、智利、巴拿马、台湾地区、菲律宾、特尼达多巴哥要求议员在当地居住，阿根廷、厄瓜多尔、巴新几内亚则仅要求不在选区出生的候选人在当地居住的最低年限。加拿大、澳大利亚、印度等所有联邦国家都规定了全国和州省选举职位的不兼容性，葡萄牙、菲律宾、塞浦路斯等 17 个国家以及加拿大的阿尔伯塔和魁北克等省也明确禁止同时在央地担任选举职位，法国、荷兰、玻利维亚、巴新几内亚、台湾地区则不禁止同时在国家和地方议会同时任职。[172]

此外，候选人或政党还可能被要求缴纳一定数量的选举押金。对于议会选举，要求和不要求押金的国家在数量上平分秋色，各为 31 国；28 个国家规定，如果候选人的选票达到了一定的最低数量，选举后可退还押金。所有前英殖民地和多数制国家都要求候选人缴纳押金，只有圭亚那和纳米比亚例外；法国、西班牙、葡萄牙及其南美殖民地国家则都不要求押金，比例代表制国家一般也不要求押金。对于总统选举，64 国中 20 个国家不要求候选人缴纳押金，8 个国家要求押金，其中 7 个国家在选举后可退还押金。荷兰仅要求上届选举未曾赢得议席的政党支付押金。退还押金一般要求候选人所得选票达到一个最低比例，平均要求为 10%。以色列只要求候选人获得 1.5%的选票即可退还押金，印度和巴哈马则要求 16.7%。南非和拉脱维亚规定，政党只有至少赢得一个席位才能退还选举押金。加拿大规定，如果候选人获得了 15%以上选票，退还一半押金，另一半在提交选举开支报告后退还。采用混合选举制的拉脱维亚规定，在选区竞选的候选人必须赢得选举才能退还押金，政党押金则仅需获得 5%以上选票即可

[172] Ibid., pp. 57-60.

退还。台湾地区规定，在选区竞选的候选人只需要获得10%的选票即可退还押金，海外和政党名单候选人则需要赢得选举才能退还押金。对于总统选举的押金返还，保加利亚仅要求候选人获得1%以上选票，贝宁、纳米比亚、马达加斯加则要求10%以上选票。立陶宛候选人如获2万选民的联名支持，可退还押金。台湾地区的独立候选人须先交纳前期押金，获得1.5%的选民联名后可以退还；然后所有候选人再交押金，获得5%选票后可获退还。[173]

最后，所调查的64国中有11个国家要求总统候选人必须获得一定数量的选民提名。圣多美仅要求250个选民提名，波兰和罗马尼亚则要求10万人提名。保加利亚、智利、纳米比亚、台湾地区仅要求独立候选人获得联名提名，其中保加利亚要求1.5万人，智利和台湾地区分别为0.5%和1.5%的登记选民提名，纳米比亚则要求在10个大区内每个有300人提名。16个国家的总统选举未要求候选人获得选民提名，但爱尔兰要求候选人获得20名国会议员或4个县议会或1名前总统的支持，法国则要求候选人在3.6万名选举管理官员中获得500人的支持。所有总统直选的欧洲国家都要求候选人获得联名支持。相比之下，南美国家较少要求联名支持。非洲国家则各参半，贝宁、马里、马达加斯加等法属殖民地国家并没有这项要求。事实上，没有什么能保证提名人真的会选候选人，有的候选人得票甚至没有达到自己的提名人数。另外，候选人需要雇用义工收集签名，实际上构成变相的不可退还押金。不少国家还有教育程度和语言能力要求。[174]

4. 被选举权——竞选自由

对于候选人来说，获得提名并将自己的名字写上选票是至关

173 Ibid., pp. 61-63.
174 Ibid., pp. 63-64.

重要的。尤其在多数制造成的两党轮流执政格局下，写上选票对于第三党的发展意义非凡，但是两大党很快联合起来终结威胁既得利益格局的发展。为了控制党内派系竞争，以免让黑人等弱势群体渔翁得利，美国两大党都诉诸各种“锁位”策略，而最高法院却听之任之、无所作为。譬如夏威夷州和美国南部一样，长期基本上是民主党的天下。该州的选举法沿用 1890 年代帝制时代的规定，禁止选民在选票上另写未列名的候选人。选民或者参加党内初选，或者另走相当繁琐的程序，相当于组建一个新党。在 1992 年的案例中，被禁止另写候选人的当事人起诉了这项规定，而最高法院居然看不出政党通过州法自我保护和政治垄断有什么违宪之处。[175] 夏威夷州法还规定，参与初选的选民对所有政府职位只能投一张票，因而不能对某些职位投民主党的票，在其它职位投第三党或独立候选人，进一步遏制了第三党和独立候选人的发展。[176]

在 1997 年的判例中，[177] 明尼苏达州法禁止大小党联合支持的“融合”(fusion)候选人。十九世纪末期，中西部普遍出现两大党中较弱的民主党和民粹党、绿票党等小党联合提出融合候选人的做法，南部共和党也步其后尘。融合候选人是指两党共同支持的候选人，通常是一个大党与一个小党，要求选票将其同时列为两党候选人。一些州以防止欺诈与选民认知混乱，禁止融合候选人，结果是压制了美国第三党的发展。1933 年，拉瓜迪亚就以融合候选人当选纽约市长。1910-12 年，纽约州上诉法院判决州的融合禁令侵犯了政党权利，因而纽约州仍然允许融合，并出现了

---

[175] Burdick v. Takushi, 504 U.S. 428 (1992).

[176] Samuel Issacharoff and Richard H. Pildes, Law and the Political Process: Politics As Markets: Partisan Lockups of the Democratic Process, 50 *Stanford Law Review* 643 (1998).

[177] Timmons v. Twin Cities Area New Party, 520 U.S. 351 (1997).

五个有竞争力的政党。偏偏在这里，最高法院拒绝适用严格审查标准，认为第三党的出现会损害政治稳定，因而肯定了禁令的合宪性。1950 年代曾有偏见，认为比例代表制造成德国纳粹和意大利法西斯上台，而在一席选区制的法国则没有发生，但是这种观点已经被否定。

政党对党内初选的控制有时会剥夺候选人的竞选自由。美国各州一般都采用“封闭初选”(closed primaries)，但是华盛顿与阿拉斯加例外。封闭初选被认为造成了候选人和选民的极端化，开放初选(open primaries)或有助于政党及其候选人走向温和立场。这两个州的开放初选允许选民对不同的职位选择不同的政党，譬如共和党州长和民主党司法部长。路易斯安那州的开放初选更进一步，让所有选民逐个选择候选人，然后在每个职位的头两名之间进行决选，而不说明政党属性。[178] 开放初选是选民对党内和政府控制的反叛，旨在提高选民参与，但是和政党的自主决定相冲突。由于联邦最高法院已认定这是属于政党自由，[179] 各州立法既不能要求关门选举，也不能要求开门选举。然而，政党的自主决定却是没有多少道理的，因为政党的主要作用表现于为政府职位输送候选人，而这一切都发生在国家组织、国家调控和国家限制的大环境中，国家当然可以对政党如何把候选人放上选票设置条件。

在 1989 年的案例中，[180] 加州禁止政党领导机构提名初选候

---

178 Samuel Issacharoff, Private Parties with Public Purposes: Political Parties, Associational Freedoms, and Partisan Competition, 101 *Columbia Law Review* 274 (2001).

179 皮德斯：“民主政治的宪法化”，田雷译，载张千帆主编：《哈佛法律评论•宪法学精粹》，法律出版社 2005 年版，译自 Richard Pildes, The Supreme Court 2003 Term－Foreword: *The Constitutionalization of Democratic Politics*, 118 *Harvard Law Review* 29-154 (2004).

180 Eu v. San Francisco County Democratic Central Committee, 489 U.S. 284

选人。联邦最高法院撤销了这一禁令，但是判决所保护的不是政党的机构独立性，而是选举舞台上的表达和交流自由。在 1996 年的案例中，[181] 乔治亚的共和党拒绝让杜克参加总统初选。最高法院维持了共和党的决定，但理由并不是共和党有宪法第一修正案的权利，而是共和党有权定义自己的党员范围。因此，政党并非在行使第一修正案的权利，而是在行使州法赋予的自由裁量权。

相比之下，德国法院对政治竞争的监督有力得多。在涉及选举代表的立法时，议会自由裁量受到严格约束，法院适用选民平等和政党机会平等原则，有力保护了竞选自由。在“选票准入案”，德国大党候选人要上选票，只需要得到州党执行委员会的批准，但未能在联邦或各州议会中得到代表的小党候选人则要求 500 人联名推荐。德国法院撤销了这一要求，判决其干扰了公开和公正的政治竞争。同时期的美国法院则维持了要求独立候选人提交 5%选民签名的申请。美国法院更注重个体政治权利的保护，但是这样做的后果是削弱了政党竞争和政治市场的活力。

六、结论

比较研究表明，合理设计的选举体制十分重要。历年来，各国也在不断改革选举制度，尝试在多数选区制和比例代表制之间找到适合自己的平衡。1990-94 年间，16 个拉美国家中有 7 个改革了总统选举、6 个改革了议会选举办法，合起来有 9 个国家显著改革了选举体制。[182] 单选区制和全国大选区比例代表制是各有利弊的两个极端，中间存在诸多制度组合。即便实行比例代表制，也可以避开政党分裂问题，主要通过总统和立法选举同时进行、总统选举一

(1989).

181 Duke v. Massey, 87 F. 3d 1226 (11th Cir. 1996).

182 Jones, *Electoral Laws and Survival of Presidential Democracies*, pp. 9-12.

轮相对多数、选区规模较小且比例门槛较高。[183] 不同的选举制度组合可供各国不断试验、扬长避短，最终找到适合自己的最佳选举体制。

美国是一个选举社会，各级政府许多机构都由选举产生。在这个意义上，美国社会有点“泛政治化”，尤其是其选举缺乏专门的选举法院和独立选举委员会等独立机构的监督。[184] 美国选区设计模式有三大特点。一是选区边界由州政府的民选分支决定，但受制于法院的严格审查；二是唯一的普适原则是“一人一票”、禁止种族滥划和服从《投票权利法》，“一人一票”原则得到司法的严格实施；三是少数族群的代表水平、在何处胜出是由司法诉讼和司法部决定的，带有相当的随意性。

和政治化和司法化的美国模式相比，委员会决定的选区方案产生的政党偏向更低、选民回应和参与更高。美国模式的异质选区导致了低参与、低代表和高立法极化，也不符合地理代表的想法，而族群代表连年激发选举诉讼。[185] 其它国家的选区划分是由独立选举委员会而非政治人负责，司法对“一人一票”的要求也相对宽松，选区划分还需要考虑一系列其它因素，譬如既有政治边界、社群利益、地理连续性、传统疆界。司法审查对选委会划分的选区比较宽松，而独立选委会确实改善了选区的均衡性。

在选区划分的标准上，美国是相当单一的，主要是“一人一票”，其它民主国家则更侧重政治边界和社群利益，其所导致的选举利益格局是美国的选区内部利益多元化，而其它民主国家的选区利益结构相对单一。在利益结构相对单一的选区，不同利益在议会当中反而能得到相对充分的代表；反之，选区内部利益结构越多样化，议会所代表的利益越单一。

基于上述分析，可以对新兴民主国家的制度设计提出初步建议。一般转型国家可以采取多数主义民主模式，单选区制+授权内

183 Mainwaring and Shugart, Juan Linz, Presidentialism, and Democracy: A Critical Appraisal, pp. 465-468.
184 Ibid.
185 Stephanopoulos, Our Electoral Exceptionalism, pp. 773-775.

阁控制预算案和一般议程、限制委员会和议员个人作用有助于确立行政主导，进而产生有效内阁和有权总理。但对于深度分裂的异质社会而言，共治主义民主或更为合适，因而需要引入对提前解散议会的限制、更为结构化的委员会、按比例分配委员会主席职务、议会阁员不兼容等共治主义机制，增进政府稳定和政策共识。[186]

186 Ibid., pp. 461-462.

第六章：行政法治

选举产生了政府的民意机构——更准确地说，立法机构，但不能包办政府的全部职能机构，因为政府职能不只是立法。孟子说："徒法不足以自行"，立法之后还需要行政执法，法律才能落到实处。然而，执法者就不能选举产生了，因为法律已经体现了多数民意的价值取向，不能在执行过程中有所增减，而必须得到如实的执行；假如再选举执法者，那么执法者的忠诚就变成选票而不是法律。这也是总统制遭诟病的原因之一：双重乃至多重"主权"结构削弱法治并造成政治僵局乃至政体崩溃。相比之下，英国"西敏寺模式"就很简单明了：立法者（现在的平民院）由选举产生，议会多数立法之后交由政治中立的行政机构执行；选举和立法政治过程结束，行政与司法的法治过程开始。执法本质上是一个法治过程，因而原则上必须保持政治中立；司法则更必须和政府其它部门保持完全独立，唯此才能获得公信力。

但在现实中，立法政治与行政法治的截然二分又显得过于简单。这是因为现代社会高度多元复杂，立法供不应求——或更准确地说，事无巨细都要立法规制既不可行，也未必适当；更适当可行的方式是议会立法规定原则框架，具体细节由行政在实施过程中制定次级立法。因此，立法权部分乃至大量委托行政行使是现代国家的普遍趋势，行政行使部分立法权以及决定部分价值判断的自由裁量已是不争的事实。事实上，司法也存在同样问题；大量民事或行政纠纷并非直接提交法院审理，否则必然造成司法资源超载，而是首先经过行政复议或审判。"行政"实际上并不限于执法，而是集执法、立法、司法三大权于一身，也是政府部门中规模膨胀最剧烈的分支——在几乎所有国家，机关公务员、警察、军队等"行政"人员占了政府的95%以上。

如何行政法治和集权的冲突？行政法治与政治中立是理想，行政集权是现实。这意味着行政权需要受到立法与司法的控制和监督。行政规模和实际权力都很大，但它们在宪法上并非最高。行政立法的位阶低于议会立法，议会也掌握行政部门领导的任免并监督其经费拨款与使用；行政决定的位阶也低于司法判决，法院有权宣布包括立法与司法在内的行政行为违法无效。

一、行政中立与社会契约

如上所述，行政法治的题中之义是行政执法必须保持政治中立。这是因为法治中的“法”已经确立，剩下的任务只是依法而“治”。既然属于议会政治过程的已经归属政治，剩下的行政与司法过程均应归属远离政治的法治。立法决定国家的大政方针和价值取向，行政的任务则是如实执行获得多数选民授权的议会制定的立法，而不是将自己的价值判断强加于国家之上。在本质上，行政本身是政治中立的，因为政治决定已经由议会作出，在法律中体现出来；如果行政还要自己插上一杠子，那就成了独裁。如果把国家比喻为一个人，议会好比是大脑，行政是肢体；一个正常人的肢体不能脱离大脑的指挥而行动，国家行政不能违背立法、自行其是。因此，在一个民主与法治国家，执政党通过立法领导国家，不能干预行政执法；公务员、警察、军队等行政力量都必须保持政治中立，或者说去政治化。

1. 行政中立与法治

既然行政的最高忠诚是法律，行政过程不得受到政治干预。任何国家都有执政党，正当国家的执政党就是通过周期性选举产生的议会多数党。执政党的职能是在其在任期间领导议会通过立法，从而将自己的意志以法律形式表达出来；但在此之后，不应再干预法律的实施过程。这个逻辑在 1987 年中共总书记赵紫阳的十三大报告中表达得十分清楚，概言之就是“党政分离”。执政党的职能是领导人大制定立法，同时监督但不能干预行政和司法；一旦执政党直接干预行政乃至司法，那就成了“既做运动员，又做裁判员”，违背了“任何人不得做自己案件法官”的基本法治原则。近几十年腐败之所以层出不穷，正是因为不仅“党政分离”从来没有得到落实，而且党政合体近年来有所加剧。

事实上，和多数主义民主相比，法治或许是一个更容易被接受的社会契约原则。如果民选议会多数通过的一部立法只能保障多数人的利益，那么法治保护的是每一个人的利益。无论良法还是恶法之治，任何正常社会都离不开法治，否则注定生活在地狱丛林之中，不是无法无天的无政府丛林就是无法无天的个人独裁丛林。即便在一个独裁国家，有法治也比没有法治更好，独裁者多少会受到一点法律约束；尽管某些法是压迫敲诈人民的恶法，但至少保证了社会秩序与和平。如潘恩在《人的权利》中指出：

> 如果一部法律是坏的，反对其实践是一回事，揭露其错误、梳理其缺陷并展示为什么它应被废止或另一部法律应替代之的理由是另一回事。我的见解（也是我的行动）一直是，最好服从一部恶法，同时利用每一个论点去证明其错误并推动其废止，而不是强行违背之，因为打破一部恶法的先例会削弱良法的效力，并造成它们被任意践踏。[1]

民主机制本身会淘汰绝大多数恶法，剩下的“多数人暴政”也可以受到司法审查等宪政机制的约束。因此，民主政体必须不遗余力地推进与完善法治。一旦通过民主过程制定了法律，那么不论我个人任何权衡法律对自己的利弊，我都会无条件支持法律的实施，尽管我也会保留批评法律的权利。在法律通过之前的政治过程中，我甚至会激烈抨击某一项政策，但只要它以民主程序获得通过，我就会尊重它的正当地位。无论在你我眼里特定立法是良法还是恶法，我们都支持法律的实施——在这个意义上，“恶法亦法”就是我们的社会契约。如果我认为是良法就支持、恶法就抵制，你也如法炮制，那么我们都只能生活在无法无天的无政府丛林里。社会契约至少意味着我们都认可民主政治过程产生的立法正当性，并要求实施立法的行政与司法过程保持政治中立，拒绝再以政治干涉法

[1] Thomas Paine, *Political Writings*, Bruce Kuklick ed., Cambridge University Press (1989), p. 150.

治，而不论特定立法和我们个人之间的利害关系。

2. 族群平衡

在多族群国家，行政中立往往意味着行政的构成需要维持族群平衡。在理想情况下，宪法应该保持“色盲”(color blind)；法律必须平等对待不同肤色、种族或族群，不得任意歧视。执法和司法过程当然也必须遵守平等原则，和执法者或被执法者的族群等因素无关。然而，对于族群关系紧张的“深度分裂社会”，行政法治与政治中立还面临族群平衡的挑战。这是因为在族群之间缺乏互信的分裂社会，族群身份具有重要的政治意义，不同族群都高度组织起来争夺政治资源；族群分裂意味着“身份政治”无处不在，身份政治又加剧族群矛盾，使行政法治难上加难。譬如黎巴嫩的基督教马龙派、逊尼派和什叶派打得不可开交。如果马龙派成员和逊尼派成员发生纠纷，而法官是马龙派，逊尼派当事人能信任这个法官的公正判决吗？卢旺达的警察和军队长期由图西族包揽，历史上一直是少数图西族精英压迫多数胡图族的国家工具。如果让一个图西族警察来处理图西族人和胡图族人之间的纠纷，胡图族能信服吗？同样，“陕甘回乱”之前，回汉矛盾长期存在，而处理矛盾的县官都是汉人，回族人会服气吗？长期的族群冤屈积压下来，国家不仅不能妥善化解，反而是族群压迫的暴力机器，也就难免发生大规模族群暴乱了。

因此，对于刚刚走出相互仇杀的深度分裂社会来说，建立在族群互信之上的“色盲宪法”并不是可行的制度设计。无论是议会、内阁等政治机构还是政治中立的公务员、警察、军人或法官，对职位按族群人口比例等因素进行公平分配不失为一种。当然，什么样的分配方式才算“公平”？这肯定是一个容易产生争议的敏感话题，尤其是总统作为“孤家寡人”是最大的“胜者通吃”，无法分配，因而更容易成为争夺对象，只能和总理、议长等职位进行交换“搭配”。这也是为什么总统制一般被认为不利于族群共治。何况族群规模可能随时间变化，今天各族群认可的安排过了 20 年之后未必仍获得普遍认可。不论如何，议席、法官、公务员、警察、军队的平衡构成是深度分裂社会走向互信的必要阶段。

塞浦路斯 1960 年宪法提供了一个样板。这个国家由希腊人和土耳其人两族组成，人口比例为 7 比 3，而宪法明确规定绝大多数职位按此比例构成。首先，总统没有办法分，但正副总统分别属于希族和土族。第 46 条规定了内阁 10 名部长，希族总统 7 名部长，土族副总统任命 3 名部长。内阁决策采取绝对多数，正副总统都可以否决。第 62 条规定，众议院 50 名议员，希族社群选举其中的 35 名，土族社群选举 15 名；要改变议席总数，须经两族议员各 2/3 多数同意。众议院正副议长分别为希族和土族。（第 72 条）正副总统联合任命正副司法部长，不得属于同族。（第 112 条）第 123、124 条规定，公务员按 70:30 在希族和土族之间分配；公务委员会 10 人，希族 7 人、土族 3 人。警察等安全部队 2000 人，希土比例为 7:3；军队 2000 人，希土比例为 6:4。（第 129-131 条）军队和安全部队正副首领由正副总统联合任命，军队首领和安全部队首领不得属于同族。第 133 条规定，最高宪政法院 3 名法官，希土两族各一名，另外一名中立法官为院长，由正副总统联合任命。如此精心搭配的立法、行政与司法结构大体实现了族群平衡，为塞浦路斯的族群和平作出了重大贡献。

族群平衡是一把双刃剑。对于刚刚走出族群内战的深度分裂国家，议会、公务员、武装力量和法官等职位的族群平衡分配是走向互信与和解的第一步。然而，族群平衡也会强化社会的族群意识和身份政治，增加互信、和解和实现“色盲宪法”的难度，使社会长期陷于族群身份的政治斗争之中。理想情况下，在实行一段时间的族群平衡政策之后，国家可以通过无视族群的普适选举、公务员与法官选拔标准构建政府，只是要改变族群不平等的客观状态和人们脑子里的主观成见，很可能需要漫长的“一段时间”甚至遥遥无期。

二、行政权力结构

首先，如果把西敏寺民主模式推向极端，或许根本不应该有一个统一的“行政”系统；议会制定什么法律，就建立什么独立执行机构，直接对议会或其专门委员会负责。所谓“行政”，就是一堆具体而彼此无关的专门执行委员会而已。事实上，美国除了传统部门的部长形成的内阁之外，确实存在环保局等为数不少的“独立管理机构”(independent agencies)。然而，这样的委员会可能有成百上千之多，一个议会显然应付不过来。各行政部门也并非完全独立不相关，彼此之间的合作协调需要稳定的统一组织结构。因此，行政本身还是需要自己的“领导”。

既然行政涉及立法决策，行政和议会之间存在天然联系，最自然的行政领导就是议会领袖本身，譬如英国首相就是平民院多数党领袖，在多数党内选举产生。在总统制国家，总统是行政领袖。事实上，总统的主要职责仍然是参与立法和制定政策；美国许多最重要的立法是总统提出的，年度预算案也是由总统汇总部门预算之后向众议院提出，否决权则是消极立法权。作为立法者，总统和议会都必须经由选举产生，才能保证立法者对选民负责，而其所制定的立法符合最大多数人的最大利益。

除了总统制和议会制之外，行政首脑还可以有更加复杂的安排。二元首脑制的行政权由总统和总理分享，总统由选民直选产生，直接对选民负责；总理及其领导的内阁和议会制内阁类似，向议会负责。多元首脑则由二人以上的委员会组成，譬如瑞士的最高行政机构是 7 人组成的联邦委员会；欧盟委员会则由 26 个成员国各 1 名委员组成，每人轮值 1 年。多元首脑集体决策当然降低了行政权滥用的风险，但同时也降低了行政决策效率，因而仅适用于联邦集权程度或对行政效率要求不高的松散政体。因此，绝大多数国家的行政首脑不是总统就是总理，或由二人分享行政权。

1. 总统制

1788 年美国联邦宪法建立了世界上第一个总统制，因而一般被作为总统制的样板。宪法第 2 条笼统规定："执法权(executive Power)应被赋予美利坚合众国的总统，任期四年。"除此之外，总统权力还包括否决国会立法、作为武装部队总司令、参议院的建议与同意下缔结条约，并在"参议院建议与同意下任命大使、其他公使和领事、最高法院的法官和所有其他……由法律建立的合众国官员"。最后，"他应不时地给国会提供关于联邦状况的信息，并建议它们考虑他所认为必要与便利的措施……他应谨慎诚实地执行法律，并委任所有的合众国官员。"综上，总统享有执法权和立法权；其中立法权包括否决权和主动提出议案的权力，执法权则包括军队指挥权和官员任免权等权力。

很多后来的总统制国家宪法都规定了比美国总统更多的权力，包括总统发动公投、在议会立法之外发布律令(decree)、宣布紧急状态甚至解散议会等权力。例如韩国 1948 年宪法第 76、77 条规定，总统在遇到紧急状态而国会休会期间，可采取必要限度内的财政或经济措施，或颁布具有法律效力的律令；总统还可宣布非常性和预防性两种戒严，其中非常性戒严可对人身保护令、言论自由等权利采取限制措施。当然，这些权力受到一定的限制，如总统律令应立即上报国会批准，未获得批准通过者即失去法律效力，被修改或中止的法律自动恢复效力；戒严也必须立即上报国会，而如果国会成员多数要求取消，总统必须服从。

并非所有的国家宪法都像韩国那样小心规制总统的非常权力，譬如中南美洲国家几乎都模仿美国的总统制，却授予总统更多的非常权力。智利 1980 年宪法把总统置于参众两院之前，总统有权颁布具有法律效力的律令，并宣布国家进入宪法非常状态（第 32 条）；虽然总统法令须经相关部长副署，否则无效（第 36 条），但部长纯粹由总统任免，并不需求经过议会确认，只是和总统一样受制于弹劾与质询。和巴西 1988 年宪法规定一样，智利总统也有提出宪法修正案的权力。和厄瓜多尔总统相比，这些国家的总统权力还算不上什么。厄瓜多尔 2008 年宪法规定了总统制，并授权总统自行解散议会。宪法第 147、148 条规定，总统自主任免部长，无需经过议会同意；如果总统认为议会超越了宪法职权，可在宪政法院判决下解散议会；如果议会“屡次无理阻碍”国家发展计划或在严重政治危机和内乱的情况下，总统可解散议会。议会重新组成之前，总统可在宪政法院判决支持下颁布紧急经济律令。究竟什么构成“屡次”、“无理”、“阻碍”，很容易受到自说自话的任意解释。这项总统权力使厄瓜多尔超越了普通的总统制，成为“超总统制”。

国家元首一般都有任期限制，且以 2 届任期、每届 5 年居多。在我们对世界上 191 个国家现行宪法的调查中，71 个国家限于 2 届任期，38 个国家允许连选连任，27 国允许连任 1 届，8 国允许非连续连任，9 国禁止连任。在 159 部现行宪法中，国家元首任期一届为 5 年的有 105 个之多，任期 4 年的有 29 个，任期 6 和 7 年的分别为 13 和 9 个。总统任期太长显然不利于权力制衡，任期超过 6 年的基本上可被断定为独裁国家。在 5 个被界定为“超总统制”国家，3 个允许连选连任，允许连任 1 届或非连续连任的各 1 个。譬如厄瓜多尔 2008 年宪法规定总统虽然一届任期 4 年，却可以连选连任（第 144 条）。

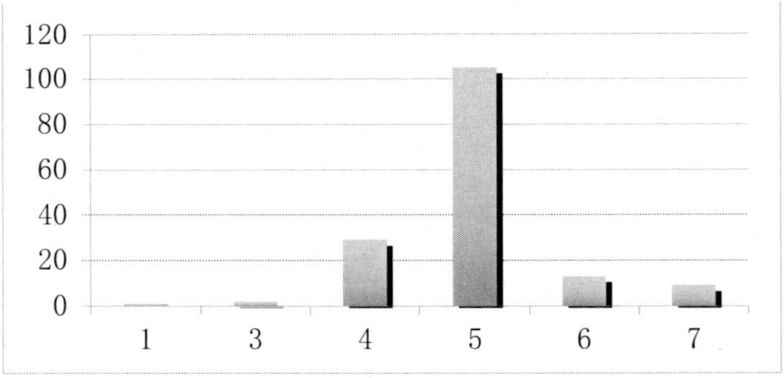

图 6.1：总统任期（年）分布（国家数量）

数据来源：“世界宪法制度指标”数据库。

2. 议会制

1949 年德国《基本法》虽然设置了一个联邦总统，但是战后德国记取了魏玛宪法的教训，极大削弱了联邦总统的权力。联邦总统不由人民直选，而由联邦众议院临时成立的联邦大会间接选举，而且总统不再具有魏玛时期任命总理内阁与独立解散议会的权力。在名义上，联邦总统在《基本法》中具有最高地位，但总统权力大都是象征性的，限于在信任投票中对解散众议院作出独立判断等极少行使的权力，因而一般认为联邦德国是议会制的典范。

真正具有实权的是以联邦总理(Federal Chancellor)为首的联邦内阁。《基本法》第 62 条规定："联邦内阁应由联邦总理和联邦部长们组成。"第 63 与 64 条分别定义了联邦总理和联邦部长的提名与选举："在联邦总统提议下，联邦总理应被联邦众议院不经辩论而选出。赢得众议院多数成员之表决的人选应获得选举。获选人应受到联邦总统之任命"；"在联邦总理提议下，联邦部长们应被联邦总统任命与解职"。《基本法》第 65 条规定了联邦内阁行使的权力：

> 联邦总理应确定普遍的政策纲领，并为之负责。在这些纲领的限制之内，每个联邦部长应独立处理本部门的事务，并自行负责。联邦内阁应决定联邦部长们之间的不同意见。联邦总理应根据其所采纳并受到联邦总统批准的程序规则，处理联邦内阁的事务。

尽管 1956 年和 1968 年的宪法修正案授权国防部长以"命令武装力量的权力"，联邦内阁的主要权力仍然集中于联邦总理。德国虽然有总统，但总统权力基本上是象征性的，避免了第五章所讨论的总统集权弊端。在"世界宪法制度指标"课题所统计的 196 个国家中，共有 57 个国家规定了类似的虚位国家元首制度。如果总统并无实权，那么宪法分权模式实际上属于议会制。

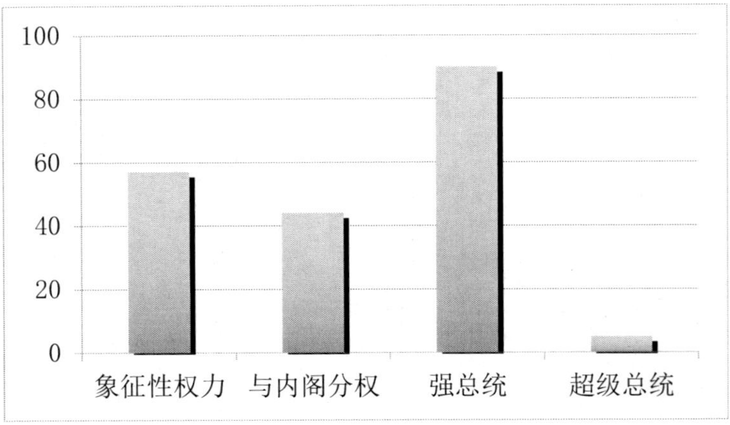

图 6.2：国家元首权力分布（国家数量）
数据来源："世界宪法制度指标"数据库。

3. 二元首脑制

1958 年法国第五共和宪法设置了总统和总理两位行政首脑，因而被作为当代二元首脑制宪法的典型。按照其地位次序，宪法首先定义了共和国总统与内阁。总统成为名副其实的国家元首，内阁则获得议会之外的剩余立法权。宪法第 5 条对总统赋予众多首要权责："共和国总统应保证宪法获得尊重。他应通过仲裁来保证政府权力的正常运作及国家的持续存在。他应是国家独立、领土完整和社团协约与条约获得尊重的保障者。"第 64 条规定："共和国总统应是司法权力独立的保障者。"由于众多法国选民分散居住于海外殖民地，原以为法国总统直选不可行，总统由 8 万名全国和地方代表组成的庞大选举院间接选举产生。1962 年，戴高乐颇有争议地把授权总统直选的修宪法案提交公民复决，并成功获得多数批准。此后，法国总统和美国总统一样直选产生，具备自己独立的选民基础。

第五共和总统不但享有崇高威望，而且具备广泛的实权。首先，总统任免内阁。宪法第 8 条规定："共和国总统应任命总理。如果后者缔交内阁辞呈，他应中止总理的职能。根据总理提议，总统应任免内阁其他成员。”第 9 条进一步规定：“共和国总统应主持部长会议(Council of Ministers)。”另外，总统还任命国家公务员、军官（第 13 条）以及大使特使（第 14 条），并负责谈判与批准条约（第 52 条）。虽然内阁受制于议会不信任表决，总理实际上在总统的赏识下行使职权。例如在 1972 与 1984 年，法国总理都因为失去总统支持而主动辞职。

其次，总统不仅负责颁布法律，还有参与立法的有限权力。宪法第 10 条规定：“在最终采纳的法律被转交内阁后的 15 天内，共和国总统应颁布法律。在此期限截止前，他可要求议会再次考虑法律或其某些条款。这项要求不得被拒绝。”在内阁失去议会信任时，总统还有权解散众议院。第 12 条规定：“在和总理及两院议长磋商后，共和国总统可宣布解散国民大会。”和以往时期相比，这项权力在第五共和的运用频繁得多。最后，总统主管军事与国防。宪法第 15 条规定：“共和国总统是武装部队总司令。他应主持高级国防会议和委员会。”第 16 条还授予总统以广泛的紧急权力：

> 一旦共和国机构、国家独立、领土完整或国际义务的履行受到严重和即刻的威胁，且政府宪法权力机构的正常运作遭到中断，共和国总统应在正式磋商总理、两院议长和宪政院之后，采取这些情形所要求的措施。总统应把这些措施的消息通告全国。这些措施的目标必须是为了保证政府的宪法权力机构获得手段，以在尽可能短的时间内完成其所分配的职能。这类措施应获得宪政院的协商。议会应有权集会。在总统行使紧急权力期间，国民议会不得被解散。

第五共和不但造就了一个强总统，而且产生了一个相对稳定与有效的内阁。事实上，总统和总理职权存在诸多交叠。内阁主管内政的日常运作，并制定必要的规章与法令。宪法第 20 条规定：“内阁决定与指导国家政策，并指挥行政和武装力量。根据第 49 和 50 条所规定的条件和程序，它向议会负责。”内阁由总理(Premier)领导，并实行集体责任制。根据第 21 条：“总理指导内阁运行，并对国防负责。他应保证法律的执行。受制于第 13 条的规定，他应具备调控权力，并任命公务和军事职务。他应将其某些权力委代给部长。”第 22 条进一步规定：“如果情形需要，总理决定应获得有关负责执行的部长之副署。”通过副署，内阁还对总统权力构成约束。《宪法》第 19 条规定：“除第 8 条第一段、第 11、12、16、18、54、56 和 61 条规定的决定外，共和国总统的决定应获得总理的副署，并如果情形需要，获得合适部长的副署。”

由此可见，法国总统虽然位高权重，但除了发动公投、解散议会和宣布紧急状态之外，他行使其它权力都需要总理或内阁副署，因而并非不受限制。虽然总统全权任免总理，无需议会批准，但内阁受制于众议院的不信任表决，因而总统只能任命多数党接受的人选，内阁才能持续运行。只是如果总统和众议院多数属于同一党派，那么总统其实就是多数党和众议院领袖，因而内阁副署成了可有可无的多余程序。在这种情况下，法国总统的权力显然超过了美国总统，因为他不仅全权任免内阁，甚至不需要参议院批准，而且享有解散议会和宣布紧急状态这类美国总统没有的宪法权力。1980 年代中期以前，法国总统和议会多数同属一个政党，因而总统权力很大，始终领导内阁。1986 年，总统和内阁之间的和谐关系被首次打破。左翼社会党赢得了总统选举，密特朗得以连任总统；右翼党派却获得议会多数，组成以希拉克(Chirac)为首的保守派内阁，从此开始了二元首脑之间的“共同生存”(cohabitation)阶段。在这种情况下，总理会和总统较真，充分行使宪法赋予的决策权和副署权等权力，总统权力受到很大制约。因此，取决于总统和议会多数党之间的党派关系，总统权力呈现不连续的高—低二元状态。

第五共和宪法模式对 1960 年代独立的众多法属非洲国家以及后来的苏东转型国家产生了重要影响。虽然这种模式已在法国成功运行了 60 余年，它对于新兴民主国家可能是危险的。对于刚从独裁体制转型过来的新兴民主国家，最大的威胁是底蕴深厚的独裁遗毒，而总统制或二元首脑制恰恰为个人独裁提供了机会。宪法第 5 条等对总统赋予的崇高地位和美好期待是令人匪夷所思的：“共和国总统应保证宪法获得尊重”、“保证政府权力的正常运作及国家的持续存在”、“国家独立、领土完整和社团协约与条约获得尊重的保障者”、“司法权独立的保障者”……难道总统是一个无所不能的神吗？怎么能靠一己之力保证“国家的持续存在”？有什么能力做一个称职的国家独立、领土完整的“保障者”？他是最可能违背宪法、滥用权力的人，怎么能被信任来“保证宪法获得尊重”？他最有可能损害司法独立，怎么还能指望他做“司法权独立的保障者”？所有这些称号都是独裁者的标配，新兴民主国家的民粹主义领袖看到它们不可能不为之心动。

事实上，所谓“半总统制”下的总统权力往往比一元总统权力更大。美国总统至少没有解散国会的权力，任命内阁也需要经过参议院的听证程序。单纯的总统制下，具备独立选民基础的总统和国会“井水不犯河水”；没有谁有权解散议会，要说相互制约也是国会弹劾总统而非反过来。相比之下，二元首脑体制保留了议会制下的责任内阁制，但同时伴随的议会解散机制则让总统获得了可能致命的扩权机会。弄不好，独裁者甚至可能利用制宪把“半总统制”变成“超总统制”，总统享有解散议会的自由裁量，议会却并不能对内阁进行不信任表决，典型例子有乍得、赤道几内亚、几内亚、赞比亚等国。1993 年叶利钦主持制定的俄罗斯联邦宪法也几乎是一部超总统制宪法。第 109 条规定总统有权解散杜马，但不限制解散的事由，只是在特殊时间段不得解散；总统任命总理须经杜马同意（第 89 条），但如果杜马连续 3 次拒绝接受总统提名的总理人选，总统可解散议会、任命总理并宣布新大选（第 111 条）；杜马可对内阁进行不信任表决，但总统有权否决杜马决定；如果杜马在 3 个月内再次表达不信任，总统可宣布内阁辞职或解散杜马（第 117 条）。这些规定显示，总统在和议会的权力互动中占据明显优势。

综上，不论是总统制还是半总统制国家，都必须防范总统权力过大。总统制宜借鉴美国宪法，将总统权力限于有限的立法权（如立法提案权与否决权）和执法权（主要是内阁任免权，受制于议会批准）。半总统制国家尤其要警惕总统经由责任内阁制扩权，避免从“半总统制”蜕变为“超总统制”。在任何情况下，总统都不应被授予随意解散议会的权力；宪法应严格规定解散议会的条件，将其局限于内阁失去多数信任等个别情形，杜绝任何人滥用解散议会的自由裁量。总统也不应享有自行颁布律令或诉诸公投等主动立法权，更不应有权自行提议修改宪法。只要总统有实权，任期即应局限于 2 届，每届不超过 5 年。当然，最好的体制仍然是类似德国的“名义总统”，总统限于行使象征性权力，譬如按照议会决定颁布法律，或绝大多数决定均须内阁副署，而总理和内阁通过不信任表决机制向议会负责。

三、立法监督

如上所述，行政权原则上应当保持政治中立，现实中又行使着议会委托的次级立法权，因而无法完全置身于政治与价值判断之外。既然如此，有必要设计立法约束机制，保证行政次级立法和政策符合议会立法的原则框架。

1. 弹劾与不信任表决

无论是总统还是总理领导的内阁都位高权重，对立法决策产生显著影响，因而都需要权力约束机制，只是具体机制不同。第五章讨论了议会制与总统制之争，结论是议会制总体上优于总统制。这一结论对于行政首脑的权力制衡同样适用。总理领导的内阁受制于议会多数的不信任表决，总统及其内阁则受制于议会弹劾。当然，不论是总统还是总理，如果涉嫌违法则一概可以受到司法追究。

事实上，弹劾是从英国议会制发展而来，但那是还在国王掌握实权的时候。1308 年，英国大贵族首次通过议会行使弹劾权，以“人民”的名义提出弹劾请愿，要求罢免国王的外籍宠臣。1310 年，大贵族进一步主张议会为国家权力的中心，有权宣战、媾和并弹劾大臣。1327 年，大贵族乘爱德华二世（Edward II）滞留国外期间独自召集议会，竟成功迫使他接受废除国王的弹劾案。1399 年，弹劾制度正式确立。此前，理查德二世（Richard II）一意孤行，专横跋扈。他命令上院宣布，任何对政府评头评足的言论都是对国王权威的蔑视，任何人不得在下院煽动反对国王和政府的情绪，否则将犯叛国罪。他迫使议会废除了弹劾法规，并严惩了主持弹劾的贵族领袖，从而否定了议会的弹劾权与审判权。他企图以少数人组成的委员会来取代议会，从而彻底摆脱议会的控制。国王的这一系列措施引起了普遍非议，并最终导致暴乱，国王被迫退位。议会列举了国王“独裁、破坏自由与法律、不正当利用议会、践踏议会法规、狂妄地凌驾于法律之上并妄称立法权为国王独有”等 23 项罪名。贵族院以“议会最高法庭”的名义，宣布废黜理查德二世。1688 年“光荣革命”之后，王权逐渐式微，再也没有一个国王敢把个人权力凌驾于议会之上。1908 年至今，英国再没有启用弹劾制度。

由此可见，弹劾制度是在民主尚不发达的国家控制世袭君主权力的一种机制。议会成为国家的最高权力机构之后，弹劾也被不信任表决取代。不信任表决(vote of non-confidence)的逻辑很简单：在议会制国家，行政最高层——内阁——由议会多数选举产生并对议会负责。如果内阁制定的预算等重大决策得不到议会多数的信任，表明内阁的政策取向已经和议会多数发生重大偏差，必须下台了。当然，为了避免议会过于草率行使不信任表决，倒阁通常也伴随着议会重新大选，议员需要考虑自己败选的风险。[2]由于不信任表决的后果严重，有的国家宪法还要求总统参与决定。譬如联邦德国总统基本上只有象征性权力，但是不信任表决只有在总统同意后才会产生解散议会和倒阁的后果。

不信任表决的逻辑对于总统制是不适用的，因为实权总统一般由直接选举产生，因而具备独立的选民基础及其内含的民主正当性，议会无权通过不信任表决罢免。事实上，总统制的三权分立安排正是要让总统通过否决等宪法权力制约议会；假如总统否决了议会立法，议会就可以对总统表达“不信任”，那么无疑就挫败了三权分立的设计初衷。另一方面，总统权力很大且任期固定，显然在任期间就需要某种约束机制，因而只有选择弹劾——除了弹劾与不

---

[2] Walter Bagehot, *The English Constitution*, Li Guoqing trans., Peking University Press (2005), pp. 133-162.

信任表决之外，大概只有暗杀才能让一个犯了罪或不能胜任而又拒绝辞职的国家首脑下台。

但和不信任表决相比，弹劾的功能定位是不清楚的。不信任表决完全是政治性的，内阁与议会多数发生重大政策分歧即下台。相比之下，弹劾则带有司法性；美国联邦宪法第 2 条第 4 款规定，总统等官员可因“叛国、行贿受贿或其它重罪与轻罪(misdemeanor)”而受到弹劾。然而，弹劾又是一个政治过程，因为发起和审理弹劾的机构都是政治机构——分别是众议院与参议院；尽管最高法院院长主持审理弹劾，但这个职位只是程序性的，并不能改变弹劾过程的政治本质。这样，弹劾即陷入两难：一方面，弹劾应针对总统的个人行为而非其政策取向；另一方面，弹劾的主体又是政治机构，而且宪法没有规定弹劾的法律标准和程序规则，因而没有什么能防止参众两院以违法的幌子弹劾政策立场不合的总统，除了确认弹劾需要参议院 2/3 多数同意，因而要求少数党也有相当部分议员同意弹劾，但这并不能防止任何一个党出于政治原因阻止弹劾。

历史上，美国有四位总统遭遇或险些遭遇弹劾。第一次弹劾即起因于政治立场不合。林肯被刺，副总统约翰逊继任后，否决了国会的全部重建立法。1868 年，国会通过《职位法》，禁止总统在未经国会同意的情况下解雇内阁部长。这实际上构成了国会权力的滥用，因为虽然部长的任命需要参议院确认，总统却有宪法权力随意解雇。之后，众议院发起弹劾、参议院审理弹劾，但 9 名民主党议员全部投了反对票，也有 10 名共和党议员反对，致使参议院仅因一票之差未能弹劾成功。约翰逊本来就是南方人，他被林肯选为竞选伙伴来争取南方选票。不论现在如何评价他继任后偏袒南方的立场，他只是在行使宪法赋予的独立决策权和否决权，因而此次弹劾并不符合设计弹劾制度的宪法初衷。

第二次险些发生的弹劾针对尼克松，或许是唯一一次符合初衷的弹劾，可惜并未发生。1972 年“水门事件”发生后，民主党控制的众议院发起弹劾。弹劾事由共有 5 项，其中 3 项涉及犯罪，其余 2 项则不涉及。众议院的投票严格按政党划分，全体共和党众议员都投了反对票。只是当主流民意开始反对尼克松之后，共和党议员的态度才发生转变。之后，众议院以 410 比 4 的压倒性投票，授权调查总统在“水门事件”的责任。即便是这样的投票也很难被视为出自任何立场中立的法律考量，而仍然是出自共和党议员对自己选票的利益考量。当最高法院判决总统必须向法院提交白宫录音之后，尼克松选择主动辞职，避免了几乎铁定被参议院弹劾的命运。

第三次弹劾是针对克林顿总统在法庭上做伪证、滥用职权并阻碍司法，众议院司法委员会聘用的独立检察官斯塔尔认定罪名成立。1998 年，共和党占多数的众议院投票发起弹劾。虽然参议院多数党也是共和党，但对克林顿的两项罪名均未超过半数——即便超过半数，也完全不可能达到宪法所要求的 2/3 多数。虽然克林顿的罪名有可能成立，但作为参议院少数党的民主党成功阻止了弹劾定罪。

第四和第五次弹劾都是针对特朗普总统。2019 年，众议院司法委员会提议指控两项罪名——滥用职权和阻碍国会。民主党占多数的众议院发起弹劾，但两项指控均未达到参议院半数。在针对滥用职权的指控中，共和党参议员罗姆尼投下了唯一的共和党赞成票。这也是美国有史以来唯一一次参议员投票支持弹劾本党的总统，可见参议院的审理和众议院发起弹劾一样带有高度政治性。2021 年 1 月，就在特朗普下台之前一周，民主党占多数的众议院再次发起弹劾，罪名是煽动 1 月 6 日冲击国会山的叛乱。参议院这次有 7 名共和党议员“倒戈”，但是离宪法要求的 67 票仍然还差 10 票。

在以上四次正式发生的弹劾中，第一次属于不该发生的不信任表决，但是美国三权分立体制无法有效解决国会和总统之间的政治分歧。后面几次弹劾或许符合宪法规定的要件，但是众议院发起本身是一个政治而非司法过程，且都被参议院的政治过程挫败。宪法规定的 2/3 超多数要求或许避免了类似于众议院那样的多数决政治过程，部分少数党的认同成为弹劾成功的必要条件，但既无法避免少数党出于政治目的挫败本该发生的弹劾，也不能避免两党像尼克松弹劾案中众议院共和党那样出于政治利益考量而做出弹劾决定。总之，由议会这个政治主体决定的弹劾注定是一个过程，无法实现弹劾的司法性。与其让一个违法总统受制于议会弹劾，不如把他送上法庭审判。

归根结底，弹劾制度面临的尴尬是总统制的必然归属。总统既可能违法，也可能不得人心。这两种性质不同的问题要求不同的解决方式，属于法治的归法治，属于政治归政治。首脑违法应受到司法审判，首脑失去人心则应以不信任表决的方式下台，而这意味着首脑不仅任期不得固定，也不能经由直接选举产生。直选产生的首脑具有和议会同样的民意基础和民主正当性，并未任命他的议会也无权罢免他，而由选民直接罢免总统并不可行，很容易助长民粹主义情绪并造成社会不稳定。这样，责任内阁与不信任表决成为唯一可行的机制。从权力制衡的角度看，议会制也优于总统制。

当然，对于已经采用总统制的国家，弹劾不失为控制总统权力的一种方式，但这种权力制衡方式实际上已偏离三权分立模式；尤其是如果弹劾权被经常使用，即便是直选产生的总统也在某种程度上被迫对议会负责——尽管不是作为内阁向众议院负责，而是在两院制国家更多向负责审理弹劾的参议院负责。但如果成功弹劾需要不易达到的超多数同意，弹劾往往会在参议院卡壳，流变成反对党骚扰或恐吓总统的手段。

总统或总理之下，内阁部长、独立行政机构领导等高级官员也享有决策权，因而也需要某种民主问责机制。议会制的内阁很简单，和总理一起由众议院选举产生并对众议院负责。半总统制的总统和总统制总统类似，一般直选产生、任期固定；总理领导的内阁则和议会制类似，向议会负责。总统制的内阁一般向总统负责，而不向议会负责，但是其任命受制于议会批准，并和总统一样受制于议会弹劾。美国宪法第2条第2款规定，总统有权在参议院“建议与同意”下任命合众国官员，但法律可授权总统或内阁部长任命“下级官员”，无需参议院同意。换言之，“下级官员”之外的高级官员须由总统提名、参议院经确认听证多数同意后任命，因而在这个意义上对参议院"负责"，但是这个责任制只有一半——最高法院判决，总统可随意辞退内阁部长，无需国会批准。如果内阁部长和总统发生立场分歧，为了保持行政团队的步调一致，总统可以随时请部长走人，譬如2018年5月，美国国务卿还是从特朗普总统的推特里知道自己被解雇了。相比之下，独立行政机构领导的任免都需要参议院批准，不能被总统随意解雇。

2. 行政职权法定

除了宪法对行政首脑的权力约束机制外，议会对行政权力的决定性作用在于职权法定原则。简言之，议会立法决定了内阁以下几乎所有行政机构的形态、职权、规模、预算等事项。行政显然无权自行设立部门机构或决定预算规模，否则必然造成行政权的膨胀和滥用。既然行政的首要功能在于执法，行政机构的存在必须以相关实体领域的立法为前提，否则国家权力就成了行政先于立法的独裁体制。议会在实体领域立法中规定设立行政机构的目的、行政结构、职权范围、运行程序、法律责任与纠纷解决机制，在年度预算中设定行政经费、负责拨款并审计经费使用情况。如果接到申诉，议会还对行政决定举行听证或组织调查委员会，调查是否存在滥用职权或违法行为。

为了保证行政的政治中立，许多英联邦国家的宪法还特别设立公务委员会。譬如新加坡总统虽然并不行使太多实权，但 1963 年宪法仍然赋予其行政任命权。尽管总统由选民直选产生（第 17 条），但从提名起就不得是任何政党成员（第 19 条），以保证总统本人的政治中立。第 22 条规定，总统可拒绝接受或撤销最高法院大法官和司法委员、司法部长、总统少数权利委员、宗教和谐委员、公务委员会和法务委员会委员、总审计长、总会计师、武装力量司令和三军司令、武装力量委员、警察委员会委员等职务。如果总统拒绝或拒绝取消任命，议会成员 2/3 多数可以否决。公务委员会负责任免公务员（第 107 条），任期 5 年，可以连任（第 110 条）。

3. 文官治国

行政法治、行政中立、依法行政、立法与司法监督……都指向一个共同推论，那就是文官治国。换言之，行政不是国家的领导力量，而是被领导、被监督的权力。作为政治中立的执法权力，行政只能对法律忠诚，法律由选举产生并对选民负责的议会制定。如果行政能够发挥“领导作用”，就不可能受到议会和法院的有效监督；这样的结果只能是法律对权力“忠诚”，民主责任制被彻底打破。一个文明国家必须由议会立法、行政执法、法官司法，而议员、公务员、法官都是文官——之所以是“文”，是因为选民的自由讨论与投票、议会辩论和立法、公务员执法和法官判案都是“动口不动手”的文明理智过程。

当然，国家也有需要动“武”的时候，但那只是限于例外——只有发生危害社会并通常夹带暴力的行为，才需要警察镇压；只有面临外部武力威胁，才需要军队保卫，但这并不意味着军人治国或“警察国家”。恰好相反，它意味着警察、军队、安全部门等武装力量必须受到严格控制。武装力量必须依法执法，尤其不得侵犯个人的宪法权利；武装人员招聘必须经过类似普通公务员的考核过程，其高层经由总统或总理任免，对议会负责并接受议会监督。譬如美国陆海空三军司令和参谋部联席会议主席都由总统提名、参议院听证核准。“世界宪法制度指标”课题统计的 196 个国家中，有 150 部宪法规定军队由国家元首统帅，其中有 3 部宪法明确规定国家元首的指挥权超越议会；但也有 17 部宪法规定军队由议会领导，甚至有 2 部宪法明确规定议会指挥权超越国家元首。

美国总统是三军“总司令”，却无权对任何国家“宣战”，因为这是属于国会的权力。更重要的是，身兼“总司令”的总统本质上是文官而非军官。当然，美国历史上偶尔也有格兰特或艾森豪威尔这样人气很旺的“战斗英雄”当选总统，但那也是在他们功成退役之后。即便如此，总统和总司令合二为一仍然是一种很危险的权力。尤其是为了能够及时采取应急措施，现代国家的宪法一般都授权行政首脑在紧急状态下行使特殊权力，采取在平常状态下所不能采取的措施。这样会不会发生如杰克逊法官所说的“紧急权力制造紧急状态”现象——总统为了滥权而制造紧急状态，譬如出去打一仗，本来没有的权力就什么都有了。作为世界几乎唯一的例外，美国联邦宪法并未规定总统拥有任何形式的“紧急状态权力”。在和平时期，总统的执法权来自国会法律授权。然而，在战争、暴乱、经济危机或其他紧急状态下，总统一般被认为具有更大程度的自主权，但总统采取的应急措施未必能得到法院的认可。如果总统行动不但未得到法律的明文许可，而且违背国会明确或隐含的立法旨意，那么法院可能宣布总统行动因缺乏法律依据而无效。

这个例子突出地体现在 1952 年的“钢铁公司占用案”(Steel Seizure Case)。在 20 世纪 50 年代初，杜鲁门总统因朝鲜战争需要，下令占领劳资双方不能达成集体协议的钢铁公司。总统发布 10340 号行政命令，指示商业部长临时占用并操作某些钢铁公司的厂房设施，以度过困难时期。公司老板向联邦法院提起诉讼，宣称政府措施违法。地区法院判决总统命令确实不具备立法或宪法依据，且这一判决受到最高法院多数法官的维持。多数意见指出，总统的权力可能有两个来源。如果存合宪的立法授权，那么总统可以从普通法律中找到权力依据，但当时并没有这样的法律。事实上，1947 年，国会曾经讨论过是否要授予总统这类权力，但遭到了多数代表的否决。如果没有立法授权，总统的权力只有直接来自宪法。但宪法第 2 条对总统权力的规定极为简略，因为行政职能主要是执行国会制定的法律。他有任命权和立法否决权，但这些都和本案无关。唯一有希望的一条是宪法第 2 条第 2 款，总统是“合众国海陆军及各州武装部队的总司令”。然而，多数意见并不认为这一条授权总统发布命令占用钢铁公司；否则，总统权力就变得无边无际——本来只有执行法律的权力，法律未曾调控的国内事务总统自然也不得触碰；现在很方便了，只要把军队拉出去打一仗，国内要什么权力就有什么权力，全部拜“总司令”所赐。这次能接管钢厂运营，下次是否可以接管医院、药店甚至面包店，因为这些日常物资现在成了军需？最高法院尤其提醒，美国宪法的宗旨是“文官治国”；杜鲁门是以总统而非“总司令”的身份治理国家，不能以“总司令”的名义号令全国，否则美国就成了拉美或非洲式的军阀治国。

4. 军人干政之害

在许多欠发达国家，军人治国的危险绝非虚构。事实上，和美国一样，绝大多数近现代国家的独立本身就离不开军队，之后往往作为缔造国家的英雄甚至“国父”顺势独揽大权，继续霸占国家权力的中心。譬如 1922 年埃及独立就是军事政变催生的，军队此后一直扮演了埃及政治的中心角色。尽管具有先见之明的凯末尔并没有赋予军队太多宪法性权力，只是保障其独立地位，但军队仍然享有诸多特权。任何人不得批评甚至评论军事行为，否则可受到军事审判。总司令是国防部长，从职业军人中任命。此后数十年，埃及军人长期埋头挣钱、不管政务，退役后继续做地方官。1990 年代开始，50-80%的省长由总统从退役军人中任命。“阿拉伯之春”并没有从根本上改变这种状况，2012 年宪法仍然将任命方式由立法规定。2013 年，25 名省长中 17 人是军人。省长再任命各式公务员，地方政府中至少有 2000 名军人担任不同职务。[3] 军人在国家政治中扮演如此重要的角色，实际上就是军人治国。

如果军事精英不遵守文官治国原则、不服从民主统治和民选产生的政治精英，那么民主就不可能巩固；民主政权不能顺利运行并保证社会秩序，也给军人干政留下口实。1947 年缅甸独立宪法赋予卡钦等少数族群自决权，但国家与族群之间的和谐问题一直处理不好。1958 年，军队首次干政，看守政府两年内成功恢复了法律与秩序，经济也有起色。但这次经验使缅甸军方获得自信，相信自己能成功管理国家，也只有它才能维护国家统一。同时，军队也随着干政融入了国家经济，成为阻碍民主改革的既得利益阶层。[4] 军队主导的民主改革必然是心猿意马、举步维艰。1990 年，军政府

[3] Sumit Bisarya, The Military and Constitutional Transition in 2013, in Sumit Bisarya ed., *Constitution Building: A Global Review (2013)*, International Institute for Democracy and Electoral Assistance (2014), pp. 50-51.

[4] Ibid., pp. 47-48.

安排选举，昂山素季领导的全国民主联盟赢得大选，但是昂山不但没有掌权，而且还迎来了数年的软禁。虽然民主运动遭到了镇压，但是以昂山素季为首的反对力量仍然一直存在。2007 年发生了“番红花革命”，缅甸佛教徒上街抗议。军政府为了顺应民意，但是又不愿意马上放权，于是就有了 2008 年转型宪法，一方面要回应民众的政治诉求，另一方面则是为了保护军人的统治地位。

2008 年宪法作出了还权于民的姿态，但仍然体现了军人治国思路，许多规定就是为军队继续维持权力和既得利益量身定做。军人在联邦和地方立法与行政部门独占 1/4，其中包括国防部长和内务部长，人选由国防军总司令任免。修宪的 7%门槛则让军队获得否决权，并决定正副总统三人中的至少一位。国防与安全委员会是内政外交最重要的决策机构，多数成员由军官构成，并决定总司令人选。总统宣布紧急状态之前必须征求国安委意见，宣布之后权力即移交国防军总司令，总司令来代行立法、行政、司法权力，实行赤裸裸的军人治国。即便在平时，军队也实行独立管理并裁判所有武装力量事务，拒不接受议会监督。

2010 年 11 月国会大选，昂山素季领导的全国民主联盟被宣布为“非法组织”，代表军方利益的联邦巩固与发展党赢得了多数席位。作为妥协，昂山素季和当时的总统、总理对话，取得了共识。2012 年又举行了补选，补选相当于一种弥补，民盟大获全胜，在 45 个补选议席中赢得了 43 个。2013 年，议会成立宪法审查联合委员会，但宣布不会改变军队领导地位。不过，之后的修宪实施委员会还是讨论了如何削减军队权力，使之更符合民主实践。到 2015 年议会选举，民盟终于获得压倒性胜利，缅甸在民主转型上迈出了决定性的一步。然而，好景不长。2020 年选举，民盟再次大获全胜，却被军方指控“舞弊”。次年 2 月，军方发动政变，逮捕了昂山素季和敏昂总统，军人第一副总统代行总统职务。此后至今，缅甸一直陷于内战状态。

缅甸转型的坎坷经历表明，军队一旦介入国家政治，其退出必然是一个漫长的过程；只有在保证其安全和利益的前提下，民主转型才有可能启动并巩固。[5] 当然，具有独立地位的军队一般是民主的威胁，但有些情况下也能帮助民主转型顺利进行，甚至主动促成转型的发生。如果军队确实能保持独立，不听独裁者的指挥，那么独裁者在大规模民众抗议面前就失去了镇压手段。2011 年 2 月，成千上万埃及民众示威抗议 18 天之后，拒绝向民众开枪的埃及军方发动政变，把执政了 30 年的穆巴拉克赶下台。历史上，拉美和非洲军方都是为了自己的权力发动政变，但这次埃及政变似乎是例外。除了埃及之外，还有 1960 年土耳其政变和 1974 年的葡萄牙政变都促成了民主转型。[6] 事实上，冷战之后，将近 3/4 的军事政变都在 5 年内实现了民主选举。因此，“新一代政变对民主的威胁不如历史上的政变那么大。”[7] 有些政变响应民众诉求、推翻极权政体，因而是促进民主的。当然，政变成功后，军人也不会自甘退出历史舞台并还政于民，恋栈和寻租是免不了的。除了缅甸之外，埃及转型也不顺利。2012 年宪法运行仅一年，国防部长塞西(Abdel Fattah Al-Sisi)就发动政变推翻政府。2014 年，他自己操纵选举做起了总统，并于 2018 年连任。次年修宪，总统任期延长至 6 年，并可再连任一次。埃及的军人统治遥遥无期。

因此，文官治国是文明国家的绝对原则。军人治国、武人干政不仅是民主的天敌，而且也是法治的敌人；除非是为了推翻独裁政权，军事政变是对宪政与法治的根本颠覆。和普通公务员一样，武装力量应该严格保持政治中立，对国家法律而非任何政党或领袖负责。军事领袖必须向民选产生的文官负责，一切军事行为都必须获得议会授权。总统的紧急状态权力也应当受到严格界定，限于战争、内乱、重大自然灾害或卫生事件等国家秩序受到严格威胁的事项，并及时呈请议会批准（如一周内）；紧急状态期间，不得中止或解散议会。如果总统未及时宣布紧急状态终止，议会有权自行决定之。

---

[5] Ibid., pp. 49-50.

[6] Ozan Varol, *The Democratic Coup d'État*, 53 *Harvard International Law Journal* 292 (2012), pp. 292-294.

[7] Ibid., p. 295.

四、司法监督

除了立法监督之外，行政权力还需要受到有效的司法监督。如上所述，现代行政集立法、执法、司法三权于一身，而要防止行政过度集权，必须强化立法与司法对行政权的控制与监督机制，以免行政自我赋权、一权独大。行政有立法权，但行政立法须获得议会授权并低于议会立法；行政也有司法裁判权，但无论是具体的行政裁决还是抽象的行政立法，其合法性都必须受到司法审查。

1. 普通法律监督

行政机构的政治中立对于行政法治至关重要，而行政中立必须得到独立公正的司法保障。无论是总统制还是议会制，“行政”都呈现出多层金字塔式的等级结构；行政首脑及参与决策的高级领导向上对议会负责，向下则对整个行政系统的各级行为负责。然而，行政又不是一个严格自上而下、密不透风的“铁三角”。法治国家的行政“金字塔”在各个层级都开了许多“窗户”，以便让法律的阳光照射进来。要实现行政法治，让广大公务员（包括警察与军人）忠于法律而非领袖，就必须使他们受到法律的有效保护，让独立的司法机构判断上下级之间的法律争议。如果行政权力成为“针插不进、水泼不进”的封闭“铁桶”，结果必然是助长其“家长制”和个人独裁，行政权就只能为贪官污吏而非法律保护的利益服务。

因此，在极少数承担政治责任的高层领导之下，负责具体执法的普通公务员必须回归行政中立原则，原则上只对法律而非领导负责；如果领导命令违法，则有不服从的权利乃至义务。如果领导因此而对公务员进行打击报复，在奖惩决定上给其“穿小鞋”，那么公务员有权提出行政诉讼。在法治国家，公务员诉讼构成行政诉讼的很大一部分。事实上，即便是高层领导也不能不经思考就对首脑言听计从；如果不分是非只做“总统的人”，自己很可能要为其承担违法责任。中国的《行政诉讼法》将公务员奖惩决定作为“内部行政行为”，因而排除公务员诉讼，显然会助长惟命是从的人治现象，对保障公务员权利和维护行政法治极其不利。

不利于行政法治的另一项中国制度是行政诉讼的受案范围非常狭隘，仅限于个案中作出的“具体行政行为”。虽然 2014 年修订允许法院附带审查规章以下的规范性文件，法院无权审查法规、规章等一般“抽象行政行为”的合法性。尽管下级行政机构有义务将抽象行政行为向上级机构“备案”，但上级并无法律义务审查下级行为的合法性或合理性，立法或行政审查机制的力度显然远不如司法审查，因而无法保证法律在经过各级政府贯彻实施过程中不扭曲走样。相比之下，所有法治国家的法院都不仅有权审查行政机构的具体行政行为，而且有权审查从基层行政到内阁次级立法的几乎所有抽象行为，有效保证了依法行政与行政法治。至于司法审查究竟是采用英美模式的一般管辖权法院还是欧洲大陆模式的专门行政法院，并非关键问题。只要维持司法独立并赋予充分的司法管辖权，无论是普通法还是大陆法模式的司法审查都是实现行政法治的利器。

2. 宪法监督

不仅公务员等普通行政受制于司法监督，宪法规定的最高行政权力也不例外。只要不是不可审查的政治决定，如提名总理或法官，国家元首或行政首脑行使的权力也要受到合宪性与合法性审查。行政首脑不仅必须服从法院判决，而且有义务遵循司法程序，不得以宪法赋予的权力为借口拒绝配合调查取证。

美国大概是世界上唯一动不动就把国家总统告上法庭的国家，前任总统克林顿（William Clinton）已经不止一次在被告席上焦头烂额。但总统毕竟是一国元首，国家元首的重要职能也赋予他在法庭上具有某种“执法特免权”（executive privileges）。这并不能使之免予起诉——否则就丧失了对总统行为的司法控制，但这为司法审查规定了界限。特别是某些信息可能关系到国防、军事、外交等重大国家利益，不能随便在法院上透露。何况美国的司法审判一般是公开的，允许记者报道，而初审经常由平民组成的陪审团参加，对总统的刑事指控也不例外。因此，总统在法庭上享有什么程度的特免权，一直是一个相当微妙的问题。事实上，早在 1803 年的著名案例——“马伯里诉麦迪逊”中，马歇尔大法官就曾对此阐发过精辟的见解。在 1974 年的“合众国诉尼克松”案中，联邦最高法院再次讨论并定义了总统特免权的界限。

在 1974 年的“水门事件案”，尼克松总统的直属官员被发现利用行政职权，企图窃听民主党全国代表大会的竞选策略。在哥伦比亚特区的联邦地区法院，联邦政府起诉了直接涉及丑闻的官员，并调查总统与事件的联系。为此，由 12 位普通公民组成的大陪审团(Grand Jury)发出传票，要求总统出示他与这些官员某些对话的录音磁带。总统承认磁带的存在，但以行政特免权为由拒绝交出磁带，并且想方设法、利用职权施加压力，迫使坚持立场的特别起诉官考克斯(A. Cox)教授辞职。总统的行为激起众怒，每天都有大量电报发至国会，要求弹劾总统，导致众议院启动了弹劾程序。关于录音磁带的争议迅速上了最高法院，总统律师仍基于广泛的行政特免权，宣称总统行为不能受到法院审查。最高法院则一致认为法院具有管辖权，并判决总统必须交出法院传票所要求的证据资料：

> 在设计我们的政府结构并在 3 个平行分支中分布主权时，宪法缔造者寻求提供一个综合系统，但并未把三权分立设想为绝对独立地运作……如果只是泛泛地基于公共利益，宣称对非军事和非外交讨论的保密，即认定第二章的总统权力提供了特免权，使总统免于履行对实施刑事法所必需的传票，那么这就将打破“可行政府”的平衡机制，并严重削弱宪法第 3 条赋予法院的作用。[8]

美国的水门事件以及最高法院对录音磁带的判决很自然让人联想起台湾的“国务机要费案”。2007 年，台湾当局陈水扁夫妇因涉嫌贪污“国务机要费”以及伪造文书和伪证，“第一夫人”受到检察机关起诉。阿扁本人则因享有行政豁免权，要等到 2008 年卸任后再予以调查起诉。2008 年 7 月，在屡次以健康为由拒绝出庭

[8] United States v. Nixon, 418 U.S. 683.

之后，"第一夫人"终于准备再次出庭面临审判。但就在此前一天，行政当局突然以涉及"国家机密"为由，要求正在审理此案的台湾地方法院归还政府当时提供的所有国务机要费发票，引起台湾地区舆论一片哗然。如果没有这些基本证据，"国务机要费案"当然就审不下去了。对此，台湾地方法院的回应是审理继续进行，但是因为证据可能涉及"国家机密"而不公开审理。这可以说是让陈水扁当局碰了一个"软钉子"。

不可否认的是，每个政权都有一些需要特别保护的"机密"，而且一般是由行政领导人根据法律授权划定机密范围。由于国家机密涉及敏感和重要的公共利益，行政机构在划定机密过程中享有极大的自由裁量权，一般不受实质性的司法审查。然而，在某些情况下，行政机构可能会滥用国家机密的决定权，将其变成为掩盖自己违法乱纪的"保护伞"。试想，如果法院要调查"第一家庭"涉嫌贪污国务机要费的弊案，而陈水扁控制下的行政当局却可以将主要证据全部贴上"国家机密"的封条，那么行政违法如何能得到调查和控制？

美国"水门事件"和"台湾国务机要费案"都说明了一个同样的道理：任何权力都不是绝对的，否则必然导致绝对腐败。在法治面前，即便是以国家机密的名义也不得宣称绝对权力；如果权力可以依托"国家机密"的躯壳而变得无所不为，那么法治也就荡然无存了。

第七章：司法独立与司法审查

只要有权力，就需要监督；任何权力都需要监督，最高权力尤其需要监督——除非是至高无上因而不可能监督的无限权力。无限权力把宪法和法律都变成笑话，因而不可能是宪法的初衷。这意味着宪法规定的任何权力都是有限的，没有边界的无限权力是违宪的法外权力。宪法规定的立法权和行政权都是有限的，宪法就是它们的边界；事实上，宪法规定的个人自由与权利就是立法权的边界，而行政只能在有效立法授权的前提下才能行使权力。不同权力可以通过议会、内阁、总统等政治机构之间的内部权力碰撞得到界定，也可以通过外部民意和选票得到限定，但是如果说任何权力（或与权利）之间的碰撞都需要一个仲裁者的话，那么这个仲裁者只能是一个独立的司法机构才能令人信服。

和行政中立一样，司法公正显然是社会契约的题中之义。事实上，在洛克的社会契约论中，司法是首先需要建立的政府分支；原始社会可以不要行政，甚至不要立法——即便没有成文法，自然法或习惯法也可以在一定程度上解决问题，但是仍然需要公正司法定纷止争、解决利益矛盾。人都是理性自私的，显然都希望判决对自己有利；如果原告被告为此不惜一切、争相贿赂，而法官也枉法裁判，那么这就是地地道道的各自为战的原始丛林。如果司法不公，那么法律就成了笑话，再漂亮的法律也是一纸具文。要做到司法公正，首先要保证司法的独立性，使之免除一切政治与社会力量的干预；只要有任何力量能够干预司法，司法就不独立，也就不可能公正。

和行政相比，司法是最后一道关口，因而司法独立与公正尤其重要。行政首先解释与适用法律，在现实生活中产生纠纷之后显然不能自行做出终极决定，而是需要司法作为超然中立的仲裁者解决纠纷，有效监督行政权力并检验行政行为的合法性。事实上，司法也是立法权的监督者——让“法律”包括宪法，法治就意味着宪政；和行政不能违背议会立法一样，普通立法也不能违备宪法，而检验行政合法性和法律合宪性的主体都是司法性质的机构。不同的司法结构产生了不同的司法审查模式，但万变不离其宗，宗旨都是一个——最大程度地落实宪法中的社会契约原则，保证国家权力的正当行使。

一、司法独立及其制度保障

在立法、行政、司法三项基本政府职能中，司法职能最为特殊。根据实证主义民主理论，立法机构决定国家法律与政策的价值取向，因而必须由选民直接选举产生。行政机构的主要任务是如实地执行与实施立法机构所制定的法律。在这个意义上，它并不涉及价值规范问题。但事实上，各国行政首脑都直接参与甚至领导国家政策的制定，因而也应该由选举产生。与此不同，司法机构的一项主要任务是审查宪法或法律是否获得了如实的实施。在这个意义上，政府是在做“自己诉因的法官”——评判自己的所作所为是否符合自己制定的法律规范。虽然这是法治原则所禁止的，但似乎并没有更好的可行的解决方案。既然不可能让整个社会去做评判政府行为的法官，因而需要成立一个专门的评判机构。由于这个机构掌握着公共权力，因而必然是政府的一部分。这就是通常所说的司法机构。

由于司法担负着特殊的使命，因而必须被赋予特殊的性质。在设计立法与执法机构的过程中，重点是保证这些官员反映民意；在建立司法机构的过程中，重点是保证法官的独立性。这并不是说司法行为不需要反映民意，而是民主选举和监督已经保证民意在立法与执法过程中获得充分反映，司法过程所要首先尊重的是法律，而不是揣摩如何让人民“满意”。如实地解释与实施宪法和法律，就是最大程度地让人民满意；否则，法官就超越了自己的权限，以“解释”法律的名义把自己的主观意志强加于立法，从而违背了民主原则。法官的任务既不是让人民满意，也不是让议员满意，更不是让官员满意，而是要让法律“满意”——把法律的真实意图和精神准确地解释出来，并适用到现实生活的具体个案当中。

由于法律必须获得平等与普遍的适用，法官们不能受到法律之外的任何因素的影响——例如和当事人的关系、其它政府官员的意愿、社会压力等其它和法官个人有利害关系的因素。因此，和其它政府职能不同，司法职能被隔绝开来，以保证法官的独立性，使之在断案时仅考虑法律而不考虑任何不相关因素，公正解释并适用法律。司法公正显然是法治的基本要求，司法独立则是实现司法公正的必要（未必是充分）条件。这就要求法官摒弃一切私心杂念、利益情感，真正做一个蒙眼的"正义女神"。然而，法官也是普通人、也会犯错误，道德情操未必比议员、官员乃至平民百姓更高尚。要让一个普通人扮演"正义女神"的角色无疑是困难的，需要特别的制度设计加以保障。

由于法官也是理性自私的人，因而为了保证司法独立性，也就是保证法官不受和法律不相关的因素之影响，法治国家的宪法普遍采取了一系列制度，包括对法官任期和待遇的保障、经济与社会地位的保障、回避制度和禁止单方接触等。在几乎所有法治国家，法官并不是由选民选举产生，而是由国家元首提名、议会批准而获得任命。这样做或许会削弱社会对司法权的监督和控制，但被证明有助于保障司法独立。例如美国联邦法院实行法官终身制，除非被弹劾或定罪之外不得受到罢免；德国法官一旦被任命之后就获得终身资格，并被保证高度的独立性。《基本法》第97条规定：

> 法官应该独立，并仅服从法律。除非基于法律所规定的理由与形式，并通过司法决定，被任命为终身的专职法官不得违反其意愿，而被撤职、永久或暂时中止职位、给予不同职位或在职务限期终止前提早退休。立法可以对终身任命的法官规定退休的年龄限制。当法院结构或地区发生变化时，法官可被转移到另一个法院或调离职位，但他们应保持全薪。

另一方面，如果法官渎职或违法，议会可以提请处分，但最终的处分决定权在于联邦宪政法院。《基本法》第98条规定了联邦和各州法官的法律地位，"如果联邦法官以官方或非官方形式，违反了本《基本法》或一州的宪政秩序原则，那么在众议院的提请下，联邦宪政法院可以2/3之多数，决定该法官被给予不同职位或退休。在故意违反之情形下，可决定将他撤职。”

由此可见，不论是英美普通法系还是法德大陆法系，司法独立都是共同的绝对底线，而司法独立的制度设计也很简单：或者像美国那样实行法官终身制，或者像德国那样实行到年龄退休；总之，任职期间法官不得受制于改选、调任、降级、降薪等压力，有压力必然没独立。当然，给不听话的法官“穿小鞋”也也并不罕见，譬如美国某些特立独行的地区法官可能长期得不到升任上诉或高等法院的机会。日本还有全国法官轮换制度，在不降级降薪的前提下可以把法官从中心地区调任至边缘地区，从而对变相惩罚不听话的法官。即便如此，只要保证司法去行政化的大环境，法官还是享有相当大的独立空间；至于可能不得不长期“扎根基层”，只能当作是“求仁得仁”必须付出的一种代价。

这也意味着这种“代价”不能太大，否则升迁的巨大诱惑很容易造成法官。同级法院内部和之间的法官待遇必须平等，不同级别的法院在年薪、荣誉和地位上也必须做到基本平等，不能相差太大。即便是最高法院的大法官和基层法官在人格上也是平等的，并不存在任何指导乃至领导关系。不同级别的法院分工不同，目的是为了保证国家法治统一；就和全国性立法一般高于地方立法一样，下级法院判决必须服从上诉判决，否则不同地方法院对同一条法律规定作出不同解释，必然割裂法治统一秩序。至少理论上，下级法院和上级法院判决发生分歧，完全可能是后者错了，只是为了保证法治统一，即便错误的判决也要服从。既然不同级别的法院待遇基本平等，最基层的法官也必须获得相对优厚的年薪，否则很容易鼓励司法腐败或削弱法官的独立性。

另一方面，法官不只是享有崇高的社会荣誉和优厚待遇，而且有义务严格遵守司法守则，建立严格的回避制度并杜绝可能产生司法腐败的一切单方接触。由于和一方当事人私下的任何接触都是滋生腐败的温床，单方接触构成“一票否决”法官资格的理由；只要法官和当事人有过一次单方接触，不论实际上是否发生腐败交易，都足以证明这名法官欠缺基本的司法职业素养，不适合继续担任法官。

当然，即便保证了司法独立，也不等于实现了司法公正，法官判案仍有可能受政治立场等个人偏见的影响。所有国家都禁止法官兼任政治性职位，或积极参与政治活动，譬如公开为某候选人站台。有的国家或地区甚至要求法官乃至公务员就任前退党，以免其职务行为受到政治立场的影响。然而，即便退党也并不能改变法官或公务员的固有政治观念，因而有必要在任命阶段就将政治倾向过于极端的人选筛选出局，以免司法过度政治化。一种可行的制度设计是在议会确认阶段要求超多数（如成员的2/3）同意，因而多数党不能一意孤行；要获得足够多的反对党支持，法官提名只能限于意识形态温和中立、主要不同党派都能接受的人选范围。美国总统提名的最高法院大法官只需要参议院简单多数确认，容易使政治立场激进的人选入围，加剧了法院政治化和两极分化。日本法官的提名更是不需要议会确认，最高法院都成了“内阁的人”；加上自民党近70年来长期执政，造成法院违宪审查不力，日本宪法几乎成为一部“没牙的宪法”。

二、司法权结构

为了保证司法独立，不仅法院不受外界权力干预的影响，而且法官个人也不能受到其它法官尤其是法院内部行政权力的干预。事实上，法院应该是政府中结构最简单的机构，因为法官其实不是任何意义的“官”，不需要也不允许管理。因此，每一个法院内部应管理最小化，充分保证法官的个人独立。基层法院一般采用独任制，法官直接对判决负责；上诉法院一般采用合议制，少数服从多数，院长也只有一票。因此，如果说行政分为性质不同的两层——参与决策的领导层和负责实施法律的普通公务员，那么法院“领导”就免了；法官之间地位平等，院长只是负责维持法院运转的行政事务，不能干预法官判案。如果法院“领导”可以指挥法官判案，那么法治就蜕变成人治。换言之，没有法官的个人独立，就不会有真正的司法独立，司法公正即沦为笑谈。

司法权结构主要分为两种模式：英美普通法与欧洲大陆法。历史上，二者同源、不分公私，都受到罗马法传统的深远影响。二者的分水岭是1789年法国革命，“第三等级”推翻帝制并打倒了作为贵族的法官阶层；在“旧体制”下，这些法官贵族为了保护自己的既得利益，屡屡阻碍惠及底层百姓的中央政令。共和国的法治不能不依赖“旧体制”下的法官，但又不能信任他们，尤其不能信任他们控制行政权力。因此，大革命之后，法国在民法、刑法等普通法体系之外专门建立了行政法控权机制，逐渐形成了公法与私法截然二分的大陆法体系。英国宪法学家戴西曾认为法国行政法违反了官民平等、对公权力网开一面，但历史发展否定了这种预见；恰好相反，具有专业知识的行政法院体系可以对行政权力进行更有效的约束。1920年代初期，奥地利、德国在继承法国模式的基础上，在公法体系中加入了宪法元素，建立了大陆模式的违宪审查。二战结束后，大陆法成为和普通法并肩的两大司法模式之一。

1. 普通法模式

作为普通法体系的始祖，英国司法体制有两大特点：一是普通法院享有一般管辖权(general jurisdiction)，也就是同一个法院、同一位法官可以审理民法、刑法、行政法等不同领域的诉讼，因而法官知识广博、视野宽阔，但是不同法官在不同领域的专业化程度参差不齐；二是法院判案遵循先例(*stare decisis*)，相同的法律适用于性质类似的事实必须得出同样的结果。遵循先例之所以是普通法系的重要特色，是因为英国司法体系的发展先于议会民主，司法判例先于成文立法；为了防止司法判决朝令夕改或因地乃至因人而异，确保法律的可预测性，英国法院逐步形成了严格的遵循先例原则。

美国继承了英国普通法体制的主要特点，但是和英国有两点重要不同。一是美国制定了近代世界第一步成文宪法，并从中衍生出司法审查制度；英国至今没有成文宪法，因而司法审查止步行政法，宪法诉讼无从产生。二是英国实行单一制，美国则实行联邦制；英国从中央到地方只有一套统一的法院体制，美国的“二元主权”制则产生了联邦和各州两套独立而平行的法院系统。在一般情况下，州法问题由所在州的法院负责解释，止步州的最高法院；联邦法律问题则交由联邦法院解决，尽管各州法院也可以按照联邦先例解释联邦法律。如果发生纠纷的当事人来自不同的州，那么既可以在其中一个州法院解决纠纷，也可以交由联邦法院按照州法冲突先例来选择适用州法，以免州法院偏袒自己的公民。如果联邦和各州法律发生冲突，首先需要确定联邦法律是否处于联邦宪法授权范围之内；如果答案肯定，则合宪的联邦法律优占州法。所在州的法院也可以受理联邦法律，但联邦法律的最终解释权在于联邦最高法院。通过联邦和各州法院之间的分工合作，美国二元司法体制既保证了地方自治，又维持了国家法治统一。

美国联邦和各州都有自己的宪法和独立的法院系统。和大陆法体系不同的是，普通法体系的法官享有个人发表意见的自由。在英国，如果案件由合议庭审理，那么每个法官都将发表意见，并全部公开发表。因此，一个法院意见实际上是这些法官意见之和，获得多数法官支持的论点胜诉。欧洲大陆则相反：法院发表一个不记名的统一意见，法官个人一般没有发表意见的自由，因而人们了解不到法院不同意见的状况。这大概是因为欧洲大陆国家认为法院是一个机构，必须以统一的声音发言，而不同声音必然削弱法院的权威。法国至今仍不发表任何法院意见，德国宪政法院允许发表反对意见，但实际上这种情况很少出现。

在美国，马歇尔首席大法官采取了一个折中方式：他把法院意见归并为“多数意见”(majority opinion)和“少数意见”(minority opinion)，从此确定了美国案例法的模式。当然，近年来，法官们越来越多地发表自己的“赞同”(consent)意见，似乎有点复兴了英国的传统方式。所谓“赞同意见”，是指赞同多数意见的结论而非其依据，因而法官觉得有必要陈述自己的意见。多数意见所陈述的理由或“依据”（holding）具有法律约束力和先例效力，少数意见虽然同样公开发表，但至多只能为以后判案起参考作用。什么构成多数与少数，完全是由法院对具体问题的投票决定的。值得注意的是，首席大法官也和其他大法官一样只有一票。因此，他完全有可能代表法院的少数意见。他的唯一“特权”是：如果他的意见属于多数意见，他有权指定某个法官（也可以是他自己）起草法院意见，而如何陈述多数意见达到其结论的理由与依据是相当重要的——毕竟，法院判决不只是一项决定，不只是一次简单的权力行使，因为任何国家权力都必须符合理性，民主制度下的司法权力尤其必须说明判决所基于的法律理由。

2. 大陆法模式

和美国相比，欧洲大陆国家采取分散化的专门审查制度。和普通法系不同，大陆法系的司法管辖权区分公法与私法诉讼，不同的法庭分别审理民事、刑事、行政和宪政诉讼。德国是一个典型的范例。和美国宪法第3条第1款完全类似，《基本法》也把“司法权力”授予司法机构。《基本法》第92条规定：“司法权力应被授予法官；它应由联邦宪政法院、本《基本法》规定的联邦法院及各州法院所行使。”和美国相比，德国的法院系统具有分散化与专门化的显著特点。不论在美国联邦或各州法院，司法管辖权都是集中与统一的：普通法院有权审理涉及宪法、行政、刑事、民事或合同等通常类型的所有案件。相比之下，德国的司法权力在横向和纵向都有不同分配。在横向上，和普通法院不同，德国不存在统一的司法管辖权以处理全部领域的法律问题。通常的司法功能分布在五套平行与独立的法院系统：普通法院审理民法与刑事案件，四种特别法院分别处理行政、社会、劳动与财政争议。通过在横向实行司法管辖分工，这些法院对其本专业的法律积累了丰富的司法经验。

在纵向上，每个系统又根据等级，分成联邦、各州与地方法院。其中地方法院是初审法院，各州法院是上诉法院，联邦法院则是最高法院。《基本法》第 95 条规定了联邦的普通法院系统：“对于普通、行政、财政、劳动和社会管辖，联邦应建立联邦正义法院、联邦行政法院、联邦财政法院、联邦劳动法院和联邦社会法院，以作为其相应的最高法院。具有权能的联邦部长，以及由具有权能的各州部长和众议院选出的同样人数之成员所组成的法官选择委员会，应联合选择这些法院的法官。”因此，和美国不同，德国联邦和各州共享一套司法系统；联邦并没有自己的独立法院，联邦法院只是最高上诉法院。

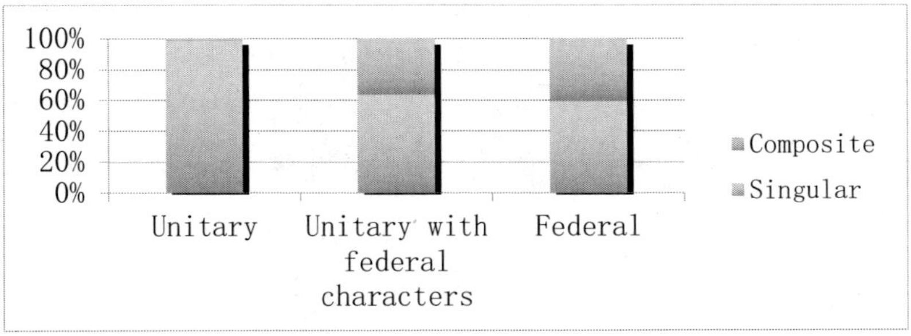

图 7.1：单一制—复合制司法体系与央地关系
数据来源：“世界宪法制度指标”数据库。

因此，如果单一制必然采用单一司法体制，那么联邦制未必采用美国那样的二元司法体制；不接受二元主权的联邦国家也完全可以像德国那样采用单一司法系统，并在这个意义上和单一制没有本质区别。单一司法体制具有简单、司法成本低、节省司法资源等优点，尤其适合司法资源不够丰富的转型国家。但是对于地方差异大的联邦大国来说，二元司法体制更适合厘清央地权限并防止地方保护主义。如果全国共享一套司法系统，那么真正能够代表全国的其实只有一个最高法院，下级法院都是地方法院。在这种情况下，如何防止下级法院违背全国性法律或歧视外来国民？一个最高法院如何有效监督中央法律得到各地有效实施？这些都可能成为无解的问题，而解决方案和欧美不同法系并无关系。二战结束后，欧洲成立共同体并制定了共同体条约等立法，同时建立了欧洲最高法院；随着争议数量的不断上升，后来又不得不建立欧洲初审法院，实际上和美国类似，在共同体内建立了共同体和成员国分开的二元司法体制。

三、从宪法到宪政——司法审查

所谓“宪政”（constitutionalism），是指一种使政治运作法律化的理念或理想状态，它要求政府所有权力的行使都被纳入宪法的轨道并受宪法的制约。简单地说，宪法与宪政的关系就和法律与法治的关系一样：认真对待法律，使之真正成为约束公民行为的规则，社会就实现了法治；认真对待宪法，把宪法真正作为“法”——“更高的法”(Higher Law)，并控制所有的政府权力——包括立法权力，国家就实现了宪政。从另一个角度看，让法治中的“法”上升到宪法，法治也就自然上升到了宪政的高度。在这个意义上，宪政是法治的最高形式。但法治和宪政又存在着一种辨证关系，因为宪法毕竟是特殊的“更高的法”。宪法和普通法律同样具备实际效力，但同时又控制着普通法律的意义。因此，宪政是法治的最高形式，但同时又是对法治的一种制约，宪法的作用正在于防止那些过分严厉的“恶法”成为法律，而要让宪法发挥作用，有必要设置某种司法性质的合宪性审查机制。

1. 司法审查的法理逻辑

孟子说得好：“徒法不足以自行。”就和法治一样，宪政的实现也需要一定的体制基础。宪政国家正反两方面的经验或教训表明，宪政离不开司法审查，否则法律就可以公然违反宪法，宪法就不再是真正的“法”；而要审查立法的合宪性，有必要授予某种司法性质的独立机构以解释宪法的最高权力。只有这样，才能保证所有的政府行为都符合法律，而所有的法律都符合宪法。当然，司法审查未必是实现宪政的充分条件，就和诉讼未必是实现法治的充分条件一样，但是没有谁会否认诉讼是法治的必要条件——假如没有民法诉讼，民法能得到自动实施吗？刑法和行政法又何尝不是如此。既然这样，有什么理由认为宪法是惟一的例外呢？

因此，宪政总是和某种形式的司法审查联系在一起的；没有司法审查，宪政就不存在——就和没有司法审查，行政法治就不存在一样。在有人宣称法律违反了宪法的文字或精神时，关键是需要有一个专门的国家机构来解释宪法有关条款的含义，并判定受挑战的法律是否真的违反了宪法——就和有人宣称行政规章违反了某项特定的立法，因而必须解释立法条款并决定行政规章是否与之相抵触一样。只有这样，宪法才和普通的法律一样具有实际效力，能够赋予具体当事人以权利或义务，因而也能被法院直接引用为判案依据。

总之，宪政的基本逻辑是，只要有宪法，就得有司法审查；如果承认宪法比一般的议会立法更高，却没有一个政治中立的机构来判断普通立法的合宪性，或者把判断交给立法者自己，那就等于没有宪法一样。这个逻辑早在 1803 年的世界宪政第一案“马伯里诉麦迪逊”就阐释得十分清楚：（1）宪法是法，和普通法律一样具有约束力；（2）宪法是比普通法律“更高的法”，因而如果二者发生冲突，宪法必须说了算；（3）宪法和法律是否存在冲突须交由政治中立的释法机构来解决，而这个机构就是法院。如果否定了马伯里逻辑，结果必然是“有宪法、无宪政”，宪法约束不了立法者；那样还不如英国，索性不制定成文宪法。1789 年《法国人权宣言》是和美国联邦宪法同时代的产物，文本也非常优秀，但是因为长期排斥司法审查而一直缺乏法律效力。

2. 司法审查的政治逻辑

虽然司法审查的法理逻辑简单清晰，但法理逻辑只有在司法独立的宪政秩序下才能展开。在独裁体制，司法仰仗着独裁者的鼻息生存，独裁者显然不愿意自己的权力受到限制，司法审查无从谈起。如果说美国司法审查是第一代宪政民主的自然结果，那么第二代司法审查肇始于二战后的去法西斯化和去殖民主义化，主要代表有西欧、日本和印度，第三代司法审查则要等到 1990 年初的后共转型。金斯伯格教授指出，虽然转型国家尚未实现宪政民主，但是在某些政治条件下，主要政治力量愿意接受司法审查作为一种政治“保险”。

司法审查的“保险理论”认为，如果一党独大，法院羸弱；如果多党竞争，选举结果不确定，那么大家都愿意赋权法院以限制多数。譬如民国的国共合作时期，国民党一度准备模仿美国的强审查模式，但共产党退出后即无兴趣，而只是建立了较弱的大法官会议制度。相比之下，韩国 1987 年转型时，主要政治势力有金泳三、金大中和卢泰愚。虽然二金合一超多数，但由于性格不合，地缘利益也不同，因而创设了强审查制度。蒙古转型则介于二者之间，列宁主义党仍然主导，但面临较强的反对党，因而审查机制也介于二者之间，对社会开放但权力有限，违宪判决需要得到议会确认。[1] 承诺模式认为，司法审查机制是主要大党以身作则，换取其它党派类似承认，但韩国当时并无胜券在握的大党有底气承诺。韩国法院一直很强，蒙古法院则在 1996 年共产党交权后变强，但后来和议会碰撞后减弱；台湾大法官会议 1958 年一度博出位，但遭到打压后持续低调，直到转型后才恢复扩张。[2]

阿克曼认为总统制有利于司法审查，但政党体制也是重要变量。韩国政党体制一直支离破碎，司法审查体制也一直开放。台湾转型到 2000 年才算巩固，蒙古则经历了政权更替后由走向一党主导制。蒙古法院比韩国弱，一些决定也受到公众批评，或未能得到执行，尤其是分离政府和议会决定造成了宪法危机和普遍不满。总的来说，蒙古法院权力不小，但策略欠佳。台湾大法官会

[1] Tom Ginsburg, *Judicial Review in New Democracies: Constitutional Courts in Asian Cases*, Cambridge University Press (2003), pp. 247-249.
[2] Ibid., pp. 250-252.

议第 261 号决定终结了“万年国会”体制，让一批老人下台，但那也是国民党内的共识；李登辉时代，大法官会议没有作出过一起违背执政党的判决；陈水扁时代，2001 年的核电站决定才算是一起。

总的来说，民主和司法审查是相辅相成的，民主是司法审查的前提条件，司法审查对民主也有好处。譬如韩国法院撤销了国会悄悄通过的劳工法，帮助社会消除紧张和政治冲突的主要来源；台湾大法官会议则在国民党执政时就一个个撤销了大陆人的统治工具，使民主改革在台湾人眼里带上正当性。然而，渐进判决更有利于扩大法院的自由空间。[3] 譬如匈牙利宪政法院是共产党提议建议，比较保守温和。相比之下，1991 年建立的俄罗斯第一宪政法院很激进，每年接受 3 万起宪法诉愿、审理 27 起案件，成为国家政治中心，但两年后就遭到总统攻击。1992 年，叶利钦未按法定程序解散苏共。后者起诉后，宪政法院陷入两难，之后折衷判决苏共中央参与阴谋而被解散，但仍保留地方苏共机构，结果是总统议会两头不讨好，直接导致总统中止法院职能。俄美司法审查比较表明，司法策略和审时度势十分重要。[4] 由于分权问题容易造成政治分裂，法院在处理这类问题时需要格外谨慎，最好尽量回避。

3. 司法审查的力度与限度

司法审查对于控制立法权的合宪性与行政权的合法性是不可或缺的，但这种控制并非越严格越好。首先，立法、行政、司法各自都有属于自己的宪法权能领域。行政并非一架机器，执法需要一定的自由裁量因地制宜；自由裁量权失去控制会造成权力滥用，但司法控制过死也不利于行政充分发挥自己的特殊专业优势。立法更

[3] Ibid., pp. 262-262.
[4] Ibid., 96-103.

是民主政治过程的产物，代表最大多数人的最大利益。“多数人的暴政”固然可能发生，但宪法也不是一本一目了然的菜单，什么合宪、什么违宪规定得一清二楚。和其它法律相比，宪法充斥着宽泛概念，许多概念的解释见仁见智，未必有一个显而易见的正确答案，否则也不会产生宪法争议。禁止堕胎算不算侵犯“正当程序”？限制政治捐款算不算限制“言论自由”？这类宪法的边界并不清晰，需要司法解释谨慎确定。只要并未侵入宪法权利的核心，立法者有广泛的自由裁量制定符合民意的法律；如果并非直选产生、不对选民负责的司法对立法自由度限制过死，则涉嫌侵犯了民主立法的疆域。

其次，如果说司法控制立法与行政，那么谁来控制司法？这个问题其实没有令人满意的答案，因为“控制”往往意味着干预，而干预将损害司法独立和法治。如果说民选产生的立法者最终受选民控制，政治中立的行政受立法与司法监督，那么对独立司法的制衡主要靠其职业道德自律及其对自身职权性质的认知、对社会信誉和历史名誉的顾忌等制度外因素。当然，法官违法将和其他人一样受到制裁，但许多司法自由裁量的滥用并不构成违法，因而要避免司法权的滥用，合宪性审查需要以司法谦抑为前提，否则会成为议会立法和社会进步的障碍。

最后，司法审查看似和多数主义民主相冲突，实际上是以民主为前提；只有民主体制才会产生“多数人暴政”的风险，从而使司法审查成为必要。事实上，民主是司法审查的逻辑与政治基础，任何民主化之前的独裁政体都不可能容忍司法审查制度。如金斯伯格教授指出：“司法审查很大程度上是民主化的产物。没有民主，司法审查从政治权力的角度来看几乎没有意义……司法权既是政治分权的表达，也是防止权力过度集中的力量。”[5] 作为议会民主的兄弟，司法审查既要约束民主这位“兄长”的权力，但也不能过于“霸道”；法官需要适当调节审查力度，有所为而有所不为，避免

---

[5] T. Ginsburg, *Judicial Review in New Democracies: Constitutional Courts in Asian Cases*, Cambridge University Press (2003), pp. 261-262.

以自己的主观意志代替议会立法所代表的大众意志。

因此，司法审查民主之间需要在矛盾中求平衡。如果说英国代表了拒绝成文宪法和司法审查的一极，那么美国和德国则代表了强司法审查的另一极。所谓“强司法审查”，就是司法审查具有一锤定音的作用，直接宣判违宪立法无效。当然，这未必意味着“司法至上”，因为议会等代表民主的力量仍然可以通过修宪撤销司法决定，但修宪无疑要比一般立法更为复杂和困难；尤其在美国这样的“刚性宪法”国家，成功修宪是例外而非规则，因而司法审查实际上成了“最后拍板”。在这两极之间，还有一个“弱司法审查”选项——“弱”就弱在司法判决并非最后拍板，直接宣判立法违宪，而是“提醒”议会其立法涉嫌违宪，或判决违宪但允许议会最后拍板是否保留立法。英联邦中，加拿大、澳大利亚等不少国家采用弱司法审查模式。如图世奈教授指出：

> 在英联邦司法审查的新模式中，法院依据宪法规范评价立法，但对于立法是否符合这些规范并不最后拍板。在这个模式的某些版本中，法院被要求以符合宪法规范的方式解释立法——如果这么做按（先前）接受的立法解释标准是较为可行的。在其它版本，法院获得了宣布立法不符合宪法规范的额外权力，但不能针对败诉方强制实施此类判决。在还有一些版本，法院可以强制执行判决，但立法机构可以通过冗长修宪过程之外的某些手段而恢复原来立法作为回应。[6]

一个典型的例子是加拿大 1982 年《宪法法》(Constitution Act)，它规定议会可选择偏离《权利与自由宪章》(Charter of Rights and Freedoms)及其司法解释。根据该法第 33 条，联邦议会或省议会可通过简单多数宣布，和宪法权利的司法解释相抵触的立法仍然有效。为了防止议会滥用权力，立法否决(override)不得适用于对民主政治过程本身必需的权利，且在 5 年后自动过期，尽

[6] Mark Tushnet, *Weak Courts, Strong Rights: Judicial Review and Social Welfare Rights in Comparative Constitutional Law*, Princeton University Press (2008), p. ix.

管议会到那时可以再通过新的立法否决。立法否决机制有时为魁北克省议会所采用，但总的来说在加拿大其它地区影响甚小。

也有学者认为英联邦国家其实并非都是弱司法审查，加拿大和英国其实属于掩蔽的强审查，新西兰和澳大利亚某些属地则属于弱审查。何为强、何为弱？这取决于制宪过程的性质，而非宪法文本。[7] 加拿大的《权利宪章》是大众主权二元过程通过的，因而为司法审查提供了正当性。英国的《人权法》则吸收了《欧洲人权公约》作为更高的法，因而法院在判决议会立法存在冲突的时候并无顾忌，而议会也老老实实按判决修改立法。以色列和东欧国家制宪在进入欧盟之前，且采用一元模式，因而司法审查强度中等；以色列法院虽然在发动“宪法革命”时较强，但议会可以直接改判，尽管并无法律如此授权。新西兰和维多利亚及首都等澳大利亚省则属于典型的英联邦一元模式，司法审查强度弱，尽管其《人权法》的文本和英国类似。相比之下，美国和印度宪法都没有授权司法审查，法院却行使强司法审查。[8] 然而，虽然立宪模式会影响权力关系模式，影响司法审查强度，但司法审查的强弱还是取决于宪法权力之间的地位和关系，而不是直接取决于立宪模式。

四、司法审查的模式

和普通法与大陆法两大法律体系相对应，司法审查也分为两大模式：分散审查和集中审查。在前者，司法审查的任务一般由各级普通法院承担，其经典代表是美国、加拿大、澳大利亚、印度等国；在后者，司法审查权由专门建立的法院或委员会行使，其代表是德

---

[7] Rivka Weill, The New Commonwealth Model of Constitutionalism Notwithstanding: On Judicial Review and Constitution-Making, 62 *The American Journal of Comparative Law* 127 (2014), p. 129.

[8] Ibid., pp. 167-169.

国和法国。但必须指出的是，宪法审查究竟是由普通法院还是专门法院承担，和审查的“分散”与“集中”并没有必然关系。虽然由专门机构的审查一般可被称为“集中”审查制，由普通法院的审查却未必是“分散”审查制，因为若干国家的宪法规定只有国家的最高法院或高等法院才能进行司法审查。事实上，某些分散制国家的司法审查权是由最高法院下的专门法庭行使的，例如巴拉圭（1992年宪法第260条）和萨尔瓦多（1983年宪法第174条）就是在最高法院下设宪法审判庭。这种审查显然也是“集中”的——在某种意义上甚至比专门审查制更集中，因为不少专门审查其实是由基层、上诉和最高法院组成的全套系统完成的。更为准确的分类标准是将普通法院的审查制度进一步分为分散和集中两种模式，两者兼备的作为“普通混合”模式；专门机构的审查制度则进一步分为以德国宪政法院为代表的特殊法院和以法国宪政院为代表的委员会模式，而同时具备专门审查和普通审查的制度被称为“欧美混合”模式。[9]

1. 模式及其地域分布

在我们之前考察的 188 个国家或地区的最新宪法文本中，有150个文本规定了某种形式的司法审查制度，加上美国、以色列以及三个北欧国家的司法实践，司法审查在世界范围的“覆盖率”高达82%。[10] 2017年“世界宪法制度指标”课题对196个国家的宪法文本调查显示，93%的国家宪法都规定或实施了某种形式的司法审查制度。如果加上“法国模式”，则该比例高达90%。至少在文本层次上，司法审查已经成为各国宪法的通例。当然，司法审查的入宪并非宪政的充分条件；事实上，它也不是严格意义上的必要条件，例如美国和北欧国家就是在没有宪法文本授权的情况下建立司法审查制度的，甚至像以色列这样的并非严格意义上的成文宪法国家最终也能行使司法审查权。然而，这些国家毕竟只是例外。对于绝

[9] 参见张千帆、包万超、王卫明：《司法审查制度比较研究》，译林出版社2011年版，第103-114页。

[10] 同上，第98-102页。

大多数国家，司法审查的实践离不开宪法文本的授权。

表 7.1：司法审查制度的世界分布（国家数量）

	普通法院	宪政法院	混合模式	法国模式	立法审查	总数
亚洲	26	11	1	3	9	50
欧洲	11	25	3	1	4	44
美洲	26	5	3		2	36
大洋洲	11				2	13
非洲	15	21	5	10	2	53
汇总	89	62	12	14	19	196

数据来源："世界宪法制度指标"数据库。"混合模式"是指兼有普通法的分散审查和宪政法院的集中审查，"法国模式"是指宪政院(Constitutional Council)模式，"立法审查"是指类似于中国人大的立法机构自我审查，即没有司法审查。

总的来说，司法审查制度和地区的经济发展程度与法治状况并不存在严格的对应关系。这项比较研究显示，包括英国、荷兰和新西兰在内的某些发达国家也没有规定司法审查制度。以新西兰为例，1986 年宪法没有规定任何司法审查机构。1990 年，新西兰通过了《权利法案》，但该法只是列举了权利条款。1993 年的《人权法》(Human Rights Act)及其修正案设立了"人权委员会"(Human Rights Commission)和"人权裁判所"(Human Rights Review Tribunal)，但并未授权这些机构审查立法合宪性的权力。虽然人权审查所带有司法性质，其成员必须由法官担任，但是其成员可以兼职并无限连任的规定（第 100 条）表明其独立性是相当有限的。

另一方面，在宪法中规定某种司法审查制度的国家中，也不乏埃塞俄比亚、乌干达、尼加拉瓜等相对落后国家，或像伊拉克与阿富汗这样至今战乱频仍的国家。然而，尽管不少经济和法治落后国家规定（但未必有效实施）了司法审查制度，没有实行司法审查制度的发达国家却仅限于少数例外。除了新西兰之外，这些国家主要集中于欧洲，因而都受制于欧洲联盟法院和欧洲人权法院的约束。因此，一个国家的宪法文本是否规定司法审查制度，和其经济发展水平并没有明显的相关性，因而经济发展水平不高或没有到达某个“拐点”并不能成为拒绝司法审查的理由。

2. 审查机构

迄今为止，宪政审查在组织机构上无非采用两种模式。第一种是马歇尔大法官在 1803 年的马伯里案中所创建的“分散”审查模式，其特征是普通法院有权审查立法的合宪性。第二种是 1920 年奥地利宪法所建立的“集中”审查模式，即建立专门的“宪政法院”（Constitutional Courts）来审查立法的合宪性。

在 1803 年的马伯里案之后，美国确立了普通法院作为其司法审查机构。这里的“普通”具有相互关联的双重意义。第一，它代表普通法（common law）体系。这是美国从英国所继承的遗产。这个法系的特点是其一般性：和大陆法国家不同，普通法国家不按照实体领域划分不同类型的国家，同一个法院处理几乎所有类型的诉讼——民事、刑事或行政。第二，“普通”表示不为宪政审查设置专门的法院。马伯里判决把合宪性审查也纳入普通法院的范围。这种体制的主要特点是其“分散性”，即任何普通法院都可以和审理其它类型案件一样审理宪法案件；要提出宪法申诉，公民不需要（也不可能）到专门处理宪法案件的法院。

二战之后，联邦德国的《基本法》采取了和大陆法特征相一致的奥地利模式。《基本法》为起源于自身的宪政争议提供了最终仲裁者——联邦宪政法院。在通常的司法系统之上，《基本法》建立了独立的宪政法院系统来专门处理宪政争议。联邦的每个州都有一个宪政法院，以处理涉及本州事务的宪政审查与司法审查。联邦宪政法院是其最高上诉法院，并和政府的立法与执法机构同样享有宪法地位。联邦宪政法院的院长职位，仅次于联邦总统、联邦总理和联邦参众两院院长。《基本法》第 94 条第 1 款规定了联邦宪政法院及其组成："联邦宪政法院应由联邦法官和其它成员组成。联邦宪政法院的一半成员应由联邦众议院选举，另一半由参议院选举。他们不得是联邦众议院、参议院、联邦内阁成员，或任何相应的各州政府机构成员。"

由于《基本法》只提供了一个结构轮廓，对组织与人事上具体细节之确定，被留待《联邦宪政法院组织法》。1951 年的组织法正式成立了联邦宪政法院。它详细规定了联邦宪政法院的双庭结构及各自的管辖范围、联席庭的权力、法官资格、司法选择程序以及法官退休或撤换的条件。宪政法院分为两个庭，并各自具有独立的成员与管辖。第一庭(First Senate)专门处理政治中立的司法审查(Judicial Review)，听取涉及个人权利的宪政申诉及其它法院提交的具体宪政争议；第二庭(Second Senate)则专门从事宪法审查(Constitutional Review)，以决定宪法政治机构之间的争议以及抽象法律审查。由于司法审查的案件数量占据全部宪政争议的 95%，第一庭的工作量过分集中，因而后来一部分司法审查案件被转移到第二庭。

1952 年，联邦宪政法院发表宣言，宣称自己是"宪法守护者"。对于刚刚脱离纳粹统治的新生联邦共和国，德国民主尚不成熟，确实需要司法"守护者"。[11] 2014 年 5 月，德国宪政 65 周年纪念日的民调表明，92%的民众信任基本法，86%信任宪政法院。[12] 这表明德国宪政民主已然成熟，而宪政法院的长期"守护"功不可没。

3. 审查程序

审查程序分为两类：事前与事后审查。所谓"事后"审查，是指法案在正式通过后进行的审查；这时，审查的对象是已经生效的

---

[11] J. Collings, *Democracy's Guardians: A History of German Federal Constitutional Court 1951-2001*, Oxford University Press (2015), pp. xxxiii-xxxv.

[12] Ibid., p. xxxi.

立法。“事前”审查则是指在法案生效以前即进行的审查，审查的对象一般是议会已经通过但尚未正式生效的法案。世界上绝大多数宪政国家采取事后审查制，因而司法审查的对象是已经生效的法律。事实上，在个案诉讼中，法律生效是一个必要条件；否则，假如法律效力本身存疑，法案对公民权利还没有产生任何可见影响，那么不仅案件在时间上尚未“成熟”(ripe)，而且原告也因为没有受到实际伤害而缺乏适当资格(standing)。

然而，法国另辟蹊径，采取了事前审查机制。除了决定选举问题的职能之外，宪政院只能实行事前控制——而非普通法院通常实行的事后审查。如果法律未经挑战而生效，那么法律在生效以后就不能再受到宪政院的审查。这时，主要的补救办法是通过议会自己修改立法。虽然 2008 年修宪为事后审查提供了铺垫，但毕竟是通过间接提交，其有效性尚待观察。因此，法国宪法审查的主要特征仍然是事前审查，而事前审查必然意味着抽象审查。和普通法院不同，宪政院并不决定当事人之间的具体争议，而是在法律实施前处理其有效性的抽象问题。[13] 之所以如此，至少部分是因为法国仍然恪守大革命的民主理念，坚持立法一旦通过就不得再受到司法性审查；否则，似乎就等于法国人一直十分警惕的马伯里逻辑在法国最终胜利了。

和事后审查相比，事前审查有利也有弊。事前审查的主要弊端在于审查的抽象性，使得宪政院在缺乏具体个案背景的情况下做出合宪性判断，因而在某种意义上发挥了立法者而非司法者的作用。另外，在法案通过之后但生效之前提出宪法挑战，在时间上显得比较仓促；问题在于，某些法律的违宪性可能要在法律实施一段时间之后才能体现出来，而一旦法律生效后，似乎只有靠议会修改立法。事前审查的好处在于节省时间、提高效率，不会发生某些宪法案件可能一拖好几年的情况。宪法第 61 条规定，宪政院必须在一个月的期限内作出决定，但是在内阁提请的紧急情形下，必须在 8 天内

[13] John Bell, *French Constitutional Law*, Oxford University Press (1992), pp. 48-49.

作出决定。最后，法国的处理方式固然限制了审查立法合宪性的时间范围，但也确实有助于提高法律效力的确定性，避免了某些法律实施了好几年乃至几十年之后才受到挑战和撤销的不合理状况。

4. 审查范围

宪政审查的对象也具备两类不同性质：具体（concrete）行为与抽象（abstract）行为。对于事前审查，既然法律尚未生效，因而不可能已经影响任何具体人的利益，法国宪政院对立法的审查必然是“抽象”的，而不是针对具体的人和事。事后审查则既可以是具体的，也可以是抽象的。由于对立法的审查是事后而非事前，可能已经影响了具体人的权益，因而审查可以是具体的，但抽象审查——针对立法本身而非其任何适用的审查——仍然是可能的。

美国联邦宪法第 3 条把联邦法院的司法权力扩展到所有起因于宪法、合众国法律或条约等案件，但联邦法院并不能审理所有进入法院的案件：只有对在宪法与法律意义上具备“可审查性”(Justiciability)的案件，法院才能行使司法管辖权。法院审查权力的局限主要体现于宪法第三章的“具体争议”(Cases and Controversies)要求。顾名思义，要符合这一要求，争议必须不仅是实在而非虚拟的，而且是具体而非抽象的。法院能够审理的争议必须具有确定原告和被告，原告具备合适诉讼资格并遭受现存的实际与法律损害，而且法院决定具有法律约束力。因此，法院不能应总统之邀，对法律议案的合宪性或合适性给予不具备约束力的“咨询性意见”(Advisory Opinion)。

如果美国宪法只允许法院审查具体争议，而法国的事前审查模式注定宪政院的审查只能是抽象审查，那么德国《基本法》则同时兼容了两种性质的审查。首先，《基本法》授权宪政法院受理公民提出的宪法申诉，而公民申诉必须是具体的。《基本法》第 94 条第 4a 款规定：对“任何人因宣称其基本权利之一…受到公共权力之侵犯而作出的违宪申诉”，联邦宪政法院第一庭皆有权决定。通过司法审查，法院可以宣布立法、执法或司法决定，因违反《基本法》

所保障的公民基本权利而无效，并要求相应政府机构作出合适改正。第一庭对法律的审查权力，还包括各州宪政法院或其它法院所提交的“具体审查”(Concrete Review)。

抽象审查主要是宪政法院第二庭的管辖范围。根据第 93 条第 1 款的规定，在联邦政府的机构之间、联邦和州政府之间以及政党因被宣布为违宪而引起的争议中，第二庭负责解释《基本法》有关条款的含义。第 2 款规定，第二庭还有权“应联邦内阁、州政府或联邦众议院的 1/3 成员之提请，对有关联邦与各州法律是否在形式或实质上符合本《基本法》、州法是否符合联邦法律的不同意见或质疑”作出决定。因此，在收到有关政府机构的申请时，宪政法院有权对法律作出具体或抽象审查。

5. 诉讼主体

由于宪法诉讼的被告一般只能是政府机构，这里仅考虑诉讼原告问题。和审查性质与审查程序直接相关的一个问题，是究竟谁可以提起宪法争议。事前审查还包含着一个限制，即在法律生效之前，由于它尚未影响任何具体公民的权益，因而普通公民一般不能作为挑战立法的原告。事实上，如以上法国第五共和宪法第 41 和第 61 条所示，只有特定的政府官员才能把问题提交宪政院审查，普通公民至今缺乏这项权利。在美国和德国，由于对立法的审查是事后而非事前，已经影响了具体人的权益，因而普通公民可以直接挑战。和美国类似，德国联邦宪政法院可以审查直接由公民提出的宪政申诉。德国为此专门区分了“宪政审查”与“司法审查”：前者涉及到政府机构之间的争议，因而只能由政府机构提出；后者涉及到政府机构与公民之间的争议，因而只能由公民提出。事实上，这也是第一庭与第二庭的职能划分：第一庭处理由公民提出的司法审查，第二庭则主要负责处理宪政审查。对于公民提出的宪法争议，提出挑战的个人一般必须具备适当的资格。

虽然司法制度设计有若干自由搭配的变量，总体上说还是以德国为代表的集中审查制最为有效。首先，法律是一个很庞大复杂的体系，涉及人类生活的方方面面，私法与公法乃至宪法与行政法等领域都有明确的专业分工，更适合由不同专门法院负责审理。英美普通法系的一般管辖权对法律知识挑战太大，其所要求的境界非常人能及。其次，和美国与法国相比，德国体制的合宪性审查范围更大，既允许具体审查，也允许抽象审查，因而应能更有效地控制立法合宪性。最后，法国的事前审查模式固然有及时高效的优点，且能避免和议会主权发生直接冲突，或对中国具有借鉴意义，但存在时间过于仓促、抽象审查缺乏具体针对性、无法纠正事后发现的立法违宪等问题。事实上，2008 年修宪之后，法国已允许普通法院在诉讼中将法律合宪性问题提交宪政院，因而在某种意义上已部分实现“宪法司法化”。但如果在个案中出现大量合宪性问题，一个宪政院难以处理所有宪法问题，而宪政院的任命模式难以形成一个初审—上诉的层级化体系，因而不如直接采用德国宪政法院模式。

中国现行体制更接近欧洲大陆体系，未来更适合效仿德国的集中审查模式。如果一时建立宪政法院难度太大，目前可以借鉴法国的宪政院模式，或可以模仿台湾的“大法官会议”制度，不同领域的法院汇总起来的宪法问题由最高法院内部成立的专门委员会来处理。总的来说，德国模式更为现代、科学，也更符合中国长年形成的法律实践。

第八章：修宪程序

就和普通法律一样，宪法制定出来实施一段时间，必然会发现各种漏洞、缺陷或错误。在这种情况下，就需要修改宪法。如果说“制宪”模式和权力来源都充满争议，[1] 那么“修宪”这个话题相对简单；修宪程序也一般得到宪法的明确规定，照着宪法规定的程序去做即可。然而，修宪虽然貌不惊人，实际上却没有那么简单，和制宪之间的分野也不如想象得那样干净利落。克莱因区分“原始制宪权”(*pouvoir constituant originaire*)和“次生制宪权”(*pouvoir constituant dérivé/institué*)，[2] 并将修宪权归为后一类。霍姆斯和桑斯坦指出：“修宪权处于授权和被授权的朦胧地带……修宪权既是建构(framing)，也是被建构；既是许可(licensing)，也是被许可；既是原始的，也是次生的；既在宪法之上，也在宪法之下。”[3] 耶鲁宪法学者阿玛认为，制宪和修宪区别只是名义性的，“修正案”可以全面改写一部宪法。[4] 可以想见，如果修宪规模如此之大、宪法改动如此深刻，以至宪法修改之后面目焕然一新，国家权力结构或人权保障机制发生重大变更，那么看似温文尔雅的修宪其实就是一场制宪革命。

事实上，即便貌似简单的修宪程序也不是铁板钉钉的。主要因为美国联邦修宪被普遍认为难度太大，各种规避修宪程序的“捷

---

[1] 参见张千帆：“整体主义的陷阱——制宪权与公意理论检讨”，《中外法学》2018 年第 2 期，第 347-363 页。

[2] Claude Klein, Is There a Need for an Amending Power Theory?, 13 *Israel Law Review* 203 (1978).

[3] Holmes and Sunstein, The Politics of Constitutional Revision in Eastern Europe, in Sanford Levinson ed., *Responding to Imperfection: The Theory and Practice of Constitutional Amendment*, Princeton University Press (1995), p. 276.

[4] Akhil Reed Amar, The Consent of the Governed: Constitutional Amendment Outside Article V, 94 *Columbia Law Review* 457 (1994), p. 500.

径”主张纷纷出笼。例如阿玛提出，美国联邦宪法第 5 条规定的修宪程序并不具备排他性，因而修宪完全不必拘泥于第 5 条的程序约束。[5] 更常见的主张是联邦最高法院的司法解释可以替代正式修宪，帮助美国宪法不断“生长”并跟上时代发展的步伐。国会制定的基本立法也可以帮助填补宪法的各种细节，而这些立法可以随时更改以灵活应对社会变化……然而，宪法毕竟是宪法。修宪程序是不可超越的，也是不可替代的。立法和司法只能在既有宪法文本所容许的有限范围内填补细节，而不能突破现有宪法框架；否则，宪法的承诺、信誉和权威都将形同虚设。既然宪法明确规定了修宪程序，人民即有权利通过宪法程序修改宪法。换言之，修宪程序并非可有可无的摆设，而是一个需要认真对待的课题。

一、制宪、释宪还是修宪

毋庸置疑，修宪是宪法获得更新并和时代保持同步的不可替代之路。然而，主要因为美国联邦宪法的修正被普遍认为过于困难，致使建国两个世纪以来只有 27 条修正案，许多社会呼声很高的修宪提案胎死腹中，从而造成两个极端：激进的一极主张索性绕过修宪程序，实际上以人民行使局部制宪权代替修宪；保守的一极则主张放弃修宪，以法院推陈出新的释宪代替修宪。

1. 超越修宪程序？

在某种意义上，美国司法实践也一直是这么做的。从 1930 年代对疾风骤雨的“新政”改革让步和默许，到 1950-60 年代引

[5] 其早期的代表性观点见 Akhil Reed Amar, Philadelphia Revisited: Amending the Constitution Outside Article V, 55 *University of Chicago Law Review* 1043 (1988).

领第十四修正案法律正当程序和平等保护的“实体性”复苏，最高法院一直控制着联邦宪法的文本意义及其变化节奏。[6] 不夸张地说，最高法院的宪法解释而非宪法第五条才是联邦宪法得到实质性修正并跟上时代步伐的主要机制。事实上，宪法最重要的部分或许不是成文规定，而是无形的原则和结构，只有司法才能将之解释出来。哈佛法学教授却伯指出：“无形宪法处于宪法意义的核心，具有不可估量的价值。”[7] 宪法基本原则和框架是从宪法文本规定本身中演绎不出来的，构成了宪法的“暗物质”。[8] 成文宪法再怎么修改，也只能改变其不那么重要的那部分；宪法的核心意义及其变化最终取决于其在实际适用过程中被赋予的解释，而这是司法的任务。

在另一个极端，修宪也可以被倾向民粹政治的制宪理论架空。例如有人主张，美国宪法是“全体人民行使首要和最高权力，也就是原始与无限的主权行为”，[9] 因而人民对宪法似乎想怎么修就怎么修。人民立宪主义的代表学者阿克曼认为，美国宪政历程贯穿着一个日常政治和立宪政治的“二重变奏”(dualism)：在日常时期，立法、行政、司法等宪法机构按宪法规定的程序和权限正常行使权力；但是进入几十年一次的“立宪时刻”(constitutional moment)，宪法机构之间出现重大分歧，最后人民出场并通过选举决定性地宣示立场、化解分歧，美国宪法也因此被赋予全新的

---

[6] 张千帆：《美国联邦宪法》，法律出版社 2011 年版，第 203-218 页。

[7] Laurence H. Tribe, *The Invisible Constitution*, Oxford University Press (2008), p. 22.

[8] Dark matter, ibid., pp. 28, 30.

[9] Gordon S. Wood, The Creation of the American Republic 1776-1787, at 535 (1969)，引自 Thomas B. Mcaffee, The Constitution as Based on the Consent of the Governed -- Or, Should We Have an Unwritten Constitution?, 80 *Oregon Law Review* 1245 (2001), p. 1277.

理解。[10] 迄今为止，美国立宪史上经历了四次“立宪时刻”，分别是费城制宪、内战、新政和民权运动；[11] 其中前两次涉及宪法文本的创制和变更，后两次则并不涉及任何文本修正。阿克曼的潜台词是，每次“立宪时刻”也是宪法某个方面的根本重构，相当于一次局部制宪，因而无需遵从修宪程序即可实现宪法的更新。

然而，美国“新政”和民权运动虽然宪法意义重大，却未必需要明文修宪；法院确实可以通过解释宪法，帮助更新宪法的意义。美国“新政”及之后的宪法发展尤其凸显了联邦最高法院作为宪法“终极解释者”的作用，宪法判例成为美国“不成文宪法”的渊源。[12] 即便如此，也不宜夸大司法的不成文修宪作用。虽然“新政”极大扩张了联邦立法权和总统权力，但这些变化尚在宪法文本所能容忍的范围之内，其中有些是经济与社会条件变化要求宪法文本意义做出相应变更，如经济规模的不断扩张必然要求法院扩大国会的“州际贸易”立法权范围，因而确实只需要改动司法解释而非修宪即可将规模浩大的“新政”措施纳入宪法框架。再如平权修正案固然对女性权利相当重要，但其很大一部分诉求其实早已被第 14 修正案的“法律平等保护”所吸收，通过强化版的司法解释即可实现。

事实上，1960 年代的民权运动也是属于同样性质的宪法性事件。它本来是 1870 年代第 14 修正案所要解决的问题，但是实际上官方和民间的种族歧视普遍司空见惯；美国南部尤其如此，为黑人争取平等权利的维权人士长期受到人身威胁。在这种政治环

---

[10] 阿克曼：《我们人民——奠基》，汪庆华译，中国政法大学出版社 2013 年版，第 334-335 页；《我们人民——转型》，田雷译，中国政法大学出版社 2014 年版，第 14-15 页。

[11] 同上注，第 52-53 页。

[12] Thomas Grey, Origins of the Unwritten Constitution: Fundamental Law in American Revolutionary Thought, 30 *Stanford Law Review* 843-893 (1978).

境下，第 14 修正案规定的平等保护形同虚设，最高法院也无可奈何，甚至以“隔离但平等”的司法解释纵容地方种族隔离政策。1954 年，也是最高法院先声夺人，推翻先例并撤销了校区种族隔离，[13] 打响了民权运动的第一枪。因此，民权运动虽然是最近的一次“立宪时刻”，但并不需要修改宪法文本，而是要求法院和政府切实落实已有的宪法平等条款。

因此，“新政”和民权运动都没有产生新的宪法条文，而是通过调整司法解释即可加以消化吸收，但并不表明司法解释可以代替正式修宪。如果宪法改革的幅度确实超过了文本解释所能承受的程度，那么正式修宪即势在必行。修宪不仅对于维持宪法本身的正当性是不可替代的，而且对于公民来说也是宪法精神的历练机会。[14] 如果修宪由法官和立法者包办，久而久之必然会产生公民和宪法之间的疏离感，让公民对宪法失去感觉，甚至对构成宪法基础的社会契约放弃承诺。

3. 修宪程序的不可替代性

虽然美国联邦修宪看似难度很大，许多实质性宪法改革也未必经由宪法第 5 条规定的修宪程序完成，但这并不意味着修宪不重要，更不能说明修宪程序可以被其它程序所替代。显而易见，宪法之所以规定修宪程序，只能意味着它是修改宪法的必由之路，否则宪法规定即完全失去意义。必须强调的是，按法定程序修宪不仅是法治的基本承诺，也是宪法意义的彰显与保障。如果宪法规定的基本制度和权利可以不经修宪程序即被轻易修改，那么宪法的权威体现在何处？如果一部立法规定了公投程序，即可公投

---

[13] Brown v. Board of Education of Topeka, 347 U.S. 483 (1954).
[14] Akhil Reed Amar, American Constitutionalism – Written, Unwritten, and Living, 126 *Harvard Law Review* 195 (2013), pp. 200-202.

修宪，这和通过普通立法直接修宪有何区别？宪法和普通法律之间还有何差异？这些都是超越修宪程序论无法回答的问题。美国早期某些州确实可以通过州宪之外的程序修宪，但这些法外修宪实践并不值得肯定，而后来美国各州也没有延续这一实践。另一个例子是法国总统戴高乐在第五共和宪法没有规定的情况下，于1961年公投修宪，将总统选举改为直选。[15] 这一做法在法国引起巨大争议，也不足效仿。

如芦部信喜指出，作为“制度化的制宪权”，[16] 修宪不得改动宪法本身得以制定的基础，否则就成了“暗度陈仓”，以“修宪”之名实施制宪了。当然，费城会议确实是以修宪之名行制宪之实。没有人否认，1788年的联邦宪法是一部新宪法，除了“合众国”和“联邦”(Union)等概念之外并非《邦联条款》(Articles of Confederation)的延续，但当时的制宪是以“修宪”的名义启动的。事实上，这样做本身不仅无可厚非，而且为危险的制宪权提供了一定的程序性制约。按一般理解——更准确地说是误解，“制宪权”是指无需现行宪法和法律授权的不受限制的立法权。[17] 美国革命之所以走向成功制宪，正是因为美国制宪是在既有法律秩序之下发生的。

相比之下，法国革命则是真正意义的“大革命”，革命之后的制宪脱离了任何既有法律的约束。在法国制宪者看来，真正的制宪权是没有也无需法律授权的。在制宪者行使制宪权的“立宪时刻”，国家处于无法无宪的无政府时期。当时，Clermont-Tonnerre

[15] 参见张千帆：《宪法学导论》，第337页。
[16] 芦部信喜：《制宪权》，王贵松译，中国政法大学出版社2012年版，第102-109页。
[17] Richard Kay, Constituent Authority, 59 *American Journal of Comparative Law* 715 (2011), pp. 731-732.

伯爵告诉法国制宪大会说："无政府是可怕而必要的过渡阶段，只有这时才能创造事物的新秩序。"[18] 法国革命及其后的历史充分表明，这样的"新秩序"不仅是"可怕"的，而且完全没有必要。既然制宪者只是凡夫俗子而非不会犯错的上帝，"制宪权"也不应该是什么不受约束的神圣权力。以既有的修宪程序制宪，未尝不是约束制宪权滥用的一种可行方案。实践中，制宪和修宪经常由同一个主体完成。[19] 例如 1954 年建立的全国人大制定了 1954 年和 1982 年宪法，而全国人大也是两部宪法的修宪主体。换言之，可以用修宪程序制宪，但切不可以制宪的方式修宪。一般意义的修宪显然必须遵循宪法规定的修宪程序。至于修宪的范围与边界，留待以下进一步讨论。

如果修宪应当依照宪法规定的修宪程序，而不应像行使"制宪权"那样无法无天，那么修宪程序也同样不应被宪法性立法或司法解释架空。[20] 虽然并非所有具有宪法意义的制度改革都必须经过正式修宪，宪法性法律和司法解释可以发挥日常性的宪法更新功效，修正案的作用仍然是不可替代的。譬如美国联邦通讯委员会的设立固然具有重要的宪法意义，但它毕竟只是一个行政机构；委员会的领导由总统提名、参议院批准，对总统和国会等宪法机构负责，因而无需修宪即可设立。然而，如果要对总统或国会等宪法机构的权限进行重大调整，则必须经过正式修宪。对于纠正宪法文本偏差、允许人民制衡政府和法院、通过法律渠道化解革命、通过公开辩论强化宪法价值、保证基本法修改的正当性，

---

[18] Ibid., pp. 733-735.

[19] 张庆福、王文彤："简析宪法修改的两种学说"，《法学研究》1995 年第 4 期，第 11 页。

[20] Laurence H. Tribe, A Constitution We Are Amending: In Defense of a Restrained Judicial Role, 97 *Harvard Law Review* 433 (1983).

修宪程序均发挥着不可替代的功能。[21]

二、修宪模式、原则与主体

既然修宪是宪法更新的主要模式，即有必要深入探讨修宪程序。和制宪程序相比，修宪程序相对简单，修宪主体主要有国家议会、公民投票与各州或省议会或宪法大会。更为复杂的是各国宪法结构与特征不同，由此产生不同的修宪模式。另外，修宪也不是越频繁越好，更不是好像每隔多少年就必须来一次；只有宪法确有修订的必要，才能正当行使修宪权。

1. 修宪模式

修宪模式大致分为五种。[22] 一是“柔性灵活”型，其代表是英国；事实上，英国没有成文宪法，因而属于布莱士所说的纯粹“柔性宪法”体制，所谓“修宪”也就是指由议会通过一般立法程序修改基本法。由于世界上不成文宪法国家仅剩英国等极个别国家，不足以支持一个独立类别，柔性灵活模式实际上是指由议会按立法程序制定或修改基本法的修宪模式。在另一个极端，如果正式修宪程序过于刚性(rigid)困难，实际修宪很可能经由“司法进化”，其典型代表是美国、加拿大和意大利；后者和美国相仿，通过宪政法院的司法解释成就“活的宪法”。然而，美国和后二者仍有较大区别。由于美国的宪法文本极少修改，联邦最高法院成为宪法文本意义的实际“最后拍板者”。但加拿大法院的弱司法审查开启了法院和议会的“对话”模式，意大利宪政法院也已经开

---

[21] Brannon P. Denning and John R. Vile, The Relevance of Constitutional Amendments: A Response to David Strauss, 77 *Tulane Law Review* 247 (2002).
[22] Xenophon Contiades and Alkmene Fotiadou, Models of constitutional change, in Xenophon Contiades ed., *Engineering Constitutional Change: A Comparative Perspective on Europe, Canada and the USA*, Routledge (2013), pp. 441-442.

始和立法者对话。[23] 如上所述，这两种模式都超越了宪法规定的修宪程序，因而不能作为主流修宪模式。

第三种模式是标准的“实用文本”型，主要代表有德国、奥地利、法国、瑞典、芬兰等欧洲大陆的经济强国。这类国家的修宪难度适中，一般由议会按宪法规定的特定程序完成修宪；法院虽然相当强大，但并不公开发挥修宪功能。[24] 芬兰立法可以违宪，但需要修宪规定“例外立法”，难度和修宪类似。第四种模式是“制度制衡”型，主要代表有比利时、希腊、西班牙、葡萄牙等欧洲国家，其中不少国家经济发展不够稳定。[25]这些国家的宪法特点是体现机构之间互不信任，因而采用多元修宪主体以利相互制衡，结果修宪都相当困难。由于宪法明确禁止司法审查，荷兰索性超越修宪程序，经常通过立法修补宪法，因而某种程度上变成柔性灵活模式。[26] 比利时则可以通过制定特别法达到修宪目的，只是需要国会两院 2/3 多数通过，相当于变通的修宪程序。

最后一种模式是“直接民主”型，其特定是宪法规定公投是必经而非可选的修宪程序，典型代表有公投文化深厚的瑞士和丹麦。然而，公投对两国修宪造成的效果却大相径庭：瑞士对修宪公投习以为常，但是在丹麦就成了修宪障碍，主要是因为修宪公投要求至少有 40%选民参与，致使其 1849 年宪法至 1953 年才修改 4 次，并也呈现出通过政治实践创新实现修宪效果的趋势。[27] 爱尔兰则综合了直接民主、司法进化和立法修宪三种模式：议会有

---

[23] Stephen Gardbaum, *The New Commonwealth Model of Constitutionalism: Theory and Practice*, Cambridge University Press (2013), pp. 21-46.

[24] Contiades and Fotiadou, Models of Constitutional Change, pp. 446-447.

[25] Ibid., pp. 451-458.

[26] 尽管荷兰法院有时通过适用欧盟法进行司法审查并保障人权，但是这种迂回宪法方式会减损人们对宪法的尊重。相比之下，司法审查则明摆着是在适用宪法，因而不会产生这种副作用。

[27] Contiades and Fotiadou, Models of Constitutional Change, p. 437.

时在宪法之外制定基本法，譬如通过制定组织法来规避公投修宪；司法则尝试不断创新宪法解释，而公民社会也不愿放弃直接民主。截止 2013 年，爱尔兰 1937 年宪法通过了 23 次修宪，多数都是针对司法判决，而修宪公投占了主导地位。[28]

2. 修宪原则

修宪所须遵循的一般原则是程序上难度适中，实体上宁缺毋滥。麦迪逊在《联邦党文集》第 43 篇指出，宪法不宜经常修订。[29] 首先是因为修宪过于频繁很容易造成宪法政治化，而"宪法的目的正是使法律与政治领域相分离"。[30] 宪法只规定基本政治框架和理念，以此作为日常民主政治的边界，其余一律留给政治；反之，日常政治也要尊重宪法。政治斗争虽然输了，也要尊重宪法规定的长期制度框架，而不能动辄想要改变宪法框架。如果经常修宪，宪法就会失去人民的尊重，变得和普通立法别无二致，譬如美国有些州的州宪。其次，宪法在设计和制定的时候是一个完整连贯的整体，而修正案是零碎分散的，经常修宪必然导致宪法支离破碎，并忽视未曾设想的后果，譬如国会任期限制可能导致立法权旁落其办公机构，平衡预算的修正案规定可能将国会权力转移到总统和法院，甚至鼓励总统搁置经费或以此要挟国会。[31]

在内容上，宪法修正案应针对重要的公民权利或国家制度而非具体政策，因为宪法本身即不宜规定过于具体的立法政策。美国联邦宪法 27 条修正案中，只有 2 条是关于具体政策：第 18、

---

[28] Ibid., p. 438.

[29] Alexander Hamilton, James Madison and John Jay, *The Federalist Papers*, Clinton Rossiter ed., Penguin (1961), pp. 278-279.

[30] Kathleen M. Sullivan, What's Wrong with Constitutional Amendments?, in The Constitution Project, *Great and Extraordinary Occasions: Developing Guidelines for Constitutional Change*, Century Foundation Press (1999), p. 41.

[31] Ibid., p. 42-43.

21 条分别规定和取消了禁酒令。1919 年禁酒令入宪，成为宪法修正案中唯一的政策性条款，本来更适合一般立法而非宪法规定。后来发现实施成本巨大，而要把宪法改回来也成本巨大；14 年后，终于再次修宪删除了禁酒令，这个政策条款也成为美国宪法史上唯一被撤销的修正案，进一步凸显宪法不适合规定政策性条款。假如只是制定禁酒立法，那么即便发现不合适，也很容易通过立法解决问题。除了前十条《权利法案》和内战后第 13-15 修正案规定了基本权利之外，修正案中有 2 条改变了宪法制度，其中第 17 条规定了参议院直选，第 22 条将总统任期限于两届。另外，第 25 条修正案规定了总统继位排序。还有 4 条修正案是为了撤销最高法院判决，[32] 譬如第 11 修正案规定了州主权、第 16 修正案授权个人所得税，都是为了纠正最高法院的相关判决或宪法解释。[33]

总的来说，美国联邦宪法制度本身可以说是臻于完善，民主、分权、权利保障等重要宪法机制应有尽有，其剩下的不完善之处主要体现于宪法实施而非文本规定的制度。联邦距离上次修宪（1992 年）已时隔近 30 年，目前尚无再次修宪的迹象，而这未必是一件坏事。相比之下，美国各州对修宪要求普遍较低，而这未必是好事。科罗拉多州只需要上次州务卿选举中投票数的 5%，就能将修正案列入议程，议会简单多数通过。程序如此建议的修宪往往沦为少数利益集团推动的产物。[34] 譬如科罗拉多州立法原先保护同性恋等少数群体，但受全国著名宗教组织资助的“科罗

---

[32] Ibid., p. 41.

[33] Constitution Project, *Great and Extraordinary Occasion*, pp. 4-5.

[34] Raymond Ku, Consensus of the Governed: The Legitimacy of Constitutional Change, 64 *Fordham Law Review* 535 (1995), p. 539.

拉多支持家庭价值”通过修改州宪取消这项立法。[35] 过去两个多世纪，美国 50 州共通过 6000 多条修正案，其中许多是利益集团政治产生的普通立法条款，[36] 显然构成了麦迪逊所反对的宪法政治化。

3. 修宪主体

宪法修正案的批准主体大致有三类：国家议会、公民投票和各州或省议会或修宪大会。首先，在我们调查的 196 个世界主要国家或地区的现行宪法中，几乎全部都要求国家议会通过宪法修正案。[37] 其中 177 部宪法只是简单规定议会通过。还有 13 部宪法规定议会须两次通过修宪案，[38] 例如巴西 1988 年宪法第 60 条规定，众议院或参议院 1/3 成员、总统或半数以上州议会可提议修宪，参众两院经 2 轮讨论并以 3/5 成员多数通过后生效。冰岛 1944 年宪法第 79 条规定，修宪由议会提议，一旦提议通过即解散议会并举行大选；如果新议会再次原文不动地通过修正案，总统应签署使之生效。希腊 1975 年宪法甚至要求议会先后三次才能通过修宪案：第 110 条规定，修宪由 50 名议员提议，议会 3/5 成员多数两次间隔至少 1 个月投票确认，并在下届议会开会时成员多数再次通过；如果确认票数仅达到议会成员多数，下届议会开会时还得以 3/5 成员多数通过。

在多数国家，议会提议或批准修宪需要议会成员的超多数同意。在我们所调查的 194 个国家或地区的现行宪法中，123 部宪法要求议会 2/3 多数通过修正案。但也有 38 部宪法仅要求议会简

---

[35] Ibid., p. 579.
[36] Constitution Project, *Great and Extraordinary Occasions*, p. 10.
[37] 只有阿曼 1996 年宪法不够完整，没有明确规定修宪程序。
[38] 它们是巴西、厄立特里亚、芬兰、格鲁吉亚、冰岛、荷兰、所罗门群岛、瑞典、乌克兰、丹麦、爱沙尼亚、立陶宛、卢森堡。

单多数，另有 21 部宪法要求议会 3/4 多数通过。例如列支敦士登 1921 年宪法第 121 条规定，议会批准宪法修正案须一次全票通过，或 2 届议会以 3/4 在场成员多数通过。

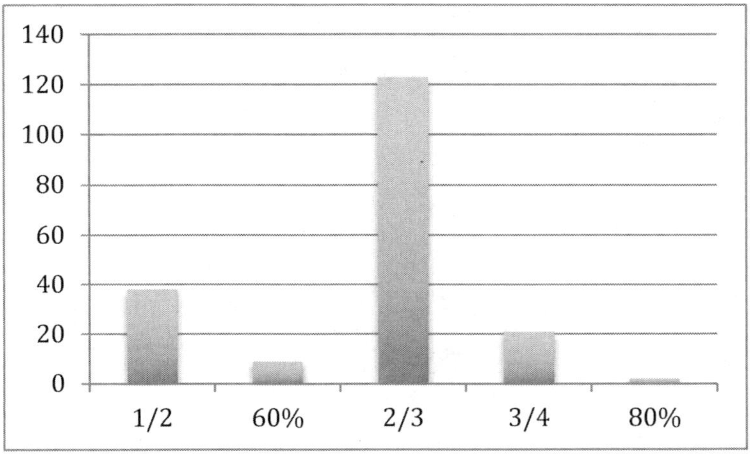

图 8.1：议会批准宪法修正案所必须满足的多数比例（国家数量）
数据来源："世界宪法制度指标"数据库。

其次，作为直接民主原则的体现，相当多的国家宪法要求修宪须经公投通过。如阿塞拜疆 1995 年宪法第 152 条规定，修改宪法文本只能通过公投完成。瑞士 1999 年宪法第 140 条规定，修宪、加入集体防御或超国家组织、有效期超过 1 年的联邦紧急法案均须经过公投。事实上，在我们调查的 196 部现行宪法中，要求公投通过修正案的宪法多达 100 部，在数量上超过了未规定公投修宪的宪法（96 部）。另外，17 部宪法要求成立制宪大会通过宪法修正案，占 8.7%。[39]

瑞士、丹麦、爱尔兰等国的修宪最后由人民通过公投说了算，

[39] 另有 47 部宪法要求国家元首提议或批准宪法修正案，占调查样本的 24%。

或许解释了这些国家的宪法为什么没有永久条款。[40] 但是我们的统计研究表明，二者之间其实没有必然的相关性。在我们调查的196个国家或地区的现行宪法中，32部修宪无需公投的宪法禁止修改某些宪法条款或原则，另有28部这类宪法规定某些条款的修正须经更为困难的程序；相比之下，41部修宪要求公投的宪法禁止修改某些宪法条款或原则，另有31部这类宪法规定某些修正案须经特殊程序。

即便在发达国家，公投程序也可能遭到滥用，譬如瑞士公投禁止尖塔就是多数人对少数人权利的侵犯。[41] 如果在民主文化没有扎根的国家贸然举行修宪公投，则更容易触发民粹主义、削弱社会共识和宪法正当性。相比之下，在普通法国家，人民不能直接修改宪法，所以议会和法院发挥更大的作用。[42] 我们对196部现行宪法的统计研究表明，修宪公投制度确实和文化有关。在英国文化影响圈内，是否采纳修宪公投的宪法各有23和28部，法国文化影响圈则分别为18和7部，规定修宪公投的宪法所占比例明显增加。

再次，难度最大的修宪程序是要求宪法修正案得到多数州或省等地方政治主体的批准。在我们调查的196部现行宪法中，15部宪法要求修宪获得地方批准。其中12个都是联邦国家，[43] 占了联邦制的38.7%；另有2个是带有联邦特征的单一制国家（斯里兰卡与坦桑尼亚），只有1个纯粹的单一制国家对某些宪法修正案要求地方批准：乌干达1995年宪法第260条规定，如果修宪涉

---

40 Contiades and Fotiadou, Models of Constitutional Change, pp. 420-421.
41 Ibid., p. 429.
42 Ibid., pp. 434, 430.
43 它们是澳大利亚、加拿大、科摩罗、埃塞俄比亚、肯尼亚、墨西哥、密克罗尼西亚、尼日利亚、巴基斯坦、帕劳、俄罗斯、美国。

及去中心化原则、大区自治、地方议会、市政府独立性等地方自治条款，还须经 2/3 区议会的 2/3 成员多数批准。虽然要求各州或省参与的修宪程序更加困难，这类程序有时候受到变通或规避，譬如加拿大曾经出现州产生非正式修宪的例子。[44]

最后，和普通立法不同的是，多数国家的元首或行政首脑并不参与修宪过程，但也有少数国家或地区的宪法规定元首或首脑参与修宪。在 196 部宪法中，47 部宪法要求元首启动或批准宪法修正案，4 部宪法要求内阁启动或批准宪法修正案。[45]

三、修宪权的边界——"永久条款"与"修宪违宪"

本书一以贯之的主题是，宪法是社会契约的摹本和政治自然法的展开。一部合格的宪法应当包含政治自然法的全套原则，且不得规定任何抵触这些原则的条款。在这个意义上，政治自然法作为宪法的基本原则，构成了修宪不的更改或删除的"永久条款"。如果一项宪法修正案试图更改宪法的基本原则，即构成"修宪违宪"，应被法院宣判无效。当然，法院在作出这类判决时应当谨慎，因为修宪有时是民主力量制衡司法精英的手段，而修宪审查权的滥用将使法院在终极意义上超脱权力制衡机制。

1. 修宪程序与宪法刚性

按修宪难度的高低，宪法有"刚性"与"柔性"之分。[46] 首先需要注意的是，宪法的"刚"、"柔"是一个相对的概念，其界定带有一定的主观性。一般来说，修宪须经地方批准的宪法属于刚性宪法，典型的例子有美国和加拿大；修宪公投未必使一部宪

[44] Contiades and Fotiadou, Models of Constitutional Change, pp. 439-440.
[45] 它们是贝宁、黎巴嫩、沙特阿拉伯、汤加。
[46] James Bryce, *Studies in History and Jurisprudence*, New York: Oxford University Press (1901).

法更为刚性，但是议会的多次批准程序显然会增加宪法的刚性，因而希腊与荷兰宪法也被认为是刚性宪法。其次，造成宪法刚性的因素是多元的，譬如比利时宪法的刚性是其多元族群结构造成的。希腊宪法之所以呈现刚性，不只是因为其复杂的修宪程序，同时也因为修宪程序造成两极分化的政治生态。修宪程序倒置了两次议会多数——第一次 3/5，第二次简单多数，使得第一次成功修宪的政党没有必要妥协，不利于凝聚共识。[47]

更重要的是，宪法刚性有制度与事实之分制度刚性未必造成事实上的宪法刚性。譬如荷兰修宪议案提出后，要求同时解散两院，大选后再次通过，但实践中规避了这一规定，总是等到大选前夕才提议修宪，反而使修宪埋没在日常政策讨论之中。[48] 反之，某些国家的修宪程序并不困难或复杂，但是因为修宪主体在实践、习俗或态度存在修宪障碍，使得宪法事实上显示出显著的刚性，修宪屡次流产。[49] 一项统计分析甚至显示，修宪程序和修宪难度几乎无关，宪法文化是唯一相关变量。[50] 日本是一个典型的例子。1947 年“和平宪法”的修宪程序并不复杂，第 96 条规定了三项要求：国会两院 2/3 多数同意、公投通过、天皇颁布，而最后一项只具有象征意义。但是 70 年之后，虽然自民党屡次试图修改第 9 条等条款，“和平宪法”居然一条未改。其直接原因是长期执政的自民党和反对党在自卫队等问题上两极分化，致使参众两院长期达不到修宪所要求的 2/3 多数。2012 年安倍再次当选首相后，曾试图将第 96 条规定的两院 2/3 多数通过修改为简单多数通过，

[47] Contiades and Fotiadou, Models of constitutional change, p. 436.
[48] Ibid.
[49] Ibid., p. 458.
[50] Tom Ginsburg and James Melton, Does the Constitutional Amendment Rule Matter at All? Amendment Cultures and the Challenges of Measuring Amendment Difficulty, 13 *International Journal of Constitutional Law* 686 (2015).

但是遭到宪法学者的集体反对。[51] 作为“和平宪法”起草时的三大原则之一，“和平条款”或可被认为是不可更改的“永久条款”。

统计分析表明，修宪频率和程序难度成反比，而和宪法的文本长度成正比。这是因为冗长的宪法一般包括了非宪法类的政策条款。[52] 宪法寿命则似乎和宪法刚性成反比，因为越难修改的宪法越容易落后于时代，直至最终遭到抛弃。然而，以刚性著称的美国宪法却出奇的长寿。尽管现在普遍抱怨美国宪法第 5 条规定的修宪程序太严格，各路学者也挖空心思、想方设法绕着走，但在建国初期，这部刚性宪法很可能发挥了“维稳”的作用。[53] 宪法是主要利益集团拟定的社会契约，而困难的修宪程序赋予宪法很高的可信度，防止主要利益集团不认真履行或不愿意投入制度建设，尤其是财政制度，甚至进而促发内战。虽然最终还是爆发了内战，刚性修宪程序延迟了冲突的发生，让那些足以摧垮联邦的争议等到联邦更加稳定强大的时候再提上议事日程。[54] 事实上，制宪大会一致否决了 2/3 多数州通过宪法修正案的提议，支持 3/4 多数州的修宪程序要求。[55] 在《联邦党文集》第 43 篇，麦迪逊肯定了第 5 条修宪程序，认为它“既防止极度便利，这样会使宪法过于可变；也防止极度困难，这样会永远延续已知的错误”。[56]

---

[51] 实际上，支持修改第 9 条的日本选民只有五成上下，但是由于选举制度的扭曲，支持修宪的众议员却达到近 90%。参见 Richard Albert, Amending Constitutional Amendment Rules, 13 *International Journal of Constitutional Law* 655 (2015).

[52] Donald S. Lutz, *Principles of Constitutional Design*, Cambridge University Press (2006), pp. 222-223.

[53] Aziz Z. Huq, The Function of Article V, 162 *University of Pennsylvania Law Review* 1165 (2014), pp. 1193-94.

[54] Ibid., pp. 1168-69

[55] Ibid., p. 1175.

[56] Hamilton, Madison and Jay, *The Federalist Papers*, p. 278.

2. 美国修宪真的很难吗？

美国联邦修宪难，早已成了一个众所周知的神话。不仅两百多年只有 27 条修正案，而且海量的修宪提案泥牛入海也支持这一神话。迄今为止，国会总共收到修宪提案多达 1.1 万条，最后仅 27 条终成正果，通过率仅达千分之二，足见修宪之难。近年来，修宪提案明显增多。仅第 105 届国会就收到 9 条修正提案，包括禁止焚烧国旗、任期限制、选举院改革、宗教平等、增税、竞选开支规范等。其中平权和禁止侮辱国旗通过了众议院，平权提案两次都差一票未能通过参议院。[57] 通过国会后，平权提案三个月内即获得 20 州通过，但后来势头缓和而争议越来越大，最后未能达到 3/4 多数。[58] 到 1982 年 6 月底截止前，全国只有 35 州通过平权修正案，离修宪所要求的多数还差 3 个州。[59] 制度设计研究表明，修宪过程的刚性、宪法解释的灵活性和参与主体的包容性都提高了修宪重新分配效果的不确定性，进而激发了修宪的社会反对力量。[60]

尽管如此，神话毕竟是神话，美国联邦修宪的难度被显然夸大了。事实上，修宪难度指数和美国差不多的瑞士、委内瑞拉、澳大利亚、德国、西班牙和尼日利亚也没少修宪。如哈佛宪法学者杰克逊指出，人们一般以为美国修宪程序卡在了 3/4 多数州批准这个环节上，但其实绝大多数修正案都卡在两院 2/3 超多数提

---

[57] Constitution Project, *Great and Extraordinary Occasions*, pp. 1-2.

[58] Ibid., pp. 3-4.

[59] 另一个为华盛顿特区争取国会议席的修正案也告失败，5 年才通过 12 州。Walter Dellinger, The Legitimacy of Constitutional Change: Rethinking the Amendment Process, 97 *Harvard Law Review* 386 (1983), p. 432.

[60] Christopher P. Manfredi and Michael Lusztig, Why Do Formal Amendments Fail? An Institutional Design Analysis, 50 *World Politics* 377-400 (1998)。作者比较了美国平权修正案和加拿大米奇湖协议的失败，指出其共同点是一开始支持力量迅速崛起，但反对力量随后聚集，最终功败垂成。

议环节。[61] 对于民间提议的多达 1.1 万条修正案，两院只通过了 33 条，比例为千分之三，而其中 27 条都得到各州通过。由此可见，修宪难点在国会而非各州。然而，国会两院形成 2/3 多数真的那么难吗？如果两院通过的立法被总统否决，国会要压倒否决也同样需要 2/3 多数，而 1789 年以来，国会总共有 110 次压倒总统否决，占否决总数的 5%。如果排除"口袋否决"，[62] 那么 1961 年以来的 233 次实质性否决中，有 37 次被国会以 2/3 多数压倒，比例接近 16%，远大于千分之三。[63] 杰克逊教授据此认为，所谓美国修宪难完全是一个事实误解和由此导致的过度谦抑所造就的神话，而这个自我实现的神话已经损害了联邦宪法的正当性。

从联邦修宪所需要的实际多数也可看出，美国修宪并非难事。虽然各州 3/4 多数批准听上去很难，但是它实际上只是要求批准州的超多数（38 个），而非人口或代表的超多数——各州之内，只要求州议会或宪法大会的简单多数批准。事实上，由于美国各州人口分布很不均衡，只要凑齐 38 州，联邦修正案完全可能仅得到少部分人口的认可而获得批准。今天，美国最小的 38 州只代表 41%人口；换言之，一部修正案仅获得超过 1/5 人口的支持就有可能获得 3/4 州的批准。反过来，最小的 12 州仅代表 3.8%人口，表明 2%的人口即有可能阻止一部修正案的批准。[64] 在两个极端之间，美国联邦修宪要求全国形成相当普遍的共识，但这并非可

[61] Vicki C. Jackson, The (Myth of Un) amendability of the US Constitution and the Democratic Component of Constitutionalism, 13 *International Journal of Constitutional Law* 575 (2015).

[62] Pocket veto，指总统没有按宪法规定在 2 周期限内明确行使否决权，而是任由法案在自己"口袋"里过期失效，构成事实上的否决。

[63] Jackson, The (Myth of Un) amendability of the US Constitution and the Democratic Component of Constitutionalism, p. 575.

[64] 当然，1787 年制宪的时候，美国 13 州人口差异并没有现在这么大。参见 Walter Dellinger, The Legitimacy of Constitutional Change: Rethinking the Amendment Process, 97 *Harvard Law Review* 386 (1983), p. 418.

望不可及的高度。

在历史上，美国宪法修正案呈现出显著的地域性和波动性，可大致分为四波。1789-1803 年是第一波，通常被称为“反联邦党修正案”，包括《权利法案》和第 11、12 修正案。1804-65 年的半个多世纪里，修宪进入“冬眠期”。南北战争结束后，1865-70 年开始了第二波“内战后修正案”。1870-1913 年之间，修宪再度进入“冬眠”。再过半个世纪是第三波的“进步党运动修正案”，主题包括征收个人所得税、参议员直选、禁酒、妇女选举权。1961-78 年是第四波，内容有赋予特区选举院 3 票、禁止选举人头税、总统继任规则、选举年龄统一降低到 18 岁。[65] 阿玛认为，不同时期的修正案背后存在不同地区的主要推动力量。第 1-12 修正案是“南部修正案”，第 13-15 修正案则是“北部修正案”；第 16-19 修正案是“西部修正案”，第 23-26 修正案是“都市修正案”。[66] 相对来说，第四波批准的修正案都是技术规则或存在广泛共识的变革。如上所述，最近半个世纪美国修宪的相对沉寂并不表明美国宪法改不了；更可能的是，经过修改之后，美国联邦宪法已经相当成熟，至少没有什么迫切需要修改的燃眉之急。虽然仍然不断有不同的社会力量蠢蠢欲动，尽力推动这样或那样的宪法修正案，譬如禁止堕胎或完全放开，但是这些主张都没有获得足够的全国共识，因而难以修成正果。

3. 修宪的实体与程序限制

修宪使得宪法文本不断“与时俱进”，但宪法也未必越修越好。从各国经验教训来看，宪法完全有可能越改越糟。因此，修宪有

[65] Ibid., pp. 427-428.
[66] Amar, The Consent of the Governed: Constitutional Amendment Outside Article V, p. 505.

风险，程序设计须谨慎。有的学者认为，不仅修宪程序需要谨慎设计，而且修宪程序本身尤其需要特别保护。[67] 有的索性认为，宪法基本原则或结构压根不允许修改。[68] 各国宪法实践也印证了修宪程序或实体保护的必要性，如美国联邦宪法第 5 条不仅规定了严格的修宪程序，而且规定了不可变更的“永久条款”。杰弗逊在其 1777 年起草、1786 年通过的《弗吉尼亚宗教自由法》中表达了不得更改的自然权利理念:“在此宣称的权利是人类的自然权利。如果今后通过的任何立法要取消这些权利或削弱其运行，这类立法将构成对自然权利的侵犯。”[69] 既然是“自然权利”，那么不仅立法不可更改，而且修宪乃至制宪也不可更改。日本宪法学者芦部信喜则认为，尊重人权、国民主权与和平主义是日本 1946 年制宪的基础，构成了不容修改的宪法“永久条款”。[70] 然而，就和修宪有风险一样，“永久条款”(eternal clauses)也不是绝对无风险。譬如 1861 年，考文(Corwin)提议的美国宪法修正案要让蓄奴制永续存在、不可修改。幸好当时只有 3 州批准，内战就爆发了，蓄奴修正案胎死腹中；[71] 否则，如果一条恶法不幸成了宪法的“永久条款”，不仅是对宪法的玷辱和反讽，而且确实会对国家和社会贻害无穷。

和一般想象不同的是，“永久条款”其实是相当普遍的宪法现象，多数国家的宪法文本对修宪均有所限制。截止 2017 年，在我们调查的 196 个国家或地区中，对修宪不加限制和明确禁止修

---

[67] Albert, *Amending Constitutional Amendment Rules*, p. 678.

[68] 参见柳风、涂云新：“宪法修改的限制理论与宪法核心之保障”，《政治与法律》2013 年第 8 期，第 62 页。

[69] Va. Code Ann. section 57-1.

[70] 芦部信喜：《制宪权》，第 102-109 页。

[71] Elai Katz, On Amending Constitutions: The Legality and Legitimacy of Constitutional Entrenchment, 29 *Columbia Journal of Law and Social Problems 251* (1996), pp. 276-277.

改某些条款的现行宪法在数量上平分秋色，分别为 65 和 64 个。另有 6 个国家或地区禁止修改宪法表达的某些原则或精神，[72] 还有 59 个国家的现行宪法要求某些条款的修改须经和一般修宪不同的特别程序。[73] 因此，超过 2/3 的国家宪法对修宪规定了程序或实体限制，其中一半以上明确禁止修改某些条款；换言之，1/3 的现行宪法文本规定了不可修改的“永久条款”，另有将近 1/3 的现行宪法文本对其中的某些条款规定了特殊的修正程序。特殊修宪程序或许可被视为“永久条款”和无底线修宪之间的一种折衷，既允许自由修宪，但也提高了修改宪法基本条款的程序难度。

和特殊修宪程序相联系，有些国家的宪法区分“全面修宪”与“部分修宪”，并对全面修宪规定了更为严格的程序。奥地利 1920 年宪法第 44 条规定，如果是全面修宪，修正案需要在总统批准后交付公投；如果是部分修宪，只有在议会 1/3 成员要求的情况下才需要交付公投。瑞士 1999 年宪法第 193 条规定，如果人民选择全面修宪，必须重新大选。玻利维亚 2009 年宪法第 411 条规定，部分修宪可经由 20%选民启动，或议会 2/3 在场多数提出修正案，公投通过。如果要全面修宪或修改其基本前提、权利保障或宪法最高地位，则必须通过公投提议建立的宪法大会；公投须由总统、议会成员多数或 20%选民启动，大会 2/3 在场多数通过修正案草案，再经公投通过。哥斯达黎加 1949 年宪法第 195 条规定了一般修宪程序：10 名议员或 5%登记选民可提议修宪，

[72] 它们是布隆迪、乍得、埃及、海地、挪威和台湾地区实施的《中华民国宪法》。2000 年，台湾大法官会议判决国民大会改革的修正案违宪，因为将其选举方式改为政党在立法院代表的比例代表制违背了“民主宪政秩序”，尽管实际上是变得更民主了。2005 年，索性通过修宪取消了国民大会。

[73] 另外，泰国 2017 年宪法和乌克兰 1996 年宪法也都要求修改某些条款需要特别程序；前者第 255、256 条还禁止修改民主体制、国体形式及国王作为国家元首的条款，后者则禁止修正案限制权利和自由、损害独立与领土完整等宪法原则。

议会 2/3 成员多数同意通过，同时决定是否交付公投。第 196 条规定，全面修宪必须由议会 2/3 成员多数召集宪法大会，修正案由宪法大会讨论通过。菲律宾 1987 年宪法第 17 条概念上似乎区分“大修”(revision)和“小修”(amendment)，但并未明确体现程序差异。尽管如此，菲律宾最高法院仍然认为二者应适用不同程序。公投修宪曾要把总统制改为议会制，但最高法院判决修宪无效，因为宪法规定的公投程序仅限于“小修”，涉及权力结构的“大修”则需要获得宪法大会通过。[74]

另外，还有一些国家明确禁止在特殊时期修改宪法。在 177 部规定了紧急状态的宪法中，至少有 37 部宪法禁止在战争、戒严或紧急状态期间修改宪法。譬如阿富汗 2004 年宪法第 146 条、比利时 1831 年宪法第 196 条、不丹 2008 年宪法第 33 条、柬埔寨 1993 年宪法第 152 条、东帝汶 2002 年宪法第 157 条、圣多美与普林西比 1975 年宪法第 155 条、西班牙 1978 年宪法第 169 条均规定，戒严或紧急状态期间不得修宪。多哥 1992 年宪法第 144 条则规定，在总统缺位、临时任期或领土完整受到损害期间，不得修宪。

4. “修宪违宪”与司法审查

“永久条款”相当于宪法中的“自然法”，体现了这些条款对于宪法存续的绝对重要性。在制宪者看来，永久条款是宪法的本质特征或“身份”(identity)标志；一旦遭到删改，那么宪法就丧失了自我，不啻发生了一场制宪革命。如果宪法规定了“永久条款”或特别条款的程序要求，那么接下来的问题自然是如何赋予其宪法效力——法院是否有权以程序或实体理由，宣布修正案“违

[74] Richard Kay, Constituent Authority, 59 *American Journal of Comparative Law* 715 (2011), pp. 731-732.

宪”？和修宪的程序与实体限制相比，绝大多数国家的宪法在这个问题上保持沉默，例如挪威宪法第 112 条禁止修正案违背宪法精神和原则，但并未授权司法审查，因而这一条似乎只是对议会的指导，由议会最终解释什么是“精神”和“原则”。[75] 只有少数国家明确授权法院审查修宪的合宪性，譬如南非 1996 年宪法第 167 条明确授权宪政法院审查修正案的合宪性，泰国 2017 年宪法第 256 条规定议会 1/5 议员可提请宪政法院审查修正案的合宪性，摩尔多瓦 1994 年宪法第 135 条规定宪政法院解释宪法并对修宪提议表达意见。然而，多数授权法院审查修宪合宪性的宪法仅限于修宪程序的司法审查。譬如土耳其 1982 年宪法第 148 条明确将修正案的合宪性审查限于“形式审查”，哥伦比亚 1991 年宪法第 241 条授权宪政法院审查修宪与公投程序的合宪性。

对于那些规定了“永久条款”或特别程序条款却没有明确授权司法审查的国家，司法在修宪过程中的作用很大程度上取决于自身的修为。美国联邦最高法院 1939 年判决，宪法第五条规定的修宪程序是一个纯粹的“政治问题”，法院不可干涉。[76] 与此类似，法国宪政院一直拒绝审查修正案的合宪性。2003 年，地方放权的修正案受到宪法挑战。宪政院判决宪法仅授予有限权力审查法律，而“法律”不包括宪法。[77] 和瑞士宪法明确排除修正案的司法审查不同，第五共和宪法实际上包含了对修正案进行违宪审查的全部要素，但宪政院拒绝主动拒绝行使这一权力。[78] 相比之

[75] Yaniv Roznai & Serkan Yolcu, An Unconstitutional Constitutional Amendment - The Turkish Perspective: A Comment on the Turkish Constitutional Court's Headscarf, 10 *International Journal Constitutional Law* 175 (2012), pp. 198-199.

[76] Coleman v. Miller, 307 U.S. 433.

[77] 2003-469 DC.

[78] Otto Pfersmann, Unconstitutional Constitutional Amendments: A Normativist Approach, 67 *ZOR* 81 (2012), p. 112.

下，意大利宪政法院更为积极。1988 年，意大利宪政法院判决有权审查修宪合宪性，而且审查依据不仅限于第 139 条共和形式，还有宪法秩序的最高原则和不可剥夺的人权。

德国在魏玛时期就考虑过修宪合宪性问题，但当时没有行使司法审查。1949 年《基本法》实施后，德国宪政法院一开始就承认“超实定法”的存在，并约束宪法立法者；如果宪法规范明显违背作为宪法前提的“正义”原则，那么宪政法院有权审查并撤销之。[79] 1950 年，巴伐利亚州宪第 148 条规定，州宪不得偏离纳粹时期制定且仍然有效的立法。州宪政法院判决，这条规定违宪无效。法院认定自己有权审查修宪的合宪性，并指出宪法本身是一个规范等级结构：

> 并不能因为宪法条款是宪法的一部分，就否定该条款的无效性。某些宪法规则是如此基本，以至体现了超宪法规则，因而约束制宪者本身；其它宪法条款则没有这么高的地位，因而和这些规则冲突的条款可以被撤销。[80]

联邦宪政法院也审查了若干宪法修正案，但判决它们并不违宪。[81] 1953 年，宪政法院指出，宪法条款本身也有可能因违背正义而违宪，但在某个时间点之前限制男女平等并不违宪。[82] 1970 年，为了应对东德红军团的恐怖袭击和间谍活动，德国议会修改《基本法》第 10 条对通信和通讯秘密的保护，允许在法律规定的情况下侵犯通讯隐私而不告知当事人。有人向宪政法院提出抽象审查。宪政法院 4 比 4 持平，赞成意见认为第 73.3 条只禁止全盘

[79] 1 BVerfGE 14 (1951).
[80] Judgment of 4 April 1950, 2 VERWALTUNGS-RECHTSPRECHUNG 65 (1950).
[81] A. Barak, Unconstitutional Constitutional Amendments, 44 *Israel Law Review* 321-341 (2011), pp. 328-329.
[82] 3 BVerfGE 225.

抽空自由民主的根基，第 79 条只禁止完全放弃原则，但并不禁止修改原则的内容。[83] 反对意见则认为第 79 条还禁止各种限制蚕食，且对通信隐私的限制还剥夺了司法审查，因而侵犯了第 20 条规定的分权原则。[84]

总的来说，欧美国家对于修宪合宪性的司法审查都比较谨慎保守。譬如爱尔兰最高法院曾判决法院有权审查修正案的程序合宪性，但无权过问其实质合宪性。[85] 对于修正案的合宪性审查，更谦虚的姿态是程序性审查。在这方面，奥地利是一个范例。1920 年宪法规定，涉及民主、共和、联邦、法治、分权、自由等基本原则的修正案属于整体修改。[86] 奥地利宪政法院在 1952 年判例中表示，法院只能审查修宪的程序合法性，不能审查实质合宪性。如果触动民主、法治、联邦等基本指导原则之一，即构成整体修宪。[87] 2001 年，奥地利宪政法院判决规定所有州建立并监督公共采购的立法均不违宪，但《公共采购法》第 126a 条违宪，而这一条本身也是宪法条款，或可作为欧洲第一个“宪法违宪”的判例。[88]

相比之下，有些发展中国家的法院在审查修正案过程中更为大刀阔斧。例如 2009 年，捷克宪政法院判决缩短议会任期的宪法

---

[83] 30 BVerfGE 1.

[84] Gabor Halmai, Unconstitutional Constitutional Amendments: Constitutional Courts as Guardians of the Constitution? 19 *Constellations* 182 (2012), p. 184.

[85] Rory O'Connell, Guardians of the Constitution: Unconstitutional Constitutional Norms, 4 *Journal of Civil Liberties* 46-73 (1999), pp. 58-60.

[86] Christoph Bezemek, Constitutional Core(s): Amendments, Entrenchments, Eternities and Beyond Prolegomena to a Theory of Normative Volatility, 11 *Journal of Jurisprudence* 517 (2011).

[87] Beschlüsse des Verfassungsgerichtshofes [VfSlg] No. 2455/1952.

[88] G 12/00-17, Official collection [Erkenntnisse und Beschlüsse des Verfassungsgerichtshofes] VfSlg 16.327/2001.

法违宪。[89] 巴西最高法院在数个判例中判决修宪违宪，“南国三杰”印度、南非、哥伦比亚的宪政法院更是在制宪或修宪过程中发挥了重要制约作用。哥伦比亚宪法仅授权法院审查修宪程序错误，印度宪法更是没有明确授权法院审查修正案，但法院却自我赋权，依据实体宪法原则审查修宪的合宪性。当然，并非每个转型国家的法院都能如此。俄罗斯和委内瑞拉法院就曾要改善制宪政治，却未能阻止魅力领袖强加党派宪法。吉尔吉斯斯坦和乌克兰的总统则利用其对法院的控制，撤销了制约总统权力的立法。[90]

有些发展中国家的法院之所以对修正案积极行使司法审查权，至少部分是因为这些国家的修宪经常是滥用权力的结果。例如 1960-70 年代，英迪拉甘地大力推动土地改革；改革政策被最高法院撤销，甘地寻求通过修宪削弱最高法院的司法审查权，旨在剥夺法院宣布修宪和某些议会立法无效的权力。匈牙利的奥尔班也利用修宪权削弱宪政法院的权力并限制个人权利，第四修正案宣称言论自由不得侵犯“匈牙利民族的尊严”。土耳其总统埃尔多安则一直试图通过修宪扩大总统权力。1990 年以来，撒哈拉以南非洲 7 国的总统已通过修宪取消任期限制。埃及总统穆尔西的自由正义党匆忙制定新宪，限缩最高宪政法院的规模并将选举法的司法审查权限定于其颁布之前。[91]

四、认真对待修宪

综上，修宪是宪法不断生长并跟上时代步伐的不可替代机制。

[89] Pl. ÚS 27/09 from 10 September 2009 (Official Collection 318/2009).

[90] William Partlett, The Role of Constitutional Courts in Constitutional Design: Courts and Constitution-Making, 50 *Wake Forest Law Review* 921 (2015), p. 923.

[91] Ibid., pp. 927-928.

在本质上，宪法实施不是和历史决裂的制宪革命，而是连续调整的渐进改良；在这个过程中，难免需要修改宪法文本规定的制度。既然不是革命，修宪必须中规中矩，遵守宪法本身规定的修宪程序；那种认为修宪程序可有可无、动辄主张超越程序修宪的主张，显然违背了法治的基本原则，甚至可能颠覆宪法之所以制成的契约基础。即便修宪程序确实不合适，非修改不可，也应当格外慎重，而美国联邦修宪太难、第 5 条修宪程序不合时宜等激进主张其实是建立在误解基础上的，不足采信。另一方面，修宪难度大也不是诉诸"不成文修宪"的借口。虽然立法创制和司法解释可以在一定程度上填补宪法文本中的空隙，但是不可能替代必要的成文修宪；否则，势必架空宪法赋予人民修改宪法的基本权利，进而削弱宪法的民主正当性。

如麦迪逊所教导的，修宪程序的难度必须适中。如果修宪过于困难，改革者可能不得不诉诸革命，通过制宪、非正式修宪乃至政变等非民主方式达到目的。如果修宪过于简易，则宪法和普通立法无异，从而丧失了其权威性和稳定性。和一般立法相比，修宪规则的设计显然应当更加慎重，因为宪法比一般立法更稳定，影响更为久远，不仅会影响当代人，还会影响后代。因此，修宪程序需要规定比普通立法更高的超多数要求，明确修正案通过的时间期限，并对修宪程序本身规定适当的自我保护。为了避免一时的社会激情压倒理性，修宪提案和批准之间或可规定适当间隔（譬如有的国家为 5 年）。要维持宪法长久，修正案须采用一般措词。譬如美国联邦宪法的言论自由判例经常备受争议，[92] 但是如果对第一修正案加入不得侮辱国旗或可以限制竞选捐助等具体规定，那么可能很难得到后代的理解，更难获得宪法应有的尊重，

[92] Texas v. Johnson, 491 U.S.397 (1989).

因为这些问题很可能和他们那个时代毫不相关，他们关心言论自由只是为了追求真理、民主自治和个人自由。[93]

一般认为，修宪程序的难度从国会通过、公投批准到地方主体同意层层递进，但其实不能一概而论。公投程序容易被独裁者或煽动家操纵利用，地方同意也未必如想象那么困难。国家议会的2/3成员多数通过似乎是普遍接受的底线，公投文化成熟的国家可以设置适当的公投门槛，联邦制或强调高度自治的国家或地区甚至可以要求州或省等多数地方主体的批准。本文显示，美国联邦修宪要求3/4多数州的同意，而这项要求并非绝杀上万条修宪提议的“元凶”——绝大多数修宪提议实际上止步于国会两院2/3多数同意的门槛，而这一门槛和德国、法国等联邦制或单一制国家相比并不更高。事实上，在经过国会对修宪提议的“截流”之后，各州批准要求反而成了“橡皮图章”，绝大多数修正案都获得通过。由此可见，虽然修宪确实比一般立法难度大，但各国尚无扼杀一切必要修正的先例，貌似世界最难的美国修宪程序肯定不是这类先例，因而没有理由支持“超越第5条”修宪等激进主张。

至于宪法是否应规定“永久条款”，以防极端势力触碰宪法的基本原则或削弱其社会契约基础，仍然是一个有争议的话题。宪法可以规定二元乃至多元修宪程序，对某些基本原则赋予特殊保护，或对带有整体影响的结构性调整规定更为复杂的程序要求。出于审慎起见，在战争、戒严或紧急状态时期，可明确禁止修宪。

---

[93] Constitution Project, *Great and Extraordinary Occasions*, p. 11.

结论

“文明密码”三部曲的主题是文明。虽然人类历史很长，但真正的人类文明史很短，因为人类一直在搜寻探索文明的“密码”。儒家倡导修齐治平，但两千多年来，治国已经够难，“平天下”更是难比登天。貌似延绵无期的太平盛世，可以旦夕毁于战火。如何实现持久的和平、安宁与秩序？如果说《政治自然法》与《尊严契约论》奠定了文明秩序的法理基础，那么《立宪者手册》则要将其落实到政治实践。

一、有序自由

如加拿大政学两栖作家 Michael Ignatieff 指出，实现文明社会的关键是处理好秩序和自由的关系：

> 世界最深重的问题不是气候变化，或想象中的文明冲突，或富国和穷国之间的不平等——它们当然是重要的。人性面临的基本问题是政治问题：如何在不同宗教、文化和经济阶级之间创造稳定的政治秩序。只要国家可以作为可行的政治共同体而团结在一起，它们的一切问题都是可解决的。但如果它们不能维持秩序和自由，那就不能解决任何问题。[1]

借用儒家的“中庸之道”，文明国家必须实现自由和秩序的平衡——更简单地说，实现一种自由秩序或“有序自由”。众所周知，人不可能绝对自由，否则不可避免会造成暴力犯罪失控乃至大规模战争和杀戮。建立国家的目的就是要控制过度自由，保证和平、安全与秩序。但要保障自由，就必须控制权力，尤其是国家权力。一切力量都是双刃剑，既可以为善，也可以作恶。对于理性自私的自由人来说，权力可以对自己做好事，也可以间接惠及他人，但如果权力不受控制，显然会损害他人和社会的利益。历史上，儒家过分

[1] M. Ignatieff, *The Rights Revolution*, House of Anansi Press (2000), p. viii.

重秩序而轻自由，显然没有实现人性的“中庸之道”。

真正的“中庸之道”就是要平衡人类社会的各种不平等关系。“人生来自由”，即意味着无所不在的不平等。个人因为才智、力量、家境、机遇、个人努力等各种先天或后天因素的不同，产生了贫富、地位、成就、荣誉等方方面面的差异。不平等不仅是鞭策上进的动力，而且也会造成嫉妒、傲慢、挫败感等不良情绪，还会鼓励以大欺小、倚强凌弱。现代资本主义创造了巨大财富，也产生了前所未有的财富不平等，不仅需要国家保障贫困者的底线生存，而且需要法律赋予劳工集体行动的权利，实现资本和劳动者个体的力量平衡。

当然，最大的平衡是社会和国家之间的权力平衡。这是因为国家权力最大，国家权力最难制衡。再强大的个人或帮派，也不如国家强大。人类建立国家，本身是为了平衡人和人之间的权力，一切过度的自然不平等都需要国家适度纠偏。然而，最大的权力失衡就是国家这个利维坦本身。国家权力不大，不足以遏制私人之恶；国家权力过大，则它自己成为万恶之源。和平衡自由与秩序一样，平衡国家与社会权力因此成为难度最大的统治技艺。

要控制国家权力，社会中的个人只能联合起来形成“契约共同体”。共同体中的每个人都承诺接受并坚守社会契约，共同抵抗国家权力对基本契约的侵犯。宪法就是社会契约的成文化。契约共同体越强大，契约和宪法落实就越充分。如果一个国家接受基本契约的人寥寥无几，契约共同体势单力孤，那么支撑契约和宪法的力量就不存在，结果必然是“有宪法无宪政”。要不仅有宪法，而且有宪政，这个国家必须有足够多的人共守政治自然法，形成足够强大的契约共同体。社会契约与宪法之间存在相辅相成、相互促进的关系。不仅社会契约是落实宪法的前提，而且一部良好的宪法也有助于促进社会契约的形成与维持，因而宪法制度设计至关重要。

二、宪法制度设计

一部合格的宪法除了拟制信仰自由、政教分离、言论自由、消极平等、"一人一票"、行政法治等政治自然法则之外，还必须选择能够有效落实宪法原则的制度，譬如建立独立司法来保障宪法权利、选举立法者来实现国家目标、分配央地权力来保护地方自治并实现法治统一。在宪法设计过程中，必须要对不同制度选项进行抉择，譬如联邦制还是单一制、议会制还是总统制、单员选区制还是比例代表制、单一司法还是复合司法体制等。

鉴于中国不仅人口众多、地域广袤，而且地方差异极大，联邦制显然是大势所趋。只有把大部分立法管辖权转移给各省，中央才能管好真正需要统一管理的事项，譬如国防、外交、金融、宏观调控、环境保护等。鉴于中国不仅存在法理上应当高度自治的港澳台地区，而且内地和少数族群聚集地的语言文化与生活习俗差异极大，有必要实行非对称联邦制，以更有效地实现这些特殊地区的高度自治。另一方面，为了节省司法资源、提高审判效率，除了港澳台之外，全国宜采用单一司法制度。如果要防止地方保护主义损害法治统一，可对全国性事项在最高法院之下增设大区巡回法院制度。

从法治和民主政治的分界来看，议会制比总统制更为简单而逻辑自洽。总统本来是负责执法的行政首脑，但选举是政治过程。直选使总统获得和议会同样的民主正当性，成为可以和议会分庭抗礼的立法者。美国总统有权否决立法，经总统否决的立法一般很难以两院 2/3 超多数再次通过。总统不只是一个消极立法者，也是积极立法者，多数重要的立法提案（包括预算案）都由总统提出。不论总统是谁、如何产生，一个人应该拥有那么大的权力吗？如果这个人选错了，民主的风险岂不是太大了？相比之下，议会制的逻辑很简单：议会负责制定立法，行政和司法负责执法。虽然行政首脑与内阁也是议会的一部分，但他们对议会负责并可被随时罢免。最重要的是，首脑是在议员中产生，而不是由选民直选，从而避免了总统制产生的“最大的胜者通吃”问题。这个问题让挺川、反川双方都放不下，因为这个人太重要了，直接加剧了美国契约的破裂。因此，在议会制—总统制选项上，应采用议会制。当然，也可以借鉴德国《基本法》，设立议会选举产生的象征性总统。

议会选举既可以采用单员选区制，也可以采用比例代表制或某种形式的混合制。但对于转型时期的中国，为了方便简单并防止政党过度分裂，宜采用单员选区制。转型初期国家的要务是稳健地迈出从一党到两党的根本变革，政局的和平稳定至关重要。等到民主巩固之后，可以再融入比例代表制特征，以改善议会的代表性。同样，为了防止宗派、地域、族群等分离主义极端势力，也可以采取自卫型民主机制，要求政党必须全国化和世俗化。

按“一人一票”选举产生的议会制定立法之后，经过司法审查等“反多数主义”机制纠偏，国家的大方向即已确定，治理从民主转入法治，也就是法律政策的落实。既然法律代表了国家（至少多数人）的价值选择，法律的执行本身不能再带有执法者自己的价值偏向。换言之，行政和司法必须保持政治中立。不能因为官员或法官个人不喜欢某些法律就不执法或选择性执法，或扭曲法律的自然解释。为了让行政执法和司法审判不受权力干涉，法治国家普遍建立了公务员和法官任期保障制度。公务员只要不违法，不得随意开除。法官则一般采用终身制或一届制，不能连选连任，在任期间不得降低其工资待遇。没有这些制度保障，任期和待遇拿捏在别人手里，就不可能实现司法和行政的政治中立。

另外，在缺乏互信的“深度分裂社会”，一般制度保障很可能不够用。设想如果一个国家曾长期陷于种族隔离（如濒于内战的南非）或宗教战争（如黎巴嫩的基督徒和穆斯林），即便内战结束后，对立族群或宗派也没有相互信任。如果法院、公务员和警察全是基督徒，那么穆斯林就不会信任他们在处理穆斯林—基督徒纠纷时会秉公执法，矛盾纠纷会继续延续甚至恶化。在这种情况下，就有必要按双方都能接受的比例分配法官和公务员（包括警察和军队）职位，希望多元化的司法和行政能在“兼容”(accommodation)“共治”

下获得公信力，为社会融合奠定基础。因此，对于刚刚走出族群内战的深度分裂国家，议会、公务员、武装力量和法官等职位的族群或宗派平衡分配是走向互信与和解的第一步。在理想情况下，在实行一段时间的族群平衡政策之后，国家可以通过无视族群的普适选举、公务员与法官选拔标准构建政府。但在现实当中，族群平衡也会强化社会的族群意识和身份政治，增加互信、和解和实现“色盲宪法”的难度，使社会长期陷于族群身份的政治斗争之中。要改变族群不平等的客观状态和人们脑子里的主观成见，很可能需要漫长的“一段时间”甚至遥遥无期。

后记

本书大部分资料来源于 2017 年春季构建的“世界宪法制度指标”数据库，以及 2017-18 年间在柏林高等研究院访问期间收集的比较宪法研究素材。我要感谢 2017 年春选修“比较宪法”课程的宪法与行政法方向的北大同学，他们对数据库的建立付出了辛苦劳动。我也要再次感谢 Dieter Grimm 教授邀请我访问高研院，以及图书馆的工作人员为图书和论文资料的借阅提供了极大便利。我可能是所有访问学者中图书利用最多的人，图书馆的高效服务令人印象深刻。

本书是“文明密码”三部曲中的最后一部，而初稿却最早完成。虽然没有前两部的奠基性意义，本书是三部曲中涉及具体素材最多因而也是难度最大的一部。毕竟，绝对原理通过逻辑即可论证，制度优劣却是没有绝对正确答案的经验问题，论证起来不仅繁琐，而且做不到黑白分明。然而，本书话题的现实意义显然不容忽视。人类会不断来到历史的分岔口，而何去何从，往往是由受制度影响的社会力量微妙平衡决定的。制度不是万能的，再好的制度也不能保证任何民族在宪政保险箱里高枕无忧。但一个好的制度犹如相对健全的骨骼，能帮助国家机体战胜病魔侵害，让社会在不断试错过程中维持基本契约，避免在危机挑战中分崩离析。

我希望本书以较为简明的方式，为未来中国宪法设计的制度变量提供了关键选项。如果正当的统治必须经过“被统治者的同意”，那么广大被统治者应当成为立宪者，而这本书是可以为他们探索“宪法地图”指南的手册。

Made in United States
Cleveland, OH
06 November 2026

47669267R00169